縄文文化の知恵と技

松田真一

青垣出版

目次

4章　定住する狩猟採集文化の特質　177

装幀／根本　眞一（クリエイティブ・コンセプト）

〈凡例〉

・本書は近年の縄文時代の調査の進捗や、研究の深化によって明らかになった成果を、できる限り盛り込んで、縄文文化の理解の一助になればという目的で纏めた内容としています。発掘調査で明らかにされた事実を可能な限り数多く、また平易に紹介することを心掛けましたが、紙幅の関係から用意した事例の多くを割愛せざるを得なかったほか、結果的に専門的な用語を使用した箇所も少なくありません。本書を手に取って、日本列島に住む我々の祖先の縄文文化に興味を持っていただける端緒になれば幸いです。

・本書では縄文文化の特徴を紹介するため、多様で複雑な諸活動の中で、あえて当時の生産活動に絞って記述しています。縄文文化の本質は生産活動だけでなく、当時の社会の仕組みや、その文化を支えた人々の心を解き明かすことこそが重要ですが、本書ではほとんど触れられませんでした。別に紹介する機会を期したいと考えています。

・本書に掲載しました写真については掲載許可や、データ借用などで関係機関からのご協力をいただき感謝いたします。また本文中の図や表などについては、出典を明らかにしております。

・文中に紹介しました研究者を中心とした方々につきましては、敬称を省略させていただきましたのでご寛容のほどお願いいたします。

・本書に関連して縄文文化についてさらに深く学びたいという読者の方々には、章・節別に纏めた巻末の参考文献をご覧ください。なお参考とした文献等については、本文で触れた事柄の主なものに限って掲載しました。発掘調査報告書についても記述に深くかかわるものに限定したほか、遺跡や遺物に関連する多くの研究論文等の掲載が叶わなかった点についてお詫びいたします。

・編集方針に従い、充分ではありませんが、難読用語や地名などにはできるだけルビを振りました。

・読者の至便を図るため巻末に語彙の索引を掲げましたので、同じく巻末の縄文遺跡地図とともにご利用ください。

はじめに

現代に伝わる縄文文化の遺伝子

我々日本人の思考や行動は、アジアの東縁に位置し、日本列島という大陸と隔てられた島嶼からなる地勢と、温帯モンスーンの気象環境のなかで育まれ継承されてきた独特の文化と無関係ではない。古よりこの地域において日々の生活を支えた生業は、四季がうつろう豊かで生産性の高い植生資源と、その恩恵のもとで棲息する多様な動物や、豊富な水環境と内水域から列島を取り巻く海洋にいたる水産資源など、恵まれた環境の下で形成された生態系を巧みに利用したものであった。高度な科学技術の発展に邁進してきた現代社会は、極まった合理・利便性やそれによって生み出された余剰の享受などを貪欲に獲得してきたが、かつてこの列島に生きた人々は、そういった価値観とは視座を異にした自然の再生産を見据え、環境に柔軟に寄り添う姿勢でのぞむ豊かな文化を育んできた。

ところでわが国では一次産業が経済活動の中心であった一昔前まで、人々の生活習慣や文化は専ら生業を根底で支えた稲作文化が色濃く影響し、米作りを中心とした一年間の農作業と密接に関係していた。かつて農家の炊事場や玄関の土間などに掛けられていた暦や日めくりには、苗代や田植えのほか野菜の播種の時期など、四季に振り分けられた作業が詳しく記されていたことを思い出す。農作業ばかりでなく予祝祭や収穫祭など地域恒例の年中行事も、その農暦の中にきちんと組み込まれていて、年間を通した生活のあらゆるスケジュールが、農業を基準としていたことに気づかされる。また私たち日本人の多くが地域やふるさとの原風景としてイメージできるものといえば、集落の周りに田んぼや畑などの圃場が広がり、その隙間や背景を里山が埋める素朴で牧歌的な農村の姿といったところだろう。しかしこういった我々がもつ懐古的な日常の慣習やノスタルジックな景観は、水田開発、農具類、育苗など様々な農耕技術が大陸から伝えられ、瞬く間に列島が稲作を基幹とした経済に変革した弥生時代に始まったということが、歴史を振り返るとあらためて認識できる。

だが日本列島には稲作を受け入れた人々がそれ以前から生活をしており、彼らの暮らしは耕地を開墾して栽培食物を生産して糧を得る弥生時代以降の生業スタイルとは基本的に相容れない、専ら狩猟や漁労のほか食糧の採集活動などのなりわいに頼った経済社会のなかにあった。その時代こそが列島各地において定住型の生活様式を根付かせ、今日に繋がる地域文化を萌芽させたと評価できる縄文時代であり、ほかでもない私たちの先祖が担った独特の先史文化なのである。縄文時代に生きた人々はもっぱらイノシシやシカなどの陸獣を対象とした狩猟活動のイメージがあるが、実際には狩猟だけでなく川や海に棲む哺乳類や魚介類を獲得するため漁労の技術を磨いたほか、ドングリをはじめとした植物質食糧も採集するなど、多彩な資源を有効に利用して安定した生活を維持しよう図った。そこには経験を積み重ねて得た自然界のしくみについての知識や、それを如何に活用するかという知恵と技術を養って、周囲の環境と巧みに適応した姿があった。またその一方で厳しい生活環境のなかにあって、家族や一族の繁栄や継承を確実なものとするため、構成員は集団の紐帯強化のための厳格で統制されたしくみのなかにおかれるなど、縄文時代は精神的にも成熟した秩序ある社会の体系を整えていたと考えられる。

本書ではそういった縄文時代の文化の特質を、全国各地の発掘調査によって明らかにされた具体的な成果をまじえて叙述した。文中で取り挙げた遺跡で見つかった遺構や出土品の分析のほか、それらの資料操作の結果をもとに、そこから見えてくる縄文時代の人々の生き様をみると、遠い存在と思っていた列島の先史時代と現代は、決して断絶しているのではなく、確実な糸で繋がっていることに気づくはずである。我々の先祖の微かな文化的遺伝子は、今日の我々の思考や行動にも引き継がれていることを再認識していただけるだろう。

第1章

環境に適応した狩猟採集文化

1節　手練れた射手の登場

1　槍から弓矢へ

弓矢の出現

縄文時代の遺跡からは矢尻《やじり》とも呼ばれる石鏃《せきぞく》が多数出土する。弓矢による狩りが盛んであった当時の狩猟活動を具体的に示す遺物である。世界各地の歴史を概観すると、すでに旧石器時代末期に弓矢の技術が存在したとされる地域もあるが、弓矢の現物に恵まれないことや、矢尻とされる石器の解釈も含めて確実な証拠は得られていない。これまでのところほとんどの地域において、弓射の技術は新石器時代に入って出現したと考えられている。

日本列島では縄文時代草創期《そうそうき》になると確実に弓矢が使われていたことが、この時期の遺跡から出土する石鏃の存在で明らかである。なかでも時期的に古く遡る資料が東日本では、青森県大平山元《おおだいやまもと》Ｉ遺跡《いち》のほか千葉県南原遺跡、同県地国穴台《じごくあなだい》遺跡、長野県荷取《にとろ》洞窟遺跡、愛知県酒呑《しゃちのみ》ジュリンナ遺跡などが、また西日本では愛媛県上黒岩《かみくろいわ》洞穴遺跡や宮崎県堂地西《どうじにし》遺跡などから出土している。またこれらの石鏃にはしばしば細石器や石刃《せきじん》のほか、前代の尖頭器《せんとうき》の特徴をもった石器とともに発見されている。上記の遺跡で石鏃とともに出土する土器は、隆起線文《りゅうきせんもん》土器や無文土器で、今のところ最古の石鏃と考えてよかろう。ただこれらの遺跡で出土する石鏃の数は限定的で、僅か数点程度の場合がほとんどで、今だ弓矢が狩猟具の首座を占めるに至っていたとはいい難い。

　但し石鏃にともなって出土する草創期の土器の様相をみると、弓矢の出現から普及に至るにはそれほど時間がかかったとは思えない。そのことは奈良県の北東部に所在する桐山和田《きりやまわだ》遺跡と、隣接する北野ウチカタビロ遺跡の狩猟具の内容が語ってくれる。このふたつの遺跡ではどちらも隆起線文土器とともに出土した石器群が明らかになっている。桐山和田遺跡の狩猟具の組成内容をみると、木葉形尖頭器、柳葉形尖頭器、有

桐山和田遺跡から出土した狩猟具
（橿原考古学研究所附属博物館提供）

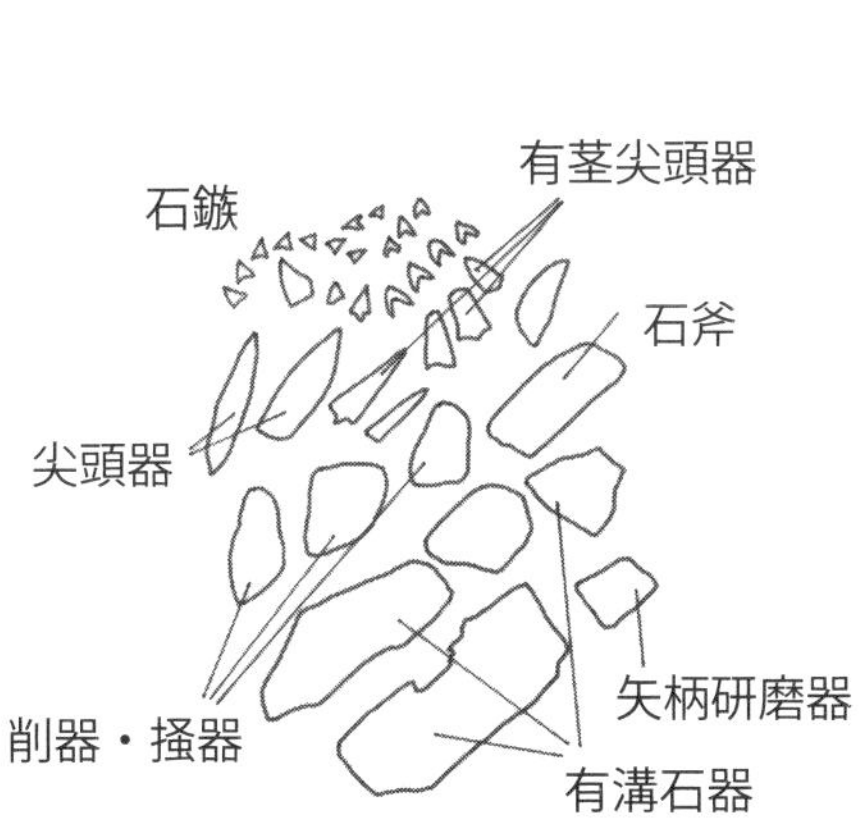

茎尖頭器など、石槍として使われた尖頭器が合計24点に対して、石鏃は草創期に確実に所属するものだけでも220点を数える。石槍と石鏃では狩猟具としての使用方法や消費量が異なるため、単純に比較はできないが、この遺跡で出土している時期が確定できない石鏃の存在を考慮すれば、石鏃は少なくとも尖頭器の10倍以上存在したとみることができる。しかも24点の尖頭器の形態をみると個体差が大きく、有茎尖頭器を除けばふたつとして類似した個体は存在しない。数量が少なくなっただけでなく、それまで維持されてきた尖頭器の規格が、もはや崩れてしまっている感がある。これは石槍文化が終焉に向かっていた段階にあったことを意味し、槍にとって替わった弓矢が急速に普及し始めていた事情を映したものといえる。

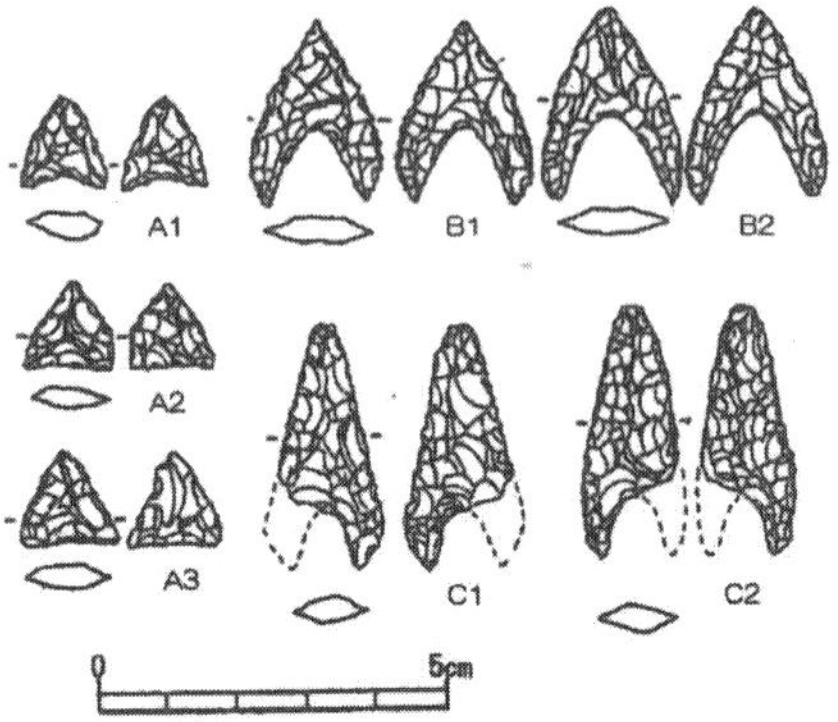

桐山和田遺跡の石鏃タイプ

草創期の石鏃にはA・B・Cなど形態や大きさに違いのあるものが存在する。一方形態の類似するものは規格性がある。

（松田真一 2002『桐山和田遺跡』より）

狩猟具と動物

桐山和田遺跡で出土した石鏃を平面形態の特徴に注目して分類してみると、ほぼ共通した形態を呈した3つのタイプが抽出できる。ひとつは小型でほぼ正三角形を呈し石鏃の基部に抉りを作出しないAタイプ、次に基部に著しく深い抉りが入ることで両脚が長くのび、その形態的特徴から長脚鏃《ちょうきゃくぞく》と呼ばれることがあるBタイプ。これは長野県曽根遺跡から出土した石鏃が典型とされている。もうひとつは脚部が外に突出しした特徴をもち、基部にU字形の抉りが入る二等辺三角形を呈するCタイプである。これら三者の形の違いは見た目にも相当大きい。しかし同じタイプに属する石鏃については、形だけでなく法量や重量もほぼ揃っており、規格性の高い点が重要とみている。獲物を狙う矢を自在にコントロールするには、獲物と対峙する位置や距離のほか弦の張りなどとともに、矢柄の長さなどの作りと石鏃の形態や重量の調整も重要な要素であったはずだ。そこでは石鏃も規格の等質化を高めて、飛距離や命中率を向上させる必要があったと考えられる。それが同一タイプの石鏃の規格性に表れているのだろう。また同時に、見た目にもかなり形態に違いがあるA～Cの3つのタイプの石鏃が存在することは、対象動物や狩猟方法の違いにあわせた矢の使い分けがあった可能性を示しているように思われる。

時代を通して縄文時代の石鏃は、戦いの武器として使用されたこともある弥生時代後期の石鏃と比較すると、総じて小型でかつ軽量につくられている。なかでも先に紹介したように弓矢が出現したばかりの草創期の石鏃は軽量で、小さくかつ薄く作られる特徴がある。前代の系譜を引き継ぐ石槍も使用されていたこの時期だが、小型の石槍として使われていた有茎尖頭器と、新出の石鏃との大きさの違いは明らかで、また構造上でも明確な違いがある。有茎尖頭器は基部に突出した茎を作り出し、槍柄の先端部にその茎を差し込んで固定するのに対して、石鏃は基部が直線的ないしはU字やV字形の抉りを作出し、矢柄の先端もしくは別作りの根挟みで石鏃の基部を挟み込んで固定するという

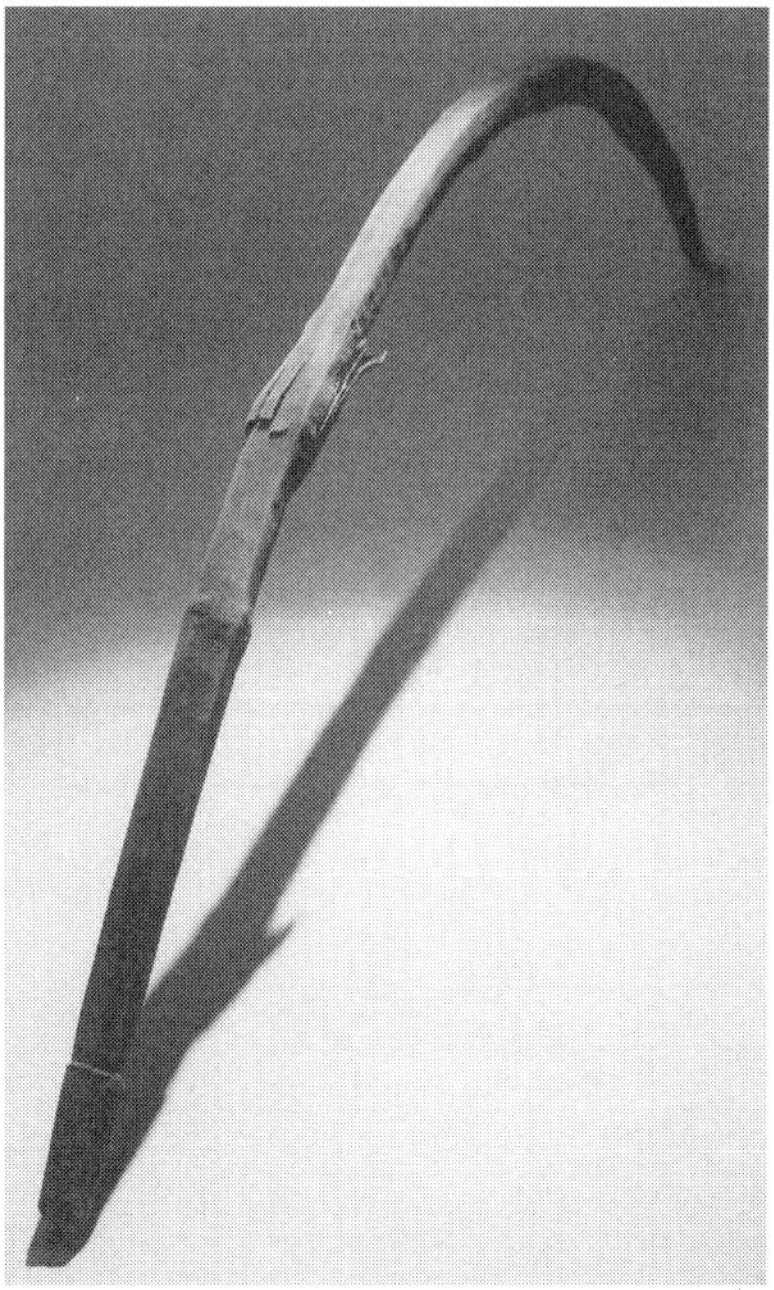

青田遺跡から出土した丸木弓
（小川忠博氏撮影、新潟県教育委員会提供）

違いがある。このように法量や構造が異なる尖頭器と石鏃の共存する事実は、石槍が次第に小型化して石鏃がつられるようになったとする説明が成り立たないことを意味する。

先に述べた桐山和田遺跡に残されていた十分な数量の石鏃の保有実態をみると、槍から弓矢への迅速な狩猟具の転換と、弓射の技術が狩猟活動に効果的に発揮される水準に達していたということが理解できる。日本列島では縄文時代に入ってから始まる弓射の技術は、温暖化が進んだ気象環境にあった列島で生息する動物に適応した狩猟具として、新たに採用されたと考えてよいだろう。前代に大陸から陸橋を経由して日本列島に渡ってきていたナウマンゾウや、オオツノジカなどの大型動物はこの時期にはすでに絶滅

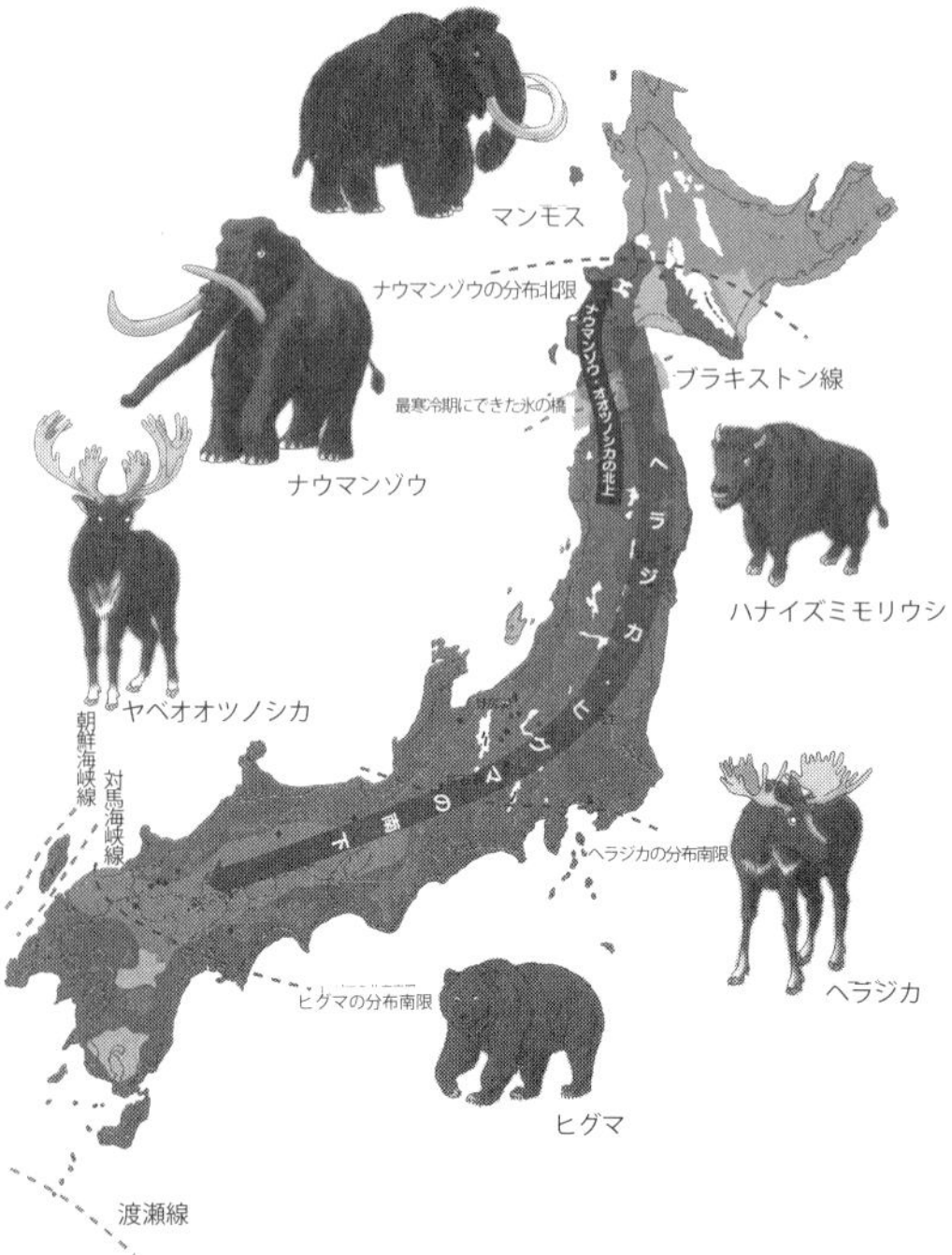

旧石器時代の大型動物（みどり市岩宿博物館『常設展示図録』第10図より）

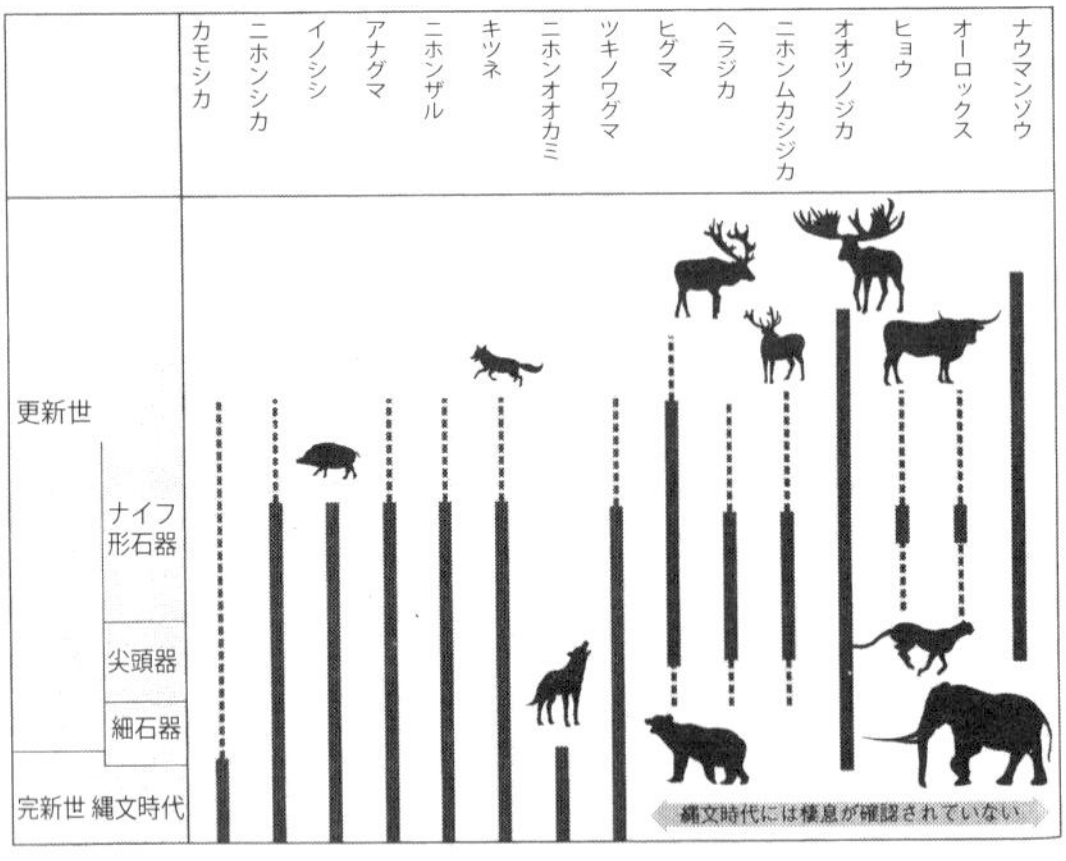

本州島における哺乳動物の棲息の移り変わり
表右側の大型動物群は縄文時代以前に絶滅した。
（松田真一 2014『遺跡を学ぶ 92』新泉社より）

し、現在も野山に生息するイノシシ、シカ、タヌキ、ウサギなど中小の動物が狩猟対象となっていた。このような的が小さくてすばやい動きをする動物に対処するための狩猟具として、弦の弾力を利用することで速度があり、比較的遠距離からでも狙えて、身の安全も確保できる弓矢の導入は効果的であった。

自然環境に適応力を発揮した列島の狩人たちは、野山に生息していた動物の動きや習性などの知識を蓄積し、それに適った道具揃えや弓射の技術を磨き、狩猟活動の周到な戦略を練っていたに違いない。このように日本列島で弓矢を使った狩猟が始まった背景には、縄文時代初期の列島において狩猟対象とされた動物環境の変化が深く関係しているとみられている。

２　弓と矢の技術

矢柄の製作と材

日本列島で弓矢の使用が始まったまさにこの頃、蒲鉾に似た形状を呈し、平らにした側の面の中央に長軸に沿った一本の凹状の溝が削り込まれている特殊な石器が出現する。矢柄研磨器と呼ばれ、用途はその名称が示す通り、この石器２個の溝を合わせるように掌に握り、矢柄をその溝に挟んだまま前後に押し引くように動かす。すると摩擦による熱を発して多少曲がった矢柄であっても、まっすぐに整えることができるというもので、矢柄整直器《せいちょくき》と呼称されることもある。矢柄がまっすぐでないと矢は曲がって飛び、当然命中率が低くなり、効率の良い狩猟成果は望めないため、柄の製作にも細心の注意が払われたのだろう。

ところで弓矢の矢柄は、木の枝など植物を素材としている。矢尻である石鏃はそのまま出土しても矢柄自体は腐食してしまうので、ほとんど遺跡には遺存することがない。ところが最近北海道恵庭市にある縄文時代中期に栄えたユカンボシE11遺跡で、たまたま矢柄が火を被って炭化したため、元の形状を維持した状態で出土するという貴重な発見があった。注目すべきことに矢柄は黒曜石製の石鏃に装着された状態で出土し、矢羽根を付けた痕跡や、弦をつがえる切り込みなども確認できるほど保存状態が良好であったため、幸運にも矢柄に用いられていた材料を調べることができたようだ。てっきりヤダケなどイネ科のササやタケ類が素材だろうと予想していた筆者だったが、鑑定の結果はアジサイ科のノリウツギという予想もしなかった木を使っていた。ノリウツギはその名が示すように和紙漉きの際に、樹液を糊として利用されるのだが、いつも家の庭で見慣れているあの曲がったアジサイ科の木の枝が、矢柄に使われていると聞いていささか驚いた。今金町ピリカ旧石器博物館では、この発見をうけてさっそく矢の復元に取り組み、その過程でノリウツギの古枝から、まっすぐに伸びる若枝を見つけたという。縄文時代の矢柄づくりに携わった狩人も、ノリウツギのまっすぐな枝の形状と、中空構造で軽さも備えている構造が、矢柄の素材として打って付けだと見抜いて利用したのではないだろうか。

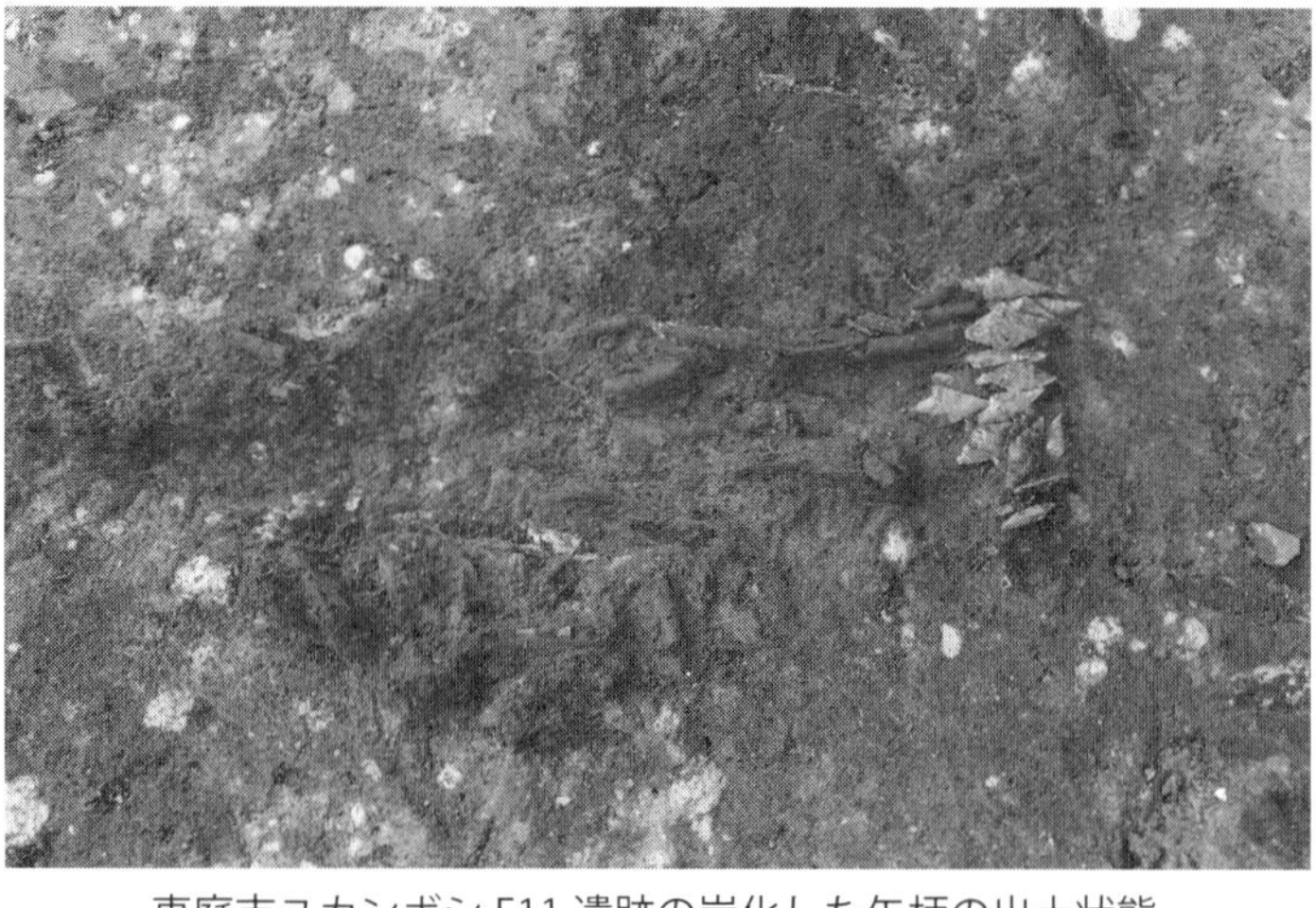

恵庭市ユカンボシ E11 遺跡の炭化した矢柄の出土状態
右側にまとまって出土した石鏃の左側に折れながらも延びる炭化した矢柄（北海道恵庭市郷土資料館提供）

矢柄研磨器の盛衰

話を矢柄研磨器に戻そう。冒頭に紹介した桐山和田遺跡からは、この矢柄研磨器が1点しか発見されなかったが、隣接する北野ウチカタビロ遺跡の草創期の文化層からは4点出土している。1点だけの単独出土例も少なくはないが、複数が出土している遺跡もかなりの数に上る。全国的に出土地の広がりをみると、北は北海道から南は九州の宮崎県まで、矢柄研磨器の出土地は広範に分布していることがわかる。近年の発掘調査で発見数も増加していて、現時点での正確な数は集計されていないが、これまで100点を優に超える数が出土している。

早くに矢柄研磨器に注目した山内清男《やまのうちすがお》は、縄文時代のはじめに大陸から日本列島に渡来したとするいくつかの石器を認定し、時代の画期であるこの時期の道具揃えの変革を促したと考えた。山内は三重県菰野町から出土した石器を紹介するなかで、その渡来石器《とらいせっき》の一つとして矢柄研磨器を位置づけた。矢柄研磨器はヨーロッパでは新石器時代や青銅器時代の遺跡から、また南ロシアでは青銅器時代のカタコンベ文化の遺跡などで出土していて、時代は新石器時代の初期に限定できるものばかりではないが、シベリアのほか蒙古や沿海州などユーラシア大陸の東北地域一帯からの出土例の報告もある。そのなかには弓矢との関連が窺える事例が存在するので、矢柄を研磨した道具と認めてよいと考える。

この矢柄研磨器とした石器については、骨角器などを製作するための石器とする見方などもあって、用途に関して異論がないわけではない。ただここで注意したいのは、日本列島から出土しているこの石器の所属時期で、矢柄研磨器とともに出土する土器を基準にした時期判定によれば、縄文時代早期以降に所属するものもないことはないが、圧倒的多数は縄文時代の草創期に属していることがわかる。言い換えれば

矢柄研磨器の出土遺跡一覧

遺跡番号	都道府県	遺跡名	時期	伴出土器など	有溝石器との関係
1	北海道	湧別市川遺跡	早期？		
2	北海道	東釧路遺跡	早期	押型文	
3	北海道	幣舞遺跡			
4	北海道	伊茶仁カリカリウス遺跡	晩期		
5	北海道	下幌呂1遺跡			
6	北海道	扇瀬公園遺跡	早期・中期？		
7	北海道	祝梅川小野遺跡	晩期		
8	北海道	キウス5遺跡	晩期？		
9	北海道	チブニー2遺跡	晩期		
10	岩手県	大新町遺跡	草創期	爪形文	
11	山形県	松沢遺跡			
12	山形県	一の沢岩陰	草創期	隆起線文	
13	山形県	日向洞窟	草創期	隆起線文	
14	千葉県	南大溜袋遺跡			
15	栃木県	大谷寺洞穴	草創期	隆起線文	
16	群馬県	中島遺跡			
17	埼玉県	宮林遺跡	草創期	爪形文・押圧縄文など	
18	埼玉県	四反歩遺跡	草創期		
19	東京都	多摩ニュータウン116遺跡	草創期	隆起線文	
20	山梨県	池之元遺跡	草創期	表裏縄文	
21	長野県	仲町遺跡	草創期	爪形文	
22	長野県	岡谷丸山遺跡	草創期		
23	長野県	栃原遺跡	草創期	表裏縄文	
24	長野県	石子原遺跡	早期	押型文	
25	新潟県	壬遺跡	草創期	隆起線文	
26	石川県	宮竹庄が屋敷B遺跡			
27	福井県	鳥浜遺跡下層	草創期		有溝石器
28	静岡県	大鹿窪遺跡	草創期	隆起線文・爪形文など	
29	岐阜県	椛の湖遺跡	草創期	表裏縄文	有溝石器を伴出
30	岐阜県	大久保遺跡			
31	岐阜県	後田遺跡	草創期		
32	岐阜県	中野			
33	岐阜県	寺田遺跡	草創期	隆起線文	
34	愛知県	酒呑ジュリンナ遺跡	草創期	隆起線文	
35	愛知県	北替地遺跡	草創期	爪形文	
36	愛知県	宮西遺跡	草創期	隆起線文	有溝石器
37	三重県	西江野遺跡	草創期		
38	三重県	粥見井尻遺跡	草創期	隆起線文・爪形文など	
39	滋賀県	南平遺跡			
40	滋賀県	相谷熊原遺跡	草創期	爪形文・無文	
41	滋賀県	蛍谷遺跡	早期	押型文土器	有溝石器
42	奈良県	桐山和田遺跡	草創期	隆起線文	有溝石器を伴出
43	奈良県	北野ウチカタビロ遺跡	草創期	隆起線文	有溝石器を伴出
44	奈良県	上津大片刈遺跡	草創期	爪形文・多縄文	
45	奈良県	池田遺跡			有溝石器
46	和歌山県	藤並地区遺跡	草創期		有溝石器
47	岡山県	福島遺跡			
48	広島県	帝釈峡観音堂洞穴？	草創期		
49	香川県	羽佐島遺跡	草創期		
50	愛媛県	上黒岩岩陰	草創期	隆起線文	
51	高知県	不動ケ岩屋洞窟	草創期	隆起線文	
52	高知県	奥谷南遺跡	草創期	隆起線文	有溝石器
53	長崎県	泉福寺洞窟	草創期	隆起線文	
54	長崎県	岩下洞穴	早期？	押型文？	
55	宮崎県	上猪ノ原遺跡	草創期	隆起線文	

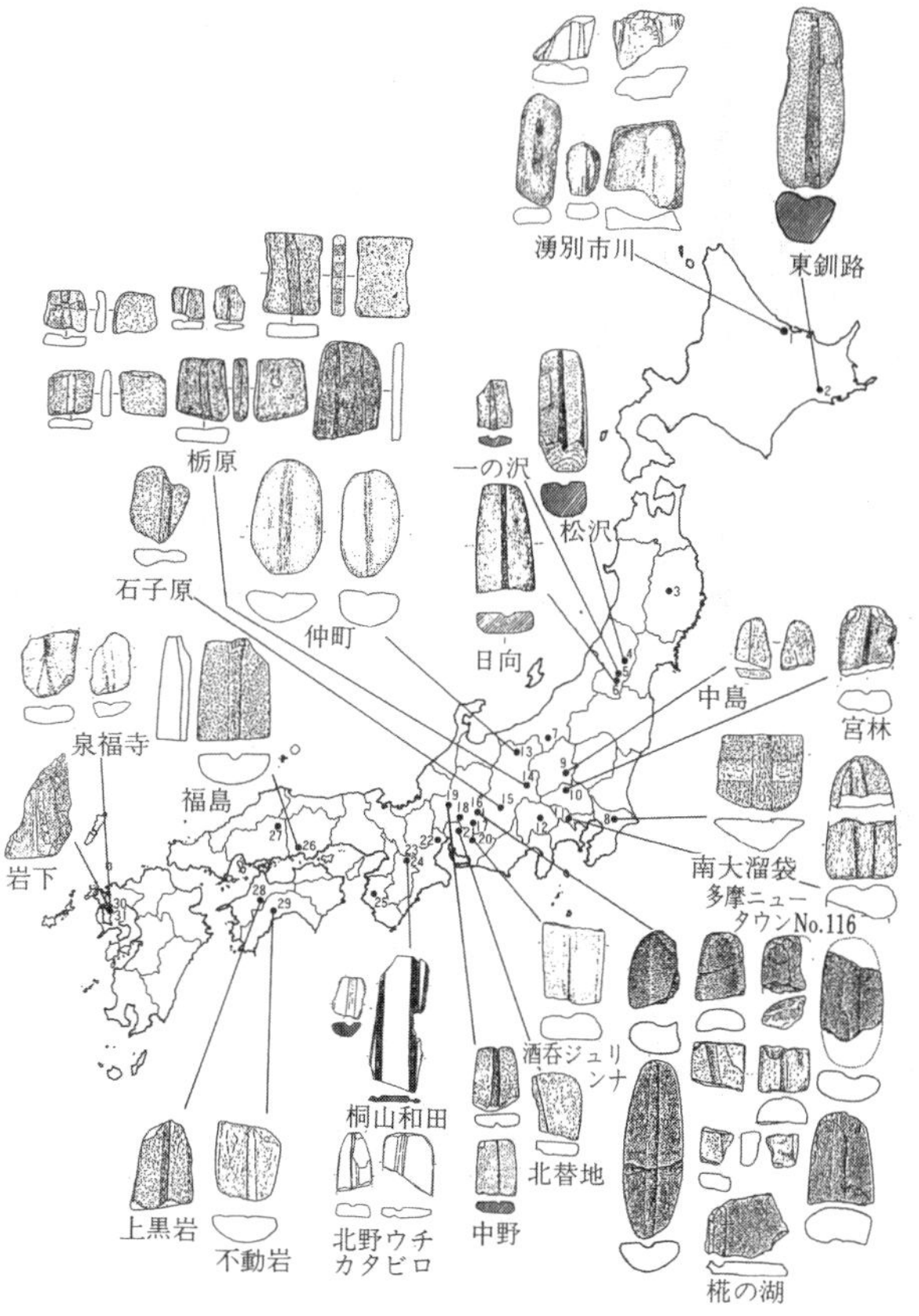

全国の矢柄研磨器出土地の分布図
（吉川弘文館 1994『一万年前を掘る』より）

この石器は弓矢の使用が始まった当初、すなわち縄文時代が始まる頃には存在したが、その後は必要とされなくなり、まもなく廃れてしまうことになったと考えられる。矢柄研磨器の出現と弓矢の導入時期とが重なることは偶然とは考え難く、日本列島では恵庭市で出土したノリウツギだけでなく、ほかにもササの一種であるヤダケやメダケなど矢柄に打って付けの素材が容易に手に入れられるため、矢柄を真っ直ぐに調整する加工が不要だったのだろう。

なお桐山和田遺跡と北野ウチカタビロ遺跡からは、矢柄研磨器とは別に、同様の直線的な溝を有する扁平な石材を用いた石器が出土している。（15ページの写真）溝内に研磨によるとみられる明瞭な線状の痕跡は、矢柄研磨器にみられる痕跡を凌ぐ程著しい。有溝石器と呼ばれるこの石器は、近畿地方や東海西部地域にほぼ分布が限定されている。狩猟具の製作に関わる道具とみているが、具体的な用法を解明するにはいたっていない。

根挟みのつくりかた

本書で何度か取り上げることになる奈良県橿原《かしはら》遺跡からは、とりわけ晩期前半を主体とした貴重な遺物が出土して注目されている。特に集落の縁辺部の湿潤な場所に堆積した遺物包含層から、腐敗や劣化せずに残存した有機質の遺物が多数出土し、そのなかには動物の骨角を素材とした刺突具、弭《ゆはず》、鏃、垂飾、叉状《さじょう》製品など一般の遺跡では得難い多彩な資料が含まれている。その骨角器のなかに弓矢に関連するものがある。矢尻である石鏃と矢柄とを繋ぐための部位である鹿角製の根挟みという部品で、先端側に切り込みを入れて石鏃の基部を挟み、根挟みの基部側は細いホゾ状の凸部を作り出して矢柄に差し込む構造となっている。

橿原遺跡から出土した鹿角製根挟みを仔細に観察した松井章らの研究によって、ここには製作の工程が復元

橿原遺跡から出土した鹿角製根挟み
(橿原考古学研究所提供)

できる各段階のものが存在していることがわかった。根挟みは主に鹿角の先端部や主幹部を利用して作られ、本遺跡では素材の分割に始まり、成形を経て製品が完成するまで一貫して製作していたことを明らかにした。根挟みは狩猟において矢を使用した際にしばしば破損する。壊れると回収され、再び加工して一回り小さいサイズの根挟みに作り変えて再使用された。また破損した根挟みは、角鏃という別の製品に転用された事例も確認でき、徹底した無駄のない資源利用の姿がみてとれる。

この根挟みの製作にあたって、素材の使い方に注目した観察から、興味深い事実が明らかにされた。ここでは根挟みが27点出土しているが、うち素材である鹿角の海綿質が観察できる面を、先端の二又部が見える面にして製作しているものが26点を占めるなか、唯1点だけ海綿質を側面にして製作したものが存在した。その個体は欠損部のない完形品でしかもサイズも大きく、それ以外の完形品がいずれも再加工されて小型化しているなかにあっては異質な存在である。かつこの1点を除いてほかに海綿質を側面にした素材取りの製作途中の未完成品は存在していない。これまで近畿から東海地方にかけての縄文遺跡から出土した根挟みの製作方法は、橿原遺跡の大多数の根挟みの素材取りと同じであることが確かめられている。一方で1点だけ出土した異なる素材取りの特徴をもつ根挟みは、東北地方を中心に分布しているという。このことから本来当地域ではみられない素材取りによって製作された唯一の根挟みは、彼の地から製品として持ち込まれた可能性が高く、製作技術体系の異なる地域との交流の結果もたらされたことを語る品である。それがこの遺跡の唯一の完形品であることを考えると、遠隔地との繋がりの証として象徴的な役割を果たしたものかも知れない。素材の扱いの違いに注目して、製作方法の地域色を明らかにした興味ある研究といえる。

3　狩猟と動物

弓で狙った動物

さて貝塚のような特別の環境下にある縄文時代の遺跡からは、弓矢によって捕獲されたと思われる多くの動物の遺存体《いぞんたい》が出土している。多種類の陸獣のなかでもその代表格ともいえる、イノシシとニホンジカの遺存体の分析によって明らかにされた狩猟の実態について紹介しよう。先に根挟みについて触れた橿原

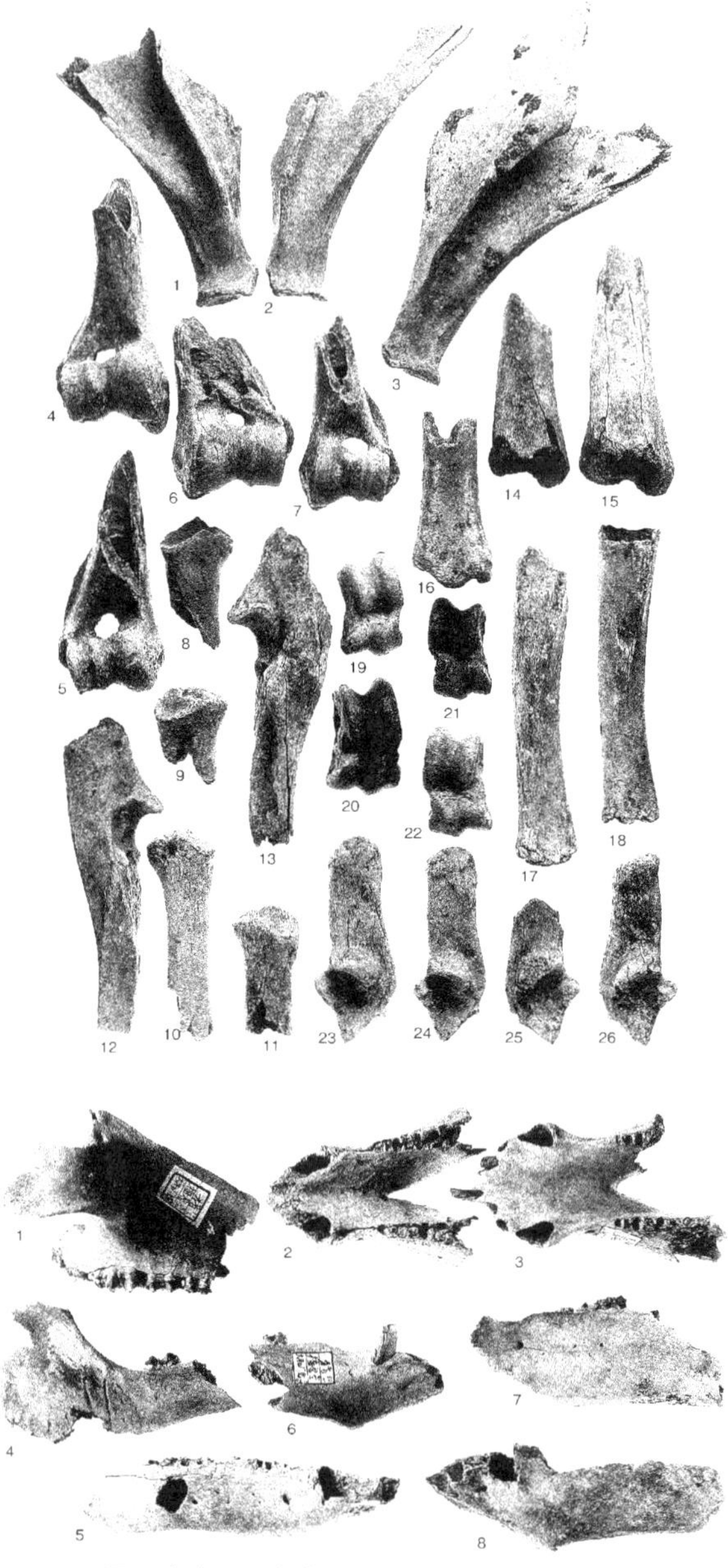

橿原遺跡から出土したイノシシの遺存体
㊤主要部位㊦顎骨（橿原考古学研究所提供）

遺跡では出土した陸獣の破片も含んだ出土数は、イノシシが約2、500点、ニホンジカが1、700点にのぼり、2種の比率は約3対2である。そのほかの哺乳動物については多い種でも破片数で二桁台に留まっており、これをみると当時狩りで狙った主な陸獣が、イノシシとニホンジカであることは明らかである。この傾向は本州の縄文時代の遺跡においては、2種の比率が異なることはあっても、縄文時代を通じてイノシシとニホンジカが、他の哺乳動物を圧倒していた事実は変わらない。これは日本列島がイノシシとニホンジカの生育にとって良い環境が維持されていたことを窺わせていることはもとより、この2種がほかの哺乳動物と比べて1頭当たりの肉量が多いことのほか、食用以外に毛皮、牙、角などが有効に利用できることなどがその理由だったと考えてよいだろう。

イノシシ猟

主な狩猟の対象であったイノシシは、比較的低い山の森林や草原に棲み、雑食性だが植物の根や地下茎のほかドングリや山菜など植物性食物をおもに摂取する。交尾期を冬季にむかえ、5月頃に一度に4、5頭の仔を生み、幼少期には縞模様の体毛が生えウリボウなどと呼ばれる。ほぼ1年半程度で成獣となり、寿命は長くて10年ほどという。普通雌は仔とともに行動するが、雄の成獣は単独行動する習性がある。

縄文時代のイノシシ猟の実態については、出土した遺存体が参考になる。縄文時代晩期の貝塚として知られる宮城県田柄《たがら》貝塚からは、捕獲されたイノシシの骨が多数出土していて、特に具体的な狩猟方法が窺える資料があって興味深い。弓を使って射止められたことがわかる材料として、石鏃が下顎骨、肩甲骨、橈骨、肋骨などを貫通した痕跡があるものや、深く骨に突き刺さった状態の骨もあって、イノシシに致命傷を与えるほど、当時の弓矢に強い殺傷能力があることが窺える。矢を射込まれた肩甲骨など骨の部位と入射角度を参考にすると、獲物の進行方向である正面付近から狙った場合があったことがわかる。イノシシ猟では猟犬を使って追い立て、獣道や一時的に留まるヌタ場などで待ち構え、向かってきたところを射止めたことが想像される。しかも先の肩甲骨の刺突痕跡をみる限り、かなり至近距離から狙っていたようで、その場合身の危険も伴うことになるが、イノシシの習性をよく知ったうえで、確実に捕獲しようとした結果とみてよい。

縄文時代の遺跡からは粘土を焼いて作ったイノシシ形の土製品が出土するが、そのなかにはイノシシの胴体にいくつもの刺突痕をつけたものがある。縄文時代には計画的に配置された陥し穴が各地で発見されていて、仕掛け猟も広く普及していたことがわかっているが、実際に数ある骨に突き刺さった石鏃や、このような矢で射られたことを表現した土製品をみると、狩の主体は弓矢によっていたと考えられる。イノシシの土製品は狩猟のシーズンに、豊猟を祈るまつりや儀礼の場で呪具として用いられたと想像してみたくなる。

そのイノシシの土製品には成獣に以外に、「うり坊」の縞模様を表現した可愛い幼獣もある。もしかすると当時の人々は、重要な食料資源であるイノシシの仔を身近に置いていたのだろうか。

イノシシは日本列島では本州および四国と九州島に生息する陸獣だが、近年の発掘調査で伊豆諸島や北海道南部の縄文遺跡から、生息しているはずのないイノシシの骨が発見される事例がいくつも報告されていて、縄文人の関わっていたことが疑われる。可愛がっていたイノシシの仔を丸木舟に乗せて北海道や離島に渡り、そこで飼育し繁殖させようとした当時の積極的な食料戦略があったのだろう。

ところで先に紹介した田柄貝塚では矢を射込まれた別のイノシシの個体があり、石鏃が刺さったものの傷を受けた個所は、その後に骨増殖して自然治癒していた。想像するに一度矢を射込まれ深手を負ったものの、運よく逃げることができ、命には別条なくさらに何年か生存したようだ。しかしその後、再び縄文人によって捕獲されたらしく、少し気の毒に思えてくる。

ところで今日でも野山の餌場で食料が枯渇した時など、イノシシが麓の集落へ出没して騒ぎとなることがある。生息域がヒトの生活圏と重なるため、各地で作物被害や人的被害が問題化している。またイノシシは陸獣の中でも強靭で生命力も強く、猛進する行動も脅威となり、狩猟には危険が伴う。現在も猟友会などによる駆除のためのイノシシ猟では、最後に仕留めたものの手柄だと聴くが、今も昔も変わらないイノシシ猟の難しさ故なのだろう。

シカ猟

イノシシとともに当時の狩猟対象陸獣の双璧をなすニホンジカは、ホンシュウジカやエゾシカなど列島に数種の地域亜種が生息する。高山を含む森林や草原に棲み、草食性だが樹皮も食用とし、捕食者との関係からか薄明薄暮ないし夜行性である。普通は雌と仔を中心にした群れと雄どうしの群れをなし、かつては数百頭から数千頭に達して行動することがあったなど、イノシシの生態とはかなり異なっている。10月前後に交尾期をむかえ、翌年の5月から6月に集中する出産期に1匹だけ仔を生む。

このようなシカの生活史を考慮して、交尾期で警戒心が薄れている秋から初冬の時期に猟が集中したことが、鳥浜貝塚などで出土したシカの臼歯の計測によって判明している。特に雄はこの時期に捕獲された個体が多いことがわかっていて、冬毛が得られ、皮下脂肪が豊富なことも、この時期に捕獲された個体が多いことの大きな理由だったのだろう。ほかにも落角したシカはオオカミなど、ヒト以外の捕食者に襲われる危険が増すことも狩猟の盛期に関係しているのかも知れない。

ニホンジカの平均体重をみると０・５歳で２キログラム、１・５歳で30キログラム、オスは６歳以降で65キログラム、メスは４歳以降で45キログラム程度である。可食部分率は体重の約60％で、皮が５％、オスは角が２％を占める。このようにニホンジカは一頭当たりの肉量が多いことや、肉が美味であることが主要な捕獲対象となる理由だろうが、肉以外にも毛皮のほか、各種骨角器の材料として利用頻度が高い中手骨や中足骨などの骨や、貴重な鹿角が得られることも狙われる理由の一つであった。このことは縄文遺跡におけるイノシシに劣らないシカの遺存体の出土量をみても頷ける。因みにイノシシの土製品があることは紹介した通りであるが、シカを模った製品も存在してよさそうだが出土例を聞かない。

　縄文遺跡から出土するシカの遺存体には雄が多い傾向があるが、雌雄の選択的狩猟がおこなわれたか否かの判断は難しい。鹿角の利用が遺跡での残存率に影響している可能性があるが、一方で当然落角を利用していることもあり、シカの狩猟における個体選択の実態復元は難しい面がある。

　実際の狩猟の実態が窺える資料をみると、岩手県中神遺跡で出土したシカの骨には、頭部後方に石鏃が刺さっていた。狙われた位置は後方のかなり上方からと推定され、ハンターが木の上などに潜んでいて、眼下を通過するシカを上から射た可能性が高いと推定されている。この場合は猟犬がシカを追って誘き出した可能性もある。逆に前方から狙われたと判断される、肩甲骨に刺突痕がある個体も残存していて、水場などで待ち伏せして射止めたのではないかと考えられている。ただイノシシと異なるのは、骨に達する矢を受けると最終的に捕獲に繋がるケースが多かったようで、逃げおおせてその後も生存し骨増殖がみられるような個体の報告にはほとんど接することがない。

4　縄文狩猟の特質

縄文時代の捕獲されたイノシシとニホンジカの遺存体を観察すると、どちらも顎骨に遺された歯の萌出や歯の交換と摩耗状態からみて、若獣、成獣に関わらず狩猟の対象としていたことは間違いないようだ。田柄貝塚で捕獲されたイノシシのデータをみると、生後2年を境に幼・若獣と成獣とを分けると、対象総数415個体の内訳がそれぞれ171個体と236個体（不明8体）で、約4対6の比率となっている。肉量の多い成獣を中心に捕獲しているとも受け取れるが、1年刻みの齢構成をみると、生後1年未満のイノシシが最も多く、2年未満もほぼ同じ数だが、順次齢が高くなるにつれて次第に数を減じており、これはほぼ自然の齢別生息状態を反映している。地域や時期によっては幼・若獣の比率がかなり高い例も報告されていて、一時的に狩猟圧がかかって幼成のバランスが崩れたことがあった可能性も否定できない。ニホンジカは多産のイノシシより捕獲された幼獣の比率は低いという統計がある。なお各地の縄文遺跡のイノシシとシカの遺存体から得られた齢構成データを総合的にみた場合、陸獣を代表するこの2種が各地域の環境の下で、個体群の密度に大きな変動をもたらすような圧力がかかっていたとは考え難い。

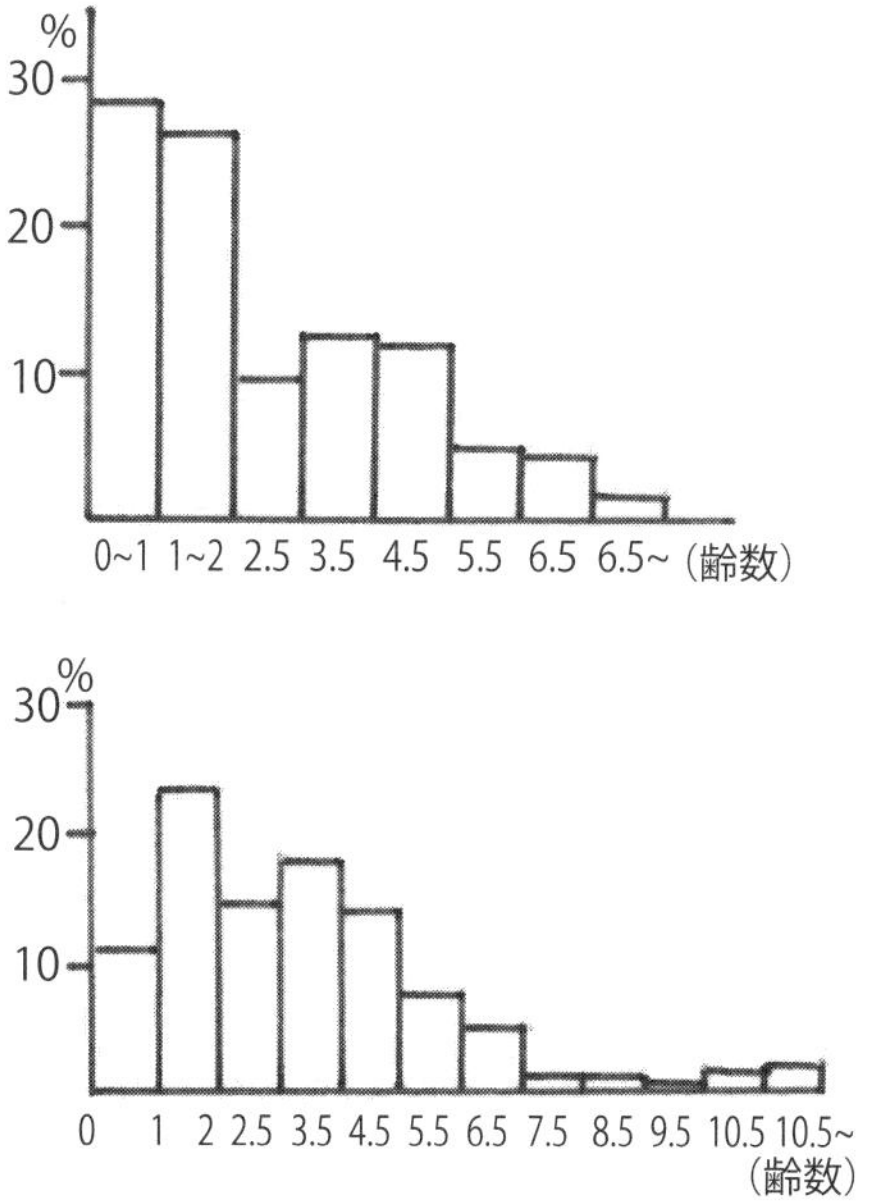

田柄貝塚で出土したイノシシ㊤とシカ㊦の齢構成
（宮城県教育委員会 1986『田柄貝塚』より）

先述の橿原遺跡からは数は少ないものの、イノシシとニホンジカ以外に、タヌキ、ニホンザル、ノウサギ、ムササビ、テン、ツキノワグマ、イヌ、ニホンオオカミ、アナグマ、ニホンカモシカなどの哺乳動物が出土している。世界の狩猟民族の狩猟対象哺乳動物の事例をみると、サルは食材としていない例が多いようだが、橿原遺跡から出土したニホンザルの上腕骨6点のなかには切り傷のあるものが確認できる。全国の縄文遺跡でもニホンザルの遺存体が出土することは少なくなく、縄文人はサルも食べていたとみてよいだろう。保存環境の良い遺跡からは鳥類、両生類、爬虫類など動物の遺存体も出土していて、食用として利用しようとした動物の種類の多さに、縄文時代の狩猟活動の特色が現れている。

2節　イヌとヒトとの特別な関係

1　埋葬されたイヌ

遺跡から出土するイヌ

イヌを散歩させている姿は、今や全国どこの街角でも見慣れた風景のひとつで、現代社会ではイヌはネコとともに家庭内で養われる愛玩動物の代表格といえる存在となっている。我が家の飼い犬も私の言うことを最も良く聞く家族の一員であると同時に、どうも私より良い待遇をしばしば受けている節を感じることもある。

全国の貝塚を中心に縄文時代の遺跡からは、さまざまな動物の遺存体が出土するが、イヌもよく出土する縄文時代に生息していた動物である。考古学的調査によってイヌの出土したことが最も早く記録されているのは、1877年の東京都大森貝塚で行われた発掘調査の報告書である。大森貝塚といえば当時アメリカからお雇い学者として来日していて、考古学の素養もあった動物学者E・S・モースが発掘を行ったことでよく知られているが、そこには貝塚からイヌの骨が出土したことも漏らさずに記している。その後も鹿児島県出水《いずみ》貝塚や千葉県堀之内貝塚などの調査で、イヌが出土していることが報告されている。また滋賀県大津市にある古刹「石山寺」門前で発見された石山貝塚では、１９５０年から数度の発掘調査が実施されて、出土状態は判然としないが、未成獣とみられるイヌの下顎骨が1点出土している。近畿地方では珍しい縄文時代早期にまで遡るイヌの遺存体の出土例として貴重な資料であったが、この時点ではイヌはほかの哺乳動物と同様に嗜食された動物類のひとつとして取り扱われていた。

イヌの埋葬例

ここで取りあげた以外の遺跡からも、解体痕跡をもつイヌの骨が見つかることもあったが、その後福島県三貫地《さんがんち》貝塚や神奈川県西ノ谷貝塚の発掘調査において、一体分のイヌの骨がほぼそっくり土坑内からみつかった。この発見はイヌが死後ほかの動物とは異なり、特別に扱われた場合があると認識された最初で、出土状態の詳しい観察によって、埋葬された可能性が高いと考えられた。次第に各地の縄文遺跡で類似する状態で出土するイヌの事例が増加し、イヌを埋葬するという行為がほぼ縄文時代を通じてみられることがわかってきた。

さらに重要なことは、このようなイヌの埋葬土坑が発見された場合、しばしばヒトとの関係を知る手掛かりが得られることである。イヌが単独で貝層内に掘られた土坑に埋葬されている例も存在するが、ヒトの埋葬された墓地のなかにも、イヌが丁寧に埋葬されていることがあり、死後のあつかいを通してヒトとイヌとの親密な関係が窺われる。好例がいくつかあるので紹介しよう。

ヒトとイヌの埋葬

大阪府東大阪市の生駒山西麓には、シジミ、ハマグリ、カキなど淡水産と鹹水産の貝層が形成された、関西では古くから知られている縄文晩期の日下《くさか》貝塚がある。当時は現在の河内平野に海が湾入して河内湾をつくり、その海岸近くに日下の縄文集落が位置していたと推定されている。貝塚一帯の宅地化が進むなかで行われた集落の北部の発掘調査において、縄文晩期の墓地が発見され、19基のヒトを埋葬した土坑墓群が確認された。墓地は中央に狭いながら空閑地を設け、その周りに7基の墓が直径約10㍍の円周上に配置され、残る12基の土坑墓はそのさらに外側の周辺に配置されていた。そのなかの成人男性が埋葬された墓と、成人女性が埋葬された墓の間に挟まれるように、ヒトを埋葬する土坑より一回り小さい長さ1・05㍍、幅0・64㍍、深さ0・12㍍の土坑が穿たれ、そのなかから埋葬された一体のイヌが発見された。イヌの頸は折り曲げられ、前足と後足は肩関節と股関節からそれぞれ

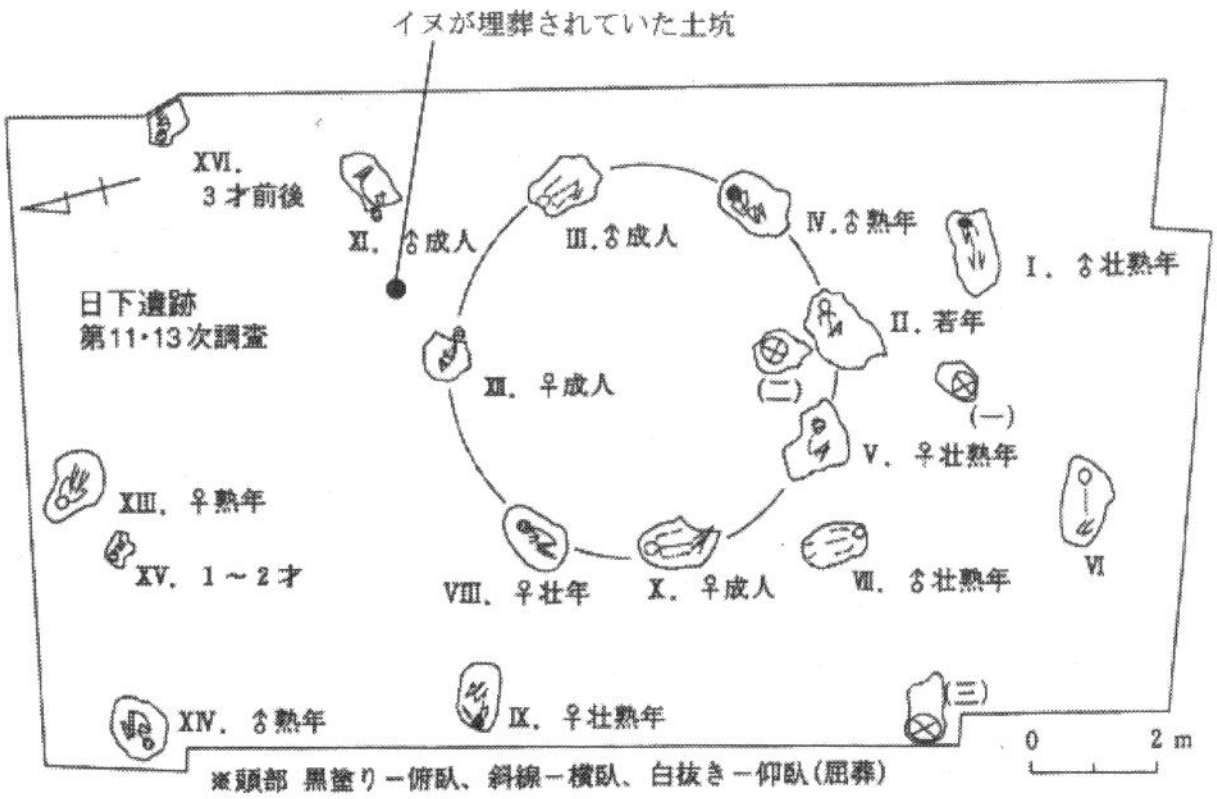

日下貝塚の墓地の土坑墓とイヌが埋葬されていた土坑
（吉村博恵 1986「日下遺跡第13次発掘調査報告」『東大阪市埋蔵文化財発掘調査概要』より）

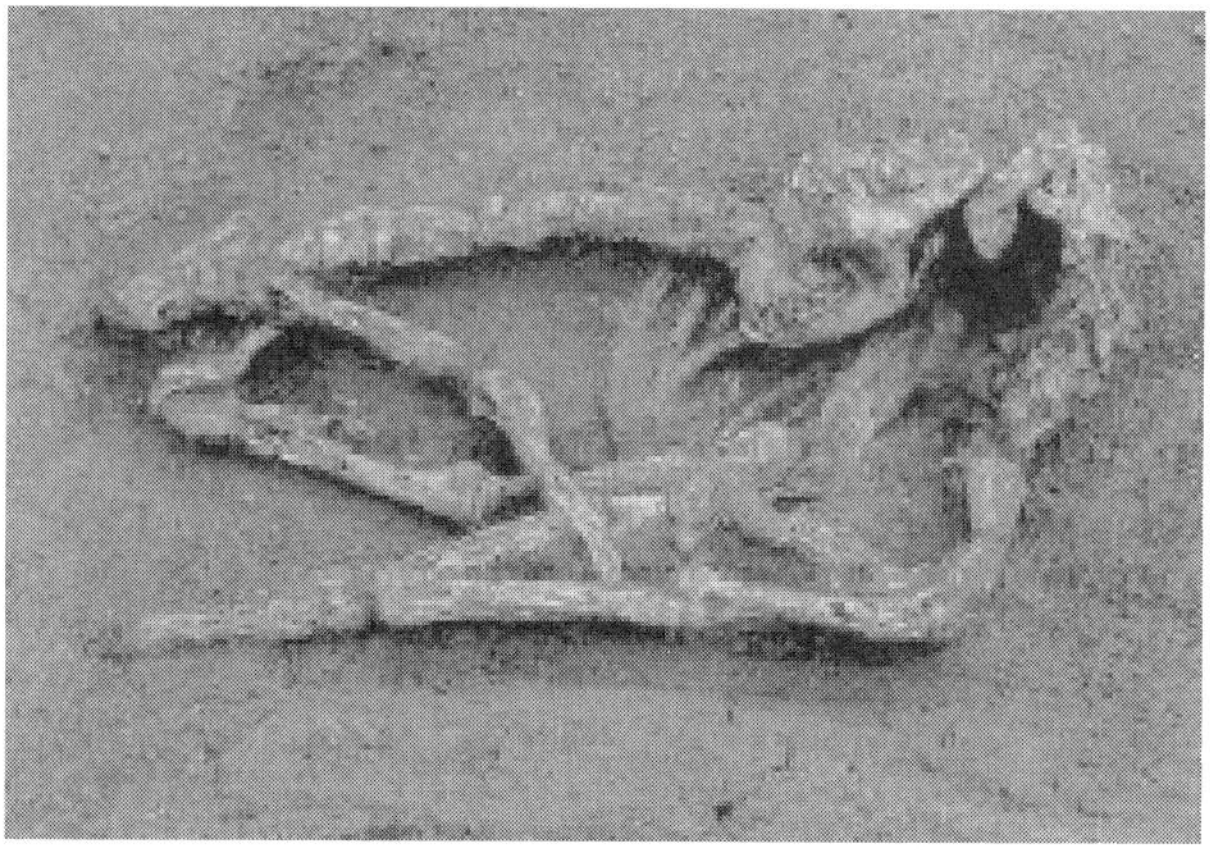

日下貝塚のイヌの埋葬（東大阪市提供）

強く曲げられて、腹部前方で交叉させ、背を丸くした体勢で発見されている

岩手県貝鳥《かいとり》貝塚では後期初頭から後期終末の貝層のなかで、5体のイヌが埋葬されていることが確認されている。イヌはどれも四肢骨を折り曲げ、頭部を肢骨の間に入れ、体を丸めた姿勢であった。また東京都馬込《まごめ》貝塚では後期前半の土坑内などに埋葬された、4体のイヌのなかで埋葬状態が明らかな2体は、やはり四肢骨が折り曲げられ、背を丸めた仰臥の姿勢で埋葬されていた。ここらをみると土坑などに埋葬されたイヌは、死後人為的に当時の習慣に則って姿勢を調えて埋葬されたことがわかる。その姿勢は仰臥ないし横臥が多くを占め、かつその多くが抱きかかえられたように、前肢骨と後肢骨がともに折り曲げられていた。

これらの事例から縄文時代には、ヒトを屈葬の姿勢で埋葬するのと同じように、丁寧に体を丸めて埋葬するなど、イヌに対してもヒトの埋葬に倣った特別の扱いがあった。イヌの埋葬姿勢については、穿たれた土坑の大きさや形によって決まるという意見もあるが、出土状態が明らかになっているイヌの埋葬事例から見る限り、頭部を腹側に曲げる体勢をとらせようとした意識があったことは間違いない。縄文時代の墓地は先人を丁重に埋葬した集落の重要な葬送の地であり、成員にとっての精神的な拠り所でもある。その墓地のなかに埋葬されることが、イヌだけは特別に許されていたことになる。

さらによりヒトとの近しい関係がわかる事例もある。中期の千葉県高根木戸《たかねきど》貝塚と後期の茨城県小山台貝塚では、成人男性を埋葬したその土坑内に、イヌが一緒に葬られていた。愛玩犬が多く飼われている現代にあっても、宗教上や倫理上の問題が関わっているからかも知れないが、ペットを一般の墓地に埋葬することはあまりない。アメリカで飼い主と一緒にイヌを埋葬することを認めている州もあるようだが例外的で、日本でも法的に規制されてはいないが、イヌとの合葬は一部の霊園に限られているようだ。しかし

愛知県名古屋市の瑞穂競技場の脇にある、縄文時代前期に遡る大曲輪《おおぐるわ》貝塚の合葬例はより興味深い。貝塚内から35歳前後の壮年男性人骨が土坑内に埋葬された状態で発見されたが、なんと男性の胸の上からイヌ1体の遺骸が出土していた。イヌを胸に抱き抱えるようにしたきわめて珍しい状態で埋葬しており、生前はとりわけこの男性に可愛がられ、狩りなどで常に行動を共にしていたのだろうか、男性の死に臨んでともに旅立たせたことを推測させる発掘例である。

大曲輪貝塚の埋葬された壮年男性とイヌ
（名古屋市教育委員会提供）

2　狩猟のパートナー

成人男性との関係

イヌの埋葬を調べると、そこに合葬あるいは近接して発見されるヒトの年齢や性別の間には有意な傾向のあることがわかる。先の高根木戸貝塚や大曲輪貝塚などの合葬例にみられるように、特に成人男性とイヌとの結びつきが強い。生業活動の性差や年齢による役割分担については容易に判断できない面もあるが、世界各地の採集狩猟民族や、かつての東北日本のマタギの事例なども参考にすれば、狩猟活動を成人男性が担った重要な役割の一つであったことは想像に難くない。縄文時代のイヌの遺体が多く検出される遺跡では、イノシシやシカなどの主たる狩猟対象である哺乳動物の量も多く、哺乳動物が少ない遺跡ではイヌの遺体の出土も少なく、イヌが主に狩猟用として飼育されていたことの証拠ともいえよう。なお１９４２年にはすでに山内清男によって、狩猟が盛んであった縄文時代にイヌの埋葬例が存在することを根拠として、イヌが猟犬として飼い慣らされていたという指摘がされていた。そのように当時イヌが狩猟活動のパートナーとして欠かせない存在であったという実態は、愛知県吉胡《よしご》貝塚などにみられる通りイヌの埋葬個体数の多さからも説明できるだろう。

　現代にあってもイノシシ猟では、常にイヌを猟犬として帯同させており、狩猟の効率をあげるのには欠かせない。縄文時代の墓地におけるイヌと成人男性の結びつきは、すでにイヌが猟のパートナーとしての役割を担っていたことの証で、イヌを飼いならすことで自ずとヒトとイヌとの特別な関係ができていたと思われる。

現代のイノシシ猟の猟犬と猟犬に追われるイノシシ

傷ついたイヌへの愛情

イヌと近接した埋葬について、ヒトの性差との関係をさらに詳しく調べると、少ないながら女性や子供の埋葬と関係した事例も存在している。宮城県前浜貝塚では後期後半ないし晩期初頭の土坑内に、妊娠出産痕のない若年の女性が埋葬され、その頭の上に成犬とみられるイヌが合葬されていた。イヌは下肢骨を曲げて頭をその中に埋めるようにして埋葬されていた。ほかにも妊娠した女性との埋葬例や、イヌの一部の骨を女性の埋葬に添える事例などもあり、イヌが女性の埋葬にごく近接した場所や、女性とともに合葬された状態で発見されることもある。生前身近で愛しんでいたイヌをともに葬ったと考えるのが自然だが、何らかの呪術的な行為にイヌが関わっていたとする見解もあり、類似例などを待って検討する余地がある。

高根木戸貝塚では先に紹介したヒトと合葬されたイヌ以外に、遺跡北側にある墓域内の直径1メートルの範囲から、それぞれがあまり時期差なく埋葬された3体のイヌが出土している。そのうちの1体のイヌは前肢骨を複雑骨折していたが、骨折した個所が幸いにも回復したようで、その治癒痕跡が確認されている。福島県薄磯《うすいそ》貝塚からも同様に骨折した頸骨が、その後治癒した痕跡をもつ1体のイヌが、晩

薄磯貝塚から出土した埋葬犬の骨折した脛骨
（いわき市教育委員会提供）

期の貝層のなかに礫を被せた状態で埋葬されていた。このイヌは骨折部分が太く増殖したうえに彎曲していたことからみて、治癒したとはいうものの行動はかなり不自然な状態であったと推測できるという。しかしそのような事故ないし疾病に見舞われた結果、傷つき行動が不自由になったイヌに対しても、死後は手厚く葬るといった事例から、縄文人は深い思いやりをもってイヌに接していたことが窺える。

3　列島のイヌの歴史

その後のイヌ

縄文時代におけるヒトとイヌとの関係を概観してきたが、その関係は時代を通して不変ではなかったようだ。縄文時代には茨城県於下《おした》貝塚などで切断や解体した痕跡がみられるイヌの骨や、冒頭に述べた出水貝塚や石山貝塚の例のように、遺跡内の各所からバラバラに発見されて、1個体に戻らないイヌの骨がある。これを根拠にイヌを食用としていたとする立場や、飼育されたイヌと野犬とを区別していたとする見方もある。確かに食料が不足した非常時に食用とされた可能性も否定できず、当時すべてイヌが家犬として特別扱いされているとは言えないかもしれない。しかしそれでも縄文時代にはイヌを主に狩猟のパートナーとして大切に飼育したことは事実であり、社会としてイヌを生業活動のなかで利用するという慣習が定着し、ヒトとイヌとの特別の関係が成り立っていたことは間違いない。

ではその後の時代になってイヌはどう扱われたのだろうか、横道に逸れるが少々触れておきたい。続く弥生時代に入ってからのイヌの状況を知る格好の調査があった。長崎県壱岐島に所在する原《はる》の辻《つじ》遺跡で、出土したイヌの骨の詳しい調査結果が明らかにされている。この遺跡では集落を取り巻く環濠内の埋土から大量の動物遺存体が出土し、うち半数以上がイヌの骨で占められ、これまで全国の弥生時代の遺跡から出土したイヌの骨の総数を上まわる数という。

分析にあたった松井章らによると、縄文時代の特徴をもった小型のイヌと、やや大型のイヌ、それと北方のオホーツク文化のイヌの特徴をもった3系統のイヌの骨が出土している。それらの骨に残された傷跡をみると、上腕骨や大腿骨を胴体から切り放して解体した際に破損した傷が多くみられ、食用とするための解体痕や切断痕と判断されている。四肢骨と異なり頭蓋骨に保存状態の良い個体はほとんどない点も、イヌが埋葬されることがなかったことを示している。もちろん弥生時代にも猟犬としてのイヌの利用はあっただろうが、各地の遺跡からは、同様に食用とされたことを示す傷跡のある多くのイヌの骨が出土している。原の辻遺跡で特に多数の食用とされたイヌの骨が出土している事実について、この遺跡の地理的環境を考慮すれば、朝鮮半島の新石器時代の食犬習慣が日本列島に及んだとみてよいだろう。

さらにその後も中世の鎌倉材木座や、近世には明石城武家屋敷跡などで行われた発掘調査のほか、北海道のオホーツク文化の遺跡でも、イヌを解体したことが明らかな傷跡や、齢に偏りがあるイヌの骨が多量に出土していて、日本では明らかにイヌを食料としていた時代や地域があった。このように縄文文化にお

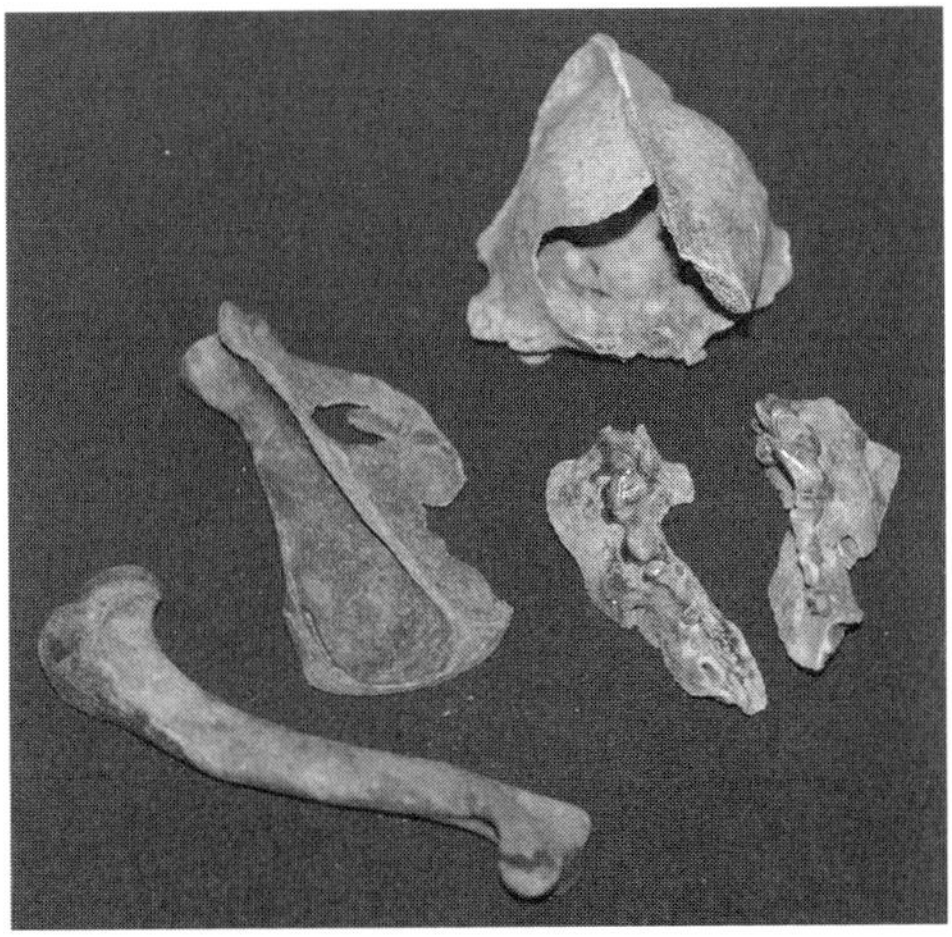

原の辻遺跡で出土した弥生時代の解体されたイヌの骨（長崎県壱岐市教育委員会提供）

けるヒトとイヌとは、後の時代とは異なった関係にあったことが理解できる。

イヌの家畜化

イヌがほかの動物とは違って、家犬や猟犬として、ヒトとの間に特別の関係が培われたのはいつからなのだろうか。世界に目を向けると、およそ3万年前のシリアのドゥアラ洞窟の居住空間でイヌの下顎骨が出土し、旧人であるネアンデルタール人がイヌを飼育していたと考えられている。事実とすれば人類史において最も古いヒトとイヌとが意思疎通を図ったことを示す例といえるだろう。後期旧石器時代に下るとイヌの初期の家畜化を思わせる発見が、ユーラシア中部から西部のいくつかの遺跡で報告されていて、これに基づいた家犬の起源に関係する諸説があるが、本格的にイヌが家畜として定着していったことを説明できるまでには至っていない。

イヌの家畜化の過程が明らかでないなか、イスラエル北部にある、中石器時代のアイン・マラッハ遺跡で埋葬されたイヌが発見された。遺跡は約1万1、000年前の狩猟採集経済の段階にあり、そこで高齢の女性の遺体とともに、1歳未満の幼犬が手厚く葬られていた。女性の左手がそのイヌに掛けられるよう出土したという興味ある報告がある。このように西アジア地域を中心に、後氷期の環境のなかでイヌの飼育が定着していったことが推定されるが、いまのところ縄文時代のイヌの出現との関係は詳らかにされていない。

日本列島におけるイヌの出現

日本列島ではこれまでに旧石器時代に遡るイヌの存在は確認されていない。縄文時代になり草創期の隆起線文《りゅうきせんもん》土器やそれにともなう石器などが出土していることで知られる、山形県日向《ひなた》洞窟でイヌの骨が発見されている。草創期にまで遡る可能性があるとされているが、出土した層位の問題があって確実とはいえない恨みがある。続く縄文時代早期になると、神奈川県夏島貝塚でイヌの下顎骨が出土した報告があって、犬の存在が実証されているが、愛媛県上黒岩洞穴では同じく早期の堆積層内に、2体のイヌが埋葬された状態で出土した好例がある。これらのことからイヌの出現が早ければ縄文時代のごく初期から、また事例は少ないながら出現にあまり遅れることなく、イヌが埋葬されるような扱いをうけていたことが窺える。

先に縄文時代にイヌが狩猟活動に果たした役割を考えてみたが、仮にイヌの家犬としての登場が草創期にまで遡ることが確認されれば、縄文時代の狩猟活動の大革新ともいえる槍から弓矢への狩猟具の転換と一体となって、イヌが日本列島に将来してきた可能性が現実味をおびてくることになる。

縄文イヌの形質的特徴

縄文遺跡から出土するイヌの骨から、動物としての形態の特徴をみてみよう。まず縄文イヌの大きさを頭蓋骨などから推定すると、肩の高さが40～45チセン前後で現在の中小型、ないし小型の柴イヌ程度の大きさのものが多い。ただ地域によってやや違いがみられ、東北地方以北には小型犬に混じって、大きめの中小型犬がしばしば出土することが報告されているのに対して、関東地方を含む以西から出土するイヌは、ほぼ小型犬によって占められている。形態は骨格からみて現在のイヌより額段《がくだん》の窪みが小さくて、かつ顔の幅が狭い家畜化初期の形態的特徴があり、体格はしっかりして頑丈な体躯であった。なお縄文時代の動物形土製品には、イヌを模ったものがあり、それをみると現在の柴犬に似た体型で、耳を立てている状態や、しっぽを巻くように表現したものがある。

このように多少の地域色があり、時代的な変化があったことも考えられるが、形質・形態学的な研究によれば今のところ縄文時代のイヌは単一の系統とみるのが大勢だ。ただ後に触れるように縄文イヌの由来については新たな研究も進められている。なお日本列島には１９０５年に奈良県東吉野村で捕獲されたのを最後に絶滅したものの、明治期までオオカミが生息していた。縄文時代の遺跡から発見されるイヌは小柄で、大柄なニホンオオカミとは体型的に大きな隔たりがあり、遺伝子研究からも、日本列島でオオカミがイヌに馴らされ進化したとは考え難い。

縄文イヌの系統

ここで、日本列島の周辺地域で出土している先史時代のイヌを一瞥してみると、中国では新石器時代のいくつかの遺跡から古い段階のイヌの骨が出土した報告がある。これまで中国は仰韶《ぎょうしょう》文化に先行する河北省磁山《じざん》遺跡から出土したイヌの骨が最も時期が遡るとみられていたが、近年さらに時期が遡る裴李崗《はいりこう》文化期の河南省賈湖《かこ》遺跡から10体のイヌの埋葬が発見された報告がある。しかしイヌの形質的特徴は明らかにされていない。これらより時期は下るが、揚子江下流にある新石器時代の河姆渡《かもと》遺跡からは、家畜化の進んだとみられる額段の窪みが大きい中型犬が出土している。さらに新石器時

藤岡神社遺跡のイヌ形土製品
（栃木市教育委員会提供）

代の上海市崧沢《すうたく》遺跡からもイヌの下顎骨が出土しているが、家畜化されてきた過程が充分に説明できる段階にはなく、縄文イヌとの形質的な比較研究などについても充分な調査は進んでいない。

一方遺伝子を利用した系統研究は近年急速に進み、先史時代のイヌについても個体相互の遺伝関係を追求する方法として、ミトコンドリアＤＮＡの分析成果が活用されている。これまで家犬としてのイヌの飼育の始まりについては、オオカミを家畜化したものとする説があったが、近年オオカミとイヌのＤＮＡの解析が進められ、ヒトが関与するよりもはるか以前に、オオカミから分岐していたイヌを家畜化したとする考えが定説となっている。

日本列島のイヌの系統的研究を進める石黒直隆によれば、現生のイヌは大きく4系統のグループに分類できるという。出土した縄文犬から採取されたミトコンドリアＤＮＡの分析によれば、調査対象としたすべてのイヌが、そのうちの1つのグループに属し、ほかは弥生時代以降に日本列島に持ち込まれたイヌであるとされた。この結果は先の原の辻遺跡のイヌを分析した松井章らの形質・形態研究による系統的な理解と整合的である。ただ縄文犬は石黒の分析よればさらに大きく2タイプに分けられ、遺伝子的にみるとこれらが日本の現生犬に繋がるといわれ、そのうちの1タイプは、北海道から関東地方に分布し、他方は西日本に濃く存在し、分布域は本州北端にまで広がっていて、複数系統のイヌが将来したことを想定している節がある。これは日本列島へのイヌの由来を示唆するデータでもあり、今後形質学的研究などとのクロスチェックが必要となろうが、縄文時代の初期のイヌに繋がる大陸側の確実な家犬の資料はまだ見つかっていないことも障害となっている。

今のところ縄文イヌの系統研究は、状況証拠の積み重ねの段階だが、ここで紹介した研究の現状からみると、日本列島へは家畜化されたイヌとして、大陸からもたらされたことは疑い得ないだろう。因みにその後の日本列島の家畜の歴史を振り返ってみると、イヌ以外の家畜動物の多くも、大陸で家畜化が完成した姿で将来している事実がある。

3節　胃袋を満たしたドングリ

1　重要だった植物質食料

分解してしまう植物

日本列島は東アジアの温帯季節風気候にあり、世界でも特に豊かな森林に恵まれた生態系のなかにある地域のひとつといえる。この列島で定住を始めた縄文時代の人々は、周辺の野山で生育する植物や、その環境のなかで棲息する動物などの貴重な資源を、彼らの生活のなかで如何に有効に利用するかを模索したに違いない。

列島に存在する豊富な資源のなかで、ここでは当時の食生活を支えた植物質資源の利用について考えてみたい。緑の森林に覆われた野山の常緑や落葉の広葉樹は、毎年多種類のドングリ類を実らせるが、縄文時代にはこれらが重要な主食として利用され、食生活の根幹を支えていた。読者の皆さんはドングリで命が繋げるのかと、思われるかも知れないが、これから

実ったドングリ

述べるように栄養価の高いドングリなどの木の実は、主食とするに適った食材であった。そのため当時の人々は、ドングリ類の加工処理の方法だけでなく、保存や管理に関する技術開発にも工夫を重ねたことがわかっている。

ただ植物質食材の利用実態を復元することが難しいのは、食材やその残渣である有機質の資料が、多くの場合バクテリアなどで分解されてしまうためである。酸性土壌に広く覆われた日本列島では、当時の植物質食料の現物は貝塚はじめ、低湿地や湖底など限られた特殊な環境下で残存した資料に頼らざるを得ないという実情も、調査研究の前には立ちはだかっている。そのような遺跡であっても発見されることがほぼ絶望的な植物もある。例えば現在でも食用としているゼンマイ、ワラビなどの山菜や、キノコ類なども利用していないはずはなく、食材利用に長けた当時の人が、食材の旨味を損なうことなく調理していたことが想像できる。したがって今日まで残存した資料だけで、当時の植物質食材利用の実態を計ろうとすると、見誤りかねないので注意が必要である。

縄文人の食性

近年人体からコラーゲンタンパクを抽出することで、その人が生前に食材として摂取した食物の傾向（食性）を把握できる研究が進んでいる。縄文時代の人々の食生活復元にも応用が可能とされ、各地の貝塚などで出土した縄文人骨から、摂取したタンパク質の一種であるコラーゲンタンパクに含まれる炭素や窒素の安定同位体比を分析することで、食材の由来を明らかにすることが可能だという。木の実などの植物、山菜などの植物、穀類など栽培植物、陸獣などの動物、魚などの水産物といった、食材グループ別の比率を測ることができる。言ってみればどのような種類の生物を食材にし、また依存していたかが比較でき、縄文時代における時期や地域別の食生活の実態に迫ることも可能になってきた。

その方法によって分析された結果の一部を紹介しよう。北海道から出土した縄文人骨には地域の特色が現れていて、海生魚類や海生哺乳類など海産資源に依存する割合が高い。一方で本州や九州から出土した縄文人骨は、ほぼ例外なく草食動物や植物質食料の摂取比率が高い傾向を示している。やむを得ないことではあるが、日本列島では人骨の遺存が良好な海浜部の貝塚資料が、このコラーゲン分析の対象となることが多い。それにも関わらずこの結果は、植物由来の食材を積極的に摂取した食生活が彼らの基本にあったということを示唆している。

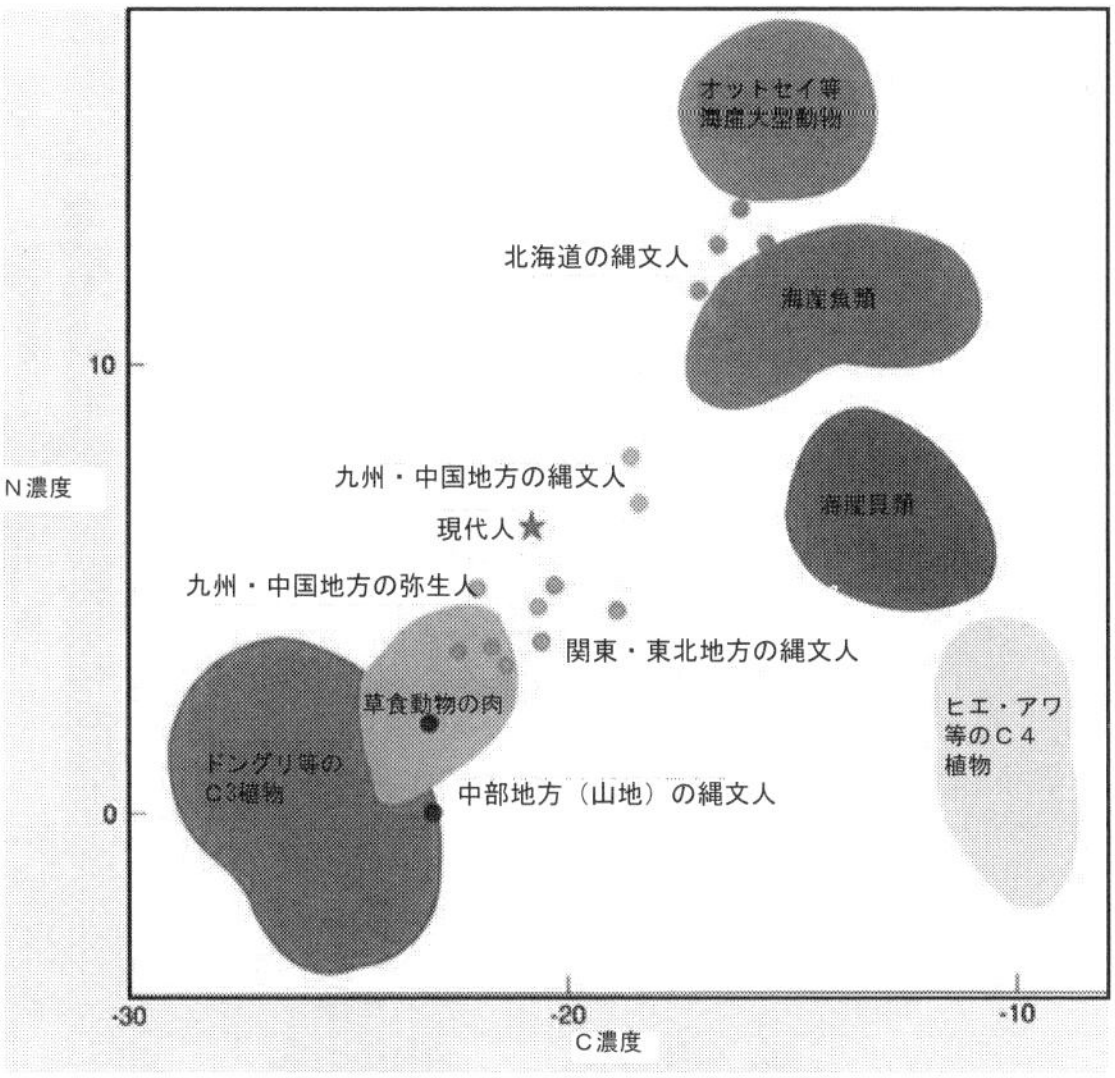

骨コラーゲンの炭素・窒素安定同位体比から推定した縄文人のおもな食料源（南川雅男 1998「安定同位体で古代人の食生態変化を読む」季刊誌『生命誌　縄文人は何を食べていたか—新しい科学が明らかにする日常—』通巻 21 号より）

奈良県橿原遺跡の湿潤な埋蔵環境下の遺物包含層から出土した、イノシシ骨と人骨のコラーゲンタンパクに含まれる炭素と窒素の同位体組成の分析は、内陸部を舞台として生活した縄文人の食性を明らかにしてくれた。遺跡から出土したイノシシの骨の分析によれば、現在の日本列島の野生のイノシシと同じように、クリ・ドングリなどＣ３型とされる植物環境の中で成育していた。周辺にＣ４型植物とされるアワやヒエなどの雑穀が得られる環境はなかった。橿原遺跡の縄文人骨からもＣ３型の植物質食料への依存が高い集団であったという結果が得られている。Ｃ４の雑穀類や海産食料資源の利用もほとんどみられない。内陸に立地する橿原遺跡からは、海岸部との交易によってもたらされたと思われる海生哺乳類や海生魚類骨が出土しているが、当然ながらコラーゲンタンパク分析のデータに影響を与えるほど、それらを摂取していたわけではないということだろう。

さて以下本節では、縄文時代の人々が食材として植物資源の利用をどのように図ったか、出土資料として比較的残存事例の多いドングリなど、堅果類と呼ばれる木の実の利用の実態を、加工・調理と、保存の問題を軸にして話を進めたい。

２　ドングリ利用の知恵

有用な食材

まずドングリ類は主食として、本当にお腹を満たすことのできる食材なのだろうか。松山利夫が栄養成分の分析から主食物になり得るか検討している。木の実は当然ながら脂質やタンパク質も多少含まれてはいるが、半分以上はデンプン質であるため、エネルギー源である高いカロリーが摂取できる。松山によれば灰汁抜き工程によるロスを考慮しても、ドングリ約１・５キロ《グラム》あれば、成人１人が１日に必要なエネルギー１、８００キロ《カロリー》が賄えるという。１・５キロ《グラム》はほぼ３升だが、年間にすると約11石になるそうで、仮にドングリ類だけでエネルギーを得るとすれば、各種のドングリが採集できる３カ月の間に、１日１斗ほどを収穫しなければならないことになる。ただし実際にはそのほかの食材からもエネルギー源を得ていたに違いなく、ドングリが主食としてカロリーの半分を賄う程度であれば、先の収量の確保はさほど難しくはないということだ。

したがってドングリが実る時期に集約的に収穫し、適切に管理しかつ確実に貯蔵することができれば、計算上はその集団が十分に生存するためのカロリーを、ドングリから安定して得られることになる。植物質食料の中でも堅果類が食料として優れている点は、大量に収穫が可能なことと保存が利くことにある。縄文時代の人々が堅果類の加工技術や保存方法の開発を進めた背景には、この種の食材の有用性に早くから気づき、食生活を支える主要食料になり得ることを見抜いたからにほかならない。

縄文遺跡から出土する堅果類

堅果類は旧石器時代の遺跡からも出土した例はあるが、それが食材として利用された形跡はない。目の前にドングリが落ちていても食用とする術をもたなかった。しかし縄文時代になるとまもなく食材としてドングリに目をつけたようだ。鹿児島のシラス台地に立地する東黒土田《ひがしくろつちだ》遺跡は、そのことを証明した列島では最も古い時期の遺跡とみてよいだろう。そこで発見された直径40㌢、深さ25㌢の浅い鉢状を呈した小さな土坑は、縄文時代草創期にまで遡る遺構で、そのなかに炭化したコナラ属のドングリが詰められた状態で貯蔵されていた。遺跡からは隆起線文《りゅうきせんもん》を施した最古級の縄文土器が出土している。食用とするには灰汁《あく》抜き処理が必要なコナラ属のドングリが貯蔵されていたことは、恐らく列島における最初期の土器の存在とは無関係ではなく、土器で煮沸することで食料として利用する道が開けたと考えるのが自然だろう。

青森県三内丸山遺跡では、縄文前期の後半からトチを利用していたことが明らかになった。複雑で手間のかかるトチの灰汁抜き技術が、すでにこの頃には東北地方各地で普及していったこともわかっている。

一方西日本ではこれまでトチの灰汁抜き技術は、縄文後期初頭になって東日本から伝わったと考えられていたが、最近になって滋賀県琵琶湖にある、粟津湖底遺跡《あわづこていいせき》で中期初頭のトチの果皮が、また京都府松ヶ崎遺跡では前期初頭の層から、クリとともにトチの果皮が出土して、近畿地方ではさらにトチの利用が遡ることになった。クリのように大きい種子であるトチノミは、後の時代にも救荒食料として重視され、地域によってはトチノキの伐採を禁止された歴史もあるほどで、縄文時代にはこういった有用な木の実を見過ごすことなく、食材とすべく調理技術を開発したのだった。

3　ドングリの灰汁抜き

堅果の種類と特徴

秋になると自宅近くの森林公園の樹木から、たくさんのドングリが園路に落ち、気を付けていても散策する人の靴に踏まれてしまう。それほど多量の実を落とす種類の木も少なくない。現代はクリ、クルミ、トチノミなど特定の堅果類を除き、いわゆるドングリと呼ばれるものを食べる習慣はないので、動物の餌になる場合以外は資源として生かされることはない。食材として美味しい堅果以外、ドングリを利用するための加工の手間やその経費が、利用価値に見合わないため見捨てられてしまった。しかし縄文時代には最も重視された食材の一つであったことが、縄文遺跡の堅果類の加工遺構や、貯蔵遺構などの存在からわかってきた。

その前に堅果類と総称される木の実について触れておきたい。堅果類にはクルミやクリなどのように焼くことや、生で食することができるものもあるが、ドングリの一部やトチなどのようにそのままでは渋くて食べられない種類もある。そのためこれらは必ず灰汁《あく》抜きという加工処理を経なければ食材として利用できない。多くのドングリには水溶性のタンニンという灰汁があり、一般的に照葉樹とも呼ばれる常緑広葉樹のドングリは灰汁抜きを必要としないか、水さらしだけで灰汁を抜くことができる。しかし落葉広葉樹のドングリは製粉と煮沸に加えて、水さらしを繰り返して灰汁を抜かなければならず、食材とするには手間がかかる。これらとは別にトチノミにはサポニンやアロインという非水溶性の特有の灰汁が含まれており、とりわけ厄介でアルカリで中和する（灰合わせ）工程を含む、特に複雑な灰汁抜きが必要とされる。

これら堅果類の加工処理の工程については、渡辺誠によって堅果類の種類による灰汁抜き方法が、調査した民俗事例に基づいて整理されている。

樹種によるドングリの灰汁抜き方法の違い

種類	主な樹種	森林の群系	灰汁抜き方法
クヌギ類コナラ亜属	クヌギ・アベマキ	落葉広葉樹	製粉＋水さらし or 煮沸＋水さらし
ナラ類コナラ亜属	ミズナラ・コナラ	落葉広葉樹	製粉＋水さらし or 煮沸＋水さらし
カシ類アカガシ亜属	アカガシ・アラカシ	照葉樹	水さらしだけで灰汁が抜ける
シイ類アカガシ亜属	イチイガシ	照葉樹	灰汁抜き不要
シイ類シイノキ属	スダジイ・ツブラジイ	照葉樹	灰汁抜き不要

民俗資料から

堅果類の採集から加工の工程について、ドングリのナラ類と、トチノミの事例が民俗調査として報告されている。地域や堅果の種類によって工程に違いはあるが、灰汁抜きのための加工・処理に欠かせない共通する工程を組み込んだ手順を紹介する。

ナラ類の加工・処理工程は、1、採集　2、水に浸けて虫殺し　3、乾燥　4、皮剝き　5、荒割り　6、水さらし　7、加熱（灰を加える）8、製粉　という工程を踏む。地域によっては3と4の順序が前後する場合があるほか、省略される工程もある。

より複雑な処理が必要とされるトチノミについては、1、採集　2、水に浸けて虫殺し　3、乾燥　4、天日干し　5、皮剝き、6、粗割り　7、水さらし　8、木灰をあわせ煮沸して灰汁を抜く（木灰の濃度を変えて2度行う地域もある）　9、細かく砕く　10、水さらし　11、トチ棚に並べ柿渋を混ぜて干す　12、麻布で絞ってデンプンをとる。以上のような手順で行う作業は、トチのコザワシと呼ばれている。

灰汁抜き施設

栃木県鹿沼市にある明神前《みょうじんまえ》遺跡では、台地を開析した一支谷から縄文時代後期前半に営まれた水さらし場が発見されている。支谷の最奥部崖面直下には湧水源があり、施設はその周辺を人工的に掘削して貯水施設を作り、そこから導水する溝を整え、下流側に木組み遺構を設けている。湧水源を取り込んだ貯水施設は長軸が5・4メートル、深さ30センチの規模で、溝に続く排水口部は板材を用いて堰の機能を果たす。施設の周囲の斜面には丸太杭を打ち込み、施設壁面の崩壊を防いでいる。続く溝は幅が約1メートル、長さ約8メートル、深さ20センチの規模があり、両側を杭などで護岸する。木組遺構はクリの板材や半截した丸太を用いて、長さ約1・8

メートル、幅約2・0メートルの矩形に組んだ構造で、四隅には腐食を防止するため焦がした杭を打ち込んで補強している。深さは40センチ程度で中央に一辺約1・3メートルの掘り込みがあり、ここからも湧水がある。内部に薄いヨシ製の網代が敷かれ、その一角からトチの果皮がまとまって検出されたほか、クルミやドングリ殻も出土している。この施設の周囲は斜面を切り盛りした足場や、礫を敷き詰めた石敷き遺構などを設け、使い勝手の良い施設としている。

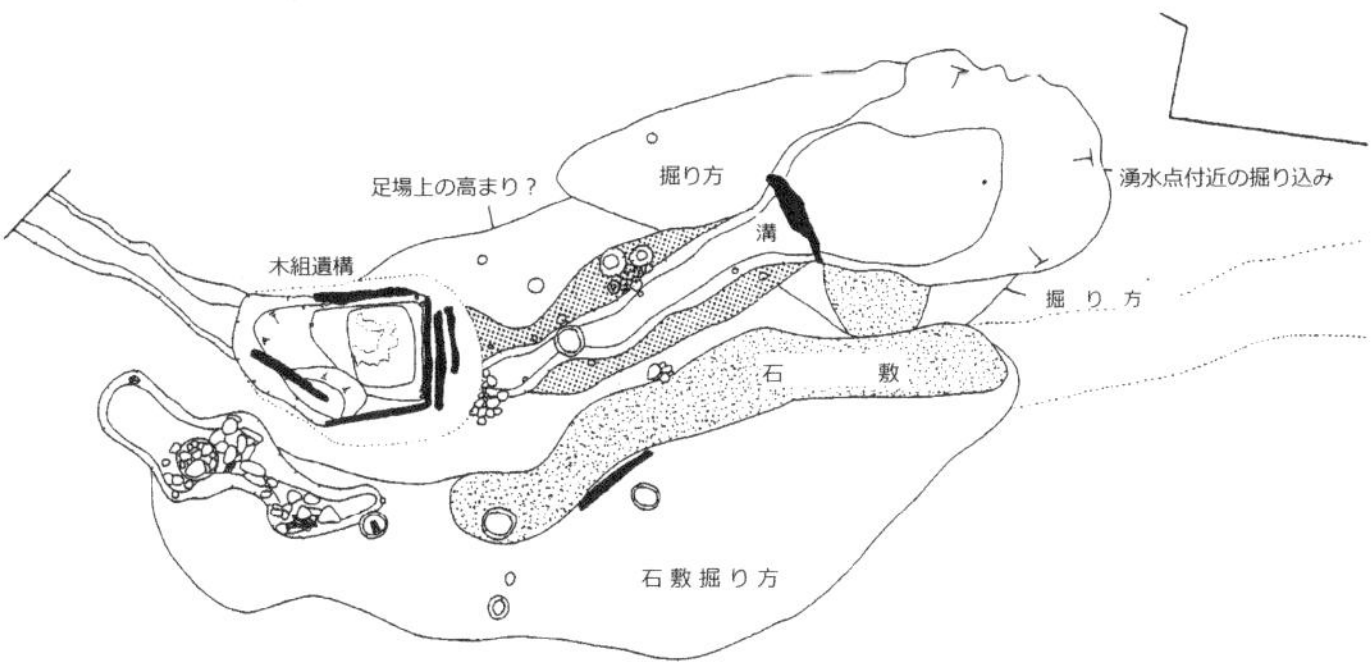

栃木県鹿沼市明神前遺跡の水さらし場の構造（青森県教育委員会 2003『縄文人は水とどうかかわって来たか』より）

　この施設は湧水が得られる台地崖の開析谷という条件を巧みに利用したもので、そこで流水を自在にコントロールできる機能を備えた遺構である。特に木組み遺構を中心に周辺からはトチ、クルミ、ドングリ類が多数出土していることに加えて、遺跡からは磨石、敲石、石皿などの製粉作業に用いられる加工具が多数出土していることに注目すれば、この施設が堅果類の灰汁抜きのために設けられたと看做して間違いないだろう。施設は渾々と湧く水を引き流水の流量を調整し、作業場である木組み遺構の底には網代を敷いて泥による水の濁りを防ぎ、灰汁抜き工程が視認できる構造としている。周囲には足場を築き通路を確保するなど、脆い谷地形のなかで施設を維持するための周到な計画性も窺える。

　埼玉県赤山陣屋跡《あかやまじんやあと》遺跡では、トチノミを加工した一連の工程をより具体的に明らかにする調査成果があった。遺跡は台地の間を北に開析する溺れ谷とその斜面に広がり、台地直下の湧水源を控えた、崩落ローム層と木本質泥炭層からなる谷間の湿地という環境にあり、そこから縄文時代晩期初頭の遺構が検出されている。

ここでは①クリ材を主体としてイヌガヤを部分的に用いた、長さ9メートル、幅2・4メートルの規模の幅木と横木と杭で構成される構造物、②大型丸木舟の廃材を利用した長さ5メートル、幅2メートル、深さ90センチの大きさで四方を板で土留めして、底にも板を敷いた構造の板囲い遺構、③トチの果皮を大量に投棄した2基のトチ塚などの遺構が検出されている。遺跡からは一般的な集落からある程度の割合で出土する精製土器は一切発見されず、煮沸具として使い込んだ大型の粗製深鉢が大量に出土している。石器の種類にも極端な偏りがあり、狩猟具、切削具、伐採具、土掘具などはほとんどなく、磨石と敲石の2種で出土した石器の大半を占める特異な組成からなっていた。

このような構造をもった遺構の組み合わせと、遺物の特殊な内容を併せた遺跡の様相から、検出された一連の施設をトチノミの加工を集約的に行った作業場と推定されている。板囲い遺構はトチノミの虫殺しや洗浄用水槽と見做し、幅木と横木と杭で囲った遺構は、製粉したトチノミを水さらしするための水場の

川口市赤山陣屋跡遺跡の板囲い遺構
（川口市教育委員会提供）

作業台としての機能をもつと想定している。磨石や敲石はトチノミの製粉には欠かせない道具であり、大型の粗製土器はトチノミの灰汁抜き処理に際して、専ら灰あわせのための煮沸用として使われた土器と考えてよい。何よりもトチの果皮を大量に投棄したトチ塚の存在が、ここがトチノミの加工作業の場であったことの証といえよう。

川口市赤山陣屋跡遺跡のトチノミ加工場の想像図
（川口市教育委員会提供）

ここではトチノミの加工作業の工程を以下のように想定している。毎年9月末から10月初旬頃に村人こぞってトチの実を拾い集める↓実を大型水槽（板囲い遺構）に入れて虫殺しする↓トチの皮をむく↓粗製深鉢を使って灰あわせ煮沸して灰汁を抜く↓磨石や敲石で実を潰す↓幅木と横木で組まれた大きなトチ棚にのせ水に晒す↓水を切りトチ粉にして利用し易い食材とした。

このトチノミの加工作業の場がある埋没谷の周辺1キロメートル以内には、本遺跡が機能していたと同時期の3カ所の集落遺跡が存在している。今後の各遺跡の出土品をもとにした検証や分析も必要だろうが、作業場はこれらの集落が共同で管理していた可能性が高いと推定されている。この場所に加工場を設けた理由は、豊富な水が得られる台地崖の開析谷という地形と、自生するトチノキの存在という自然環境の条件が関わっていたからだろう。

4　ドングリの貯蔵施設

東西の異なる貯蔵穴

食料については獲得方法や加工処理技術とともに、それを如何に保存するかという、貯蔵方法も重要な課題であった。食料保存施設に関しては、縄文時代の遺跡から堅果類を地下に穿った土坑内に詰めて保存した、いわゆる食料貯蔵穴とされる遺構を分析することで、保存の実態が明らかにされると考えられてきた。

そこで日本列島各地の地下の貯蔵穴を大観してみると、乾燥地性貯蔵穴と低湿地性貯蔵穴という、設置された環境によって二者に大別することができる。乾燥地性貯蔵穴の出現は新潟県卯ノ木南《うのきみなみ》遺跡や、先の東黒土田遺跡のように縄文草創期にまで遡り、その後次第に数を増やし、中期にピークを迎えるが後期には数を減らす。以降はさらに漸減しながら晩期まで引き継がれる地域もある。それに対して低湿地性貯蔵穴は乾燥地性貯蔵穴に大きく遅れて縄文早期終末頃に出現するが、中期以降に漸増しはじ

宮城県谷地遺跡の乾燥地性貯蔵穴
（蔵王町教育委員会提供）

め、後期に最も増加し、晩期には減少気味となる。このように時系列でみると乾燥地性貯蔵穴と低湿地性貯蔵穴の消長は大きく異なっている。

さらに地域的な広がりを調べると両者の分布は全く対照的で、乾燥地性貯蔵穴が圧倒的に東日本に偏って存在する一方で、低湿地性貯蔵穴は愛知・福井両県以西の西日本一円に濃密に分布している。低湿地性貯蔵穴はこれまで全国で65カ所の遺跡で検出されているが、東日本には僅か6遺跡しか存在せず、それも西日本に接する北越地方の低地遺跡にほぼ限られる。東日本では貯蔵穴が見つかっている遺跡総数が230カ所なので、低湿地性貯蔵穴は僅か約2・7％に過ぎない。東西の境界付近では両者がいくらか錯綜するが、大局的に見れば縄文時代の乾燥地性と低湿地性の貯蔵穴は、時間的にも空間的にも対照的な存在といってよい。

低湿地性貯蔵穴の実例

西日本に偏在する低湿地性貯蔵穴はその名称の通り、多くが湿潤な環境下にあることから有機遺物の保存が良好で、食料貯蔵の実態が良く理解できる。これまでも多くの研究者が、食料貯蔵に関わる問題を考える際に分析の対象としており、そういった成果にも触れながら低湿地性貯蔵穴について考えてみよう。

特に近年は縄文遺跡の発掘調査の対象地が集落以外の場所にも及び、生業活動をはじめとした生活痕跡が検出される事例が増加し、低湿地性貯蔵穴が発見される機会が増える結果となっている。奈良県東部山間地に所在する宇陀市本郷大田下《おおたした》遺跡は、低湿地性貯蔵穴の構造や使用・管理状態などを考える上で参考になる成果があった。遺跡は山間地帯を北流する宇陀川の一支流が、目の前を流れる丘陵裾にあり、ほぼ埋没しかかった小さな自然流路の周囲から、総数42基のドングリの貯蔵穴が検出された。どれもその小流

上部の材を除去した状態

蓋施設下部の土層断面

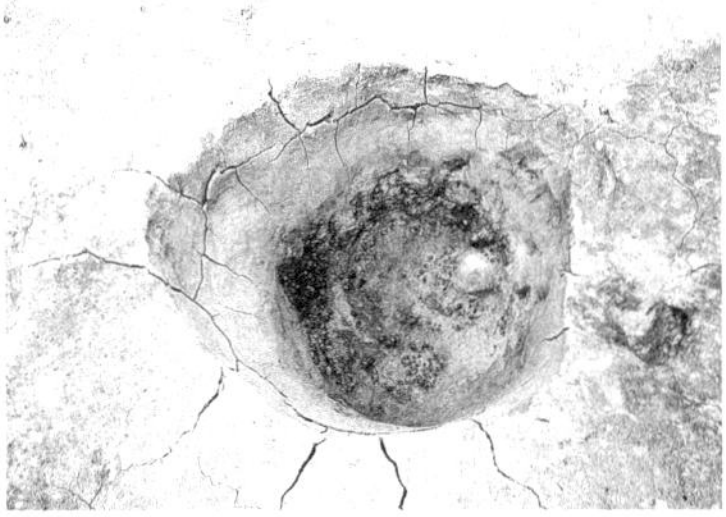

底面付近ドングリ出土状態
（写真はいづれも SK68）

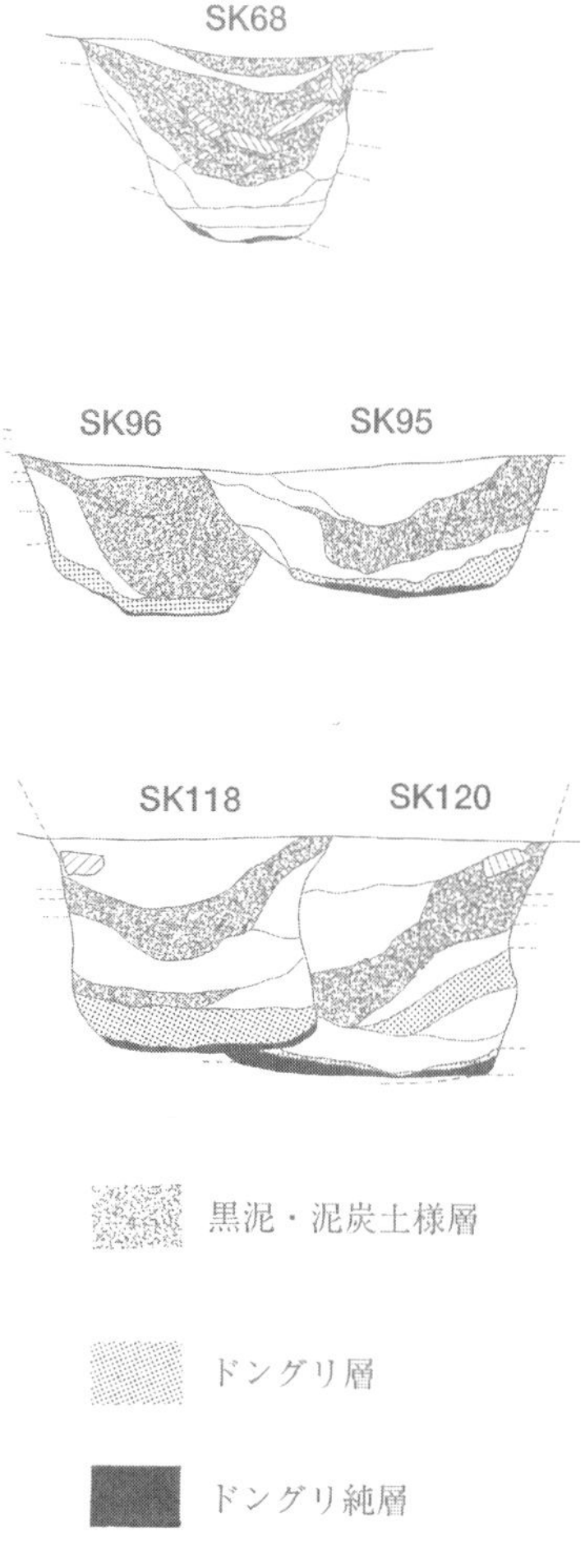

本郷大田下遺跡の貯蔵穴㊧と土層断面模式図㊨
（岡林孝作 2000『本郷大田遺跡』奈良県立橿原考古学研究所より）

路に沿うように近接して穿たれていて、地下水位の高い場所を選んで設けたことは明らかである。限定された場所に密集して存在し、なかには既にある貯蔵穴に接して貯蔵穴を穿ったものや、古い貯蔵穴を新たに掘りなおしたものも確認されている。これらの貯蔵穴は縄文時代後期前半から中葉と、後期終末から晩期中葉にかけての概ね2時期に営まれていたことが判明している。

これらの貯蔵穴の規模は直径90㌢～１６０㌢、深さは45㌢～１００㌢の範囲にあり、多くは単純な円形を呈し、縦断面形はおおむね逆台形をなしている。貯蔵穴の内部には流れ込んだ砂層や粘土層が埋没しているが、その中に棒状の丸材や幅の狭い板材のほか、人頭大の石が落ち込んでいる貯蔵穴もある。丸材や板材は貯蔵穴の上部を横架した蓋に用いた材料で、石は貯蔵穴の位置を示す目印とみられ、どちらも貯蔵穴が放棄された後に内部に落ち込んで堆積したのだろう。

総数42基の貯蔵穴のなかで、ドングリが残っていたものは32基あるが、いずれも純ドングリ層が底に薄く堆積しているに過ぎない。個数をみても最も多いもので約５、２００個、ほかは数個～４、０００個の範囲にあり貯蔵穴の容積から鑑みると、貯蔵していたドングリを取り出す際、底に取り残されたものとみて差し支えない。貯蔵穴の内部にドングリが分解することなく残存していたことから判断すると、設置当時も地下水位の高い環境は今とそれほど変わらなかったものと推測される。

堅果類をどう保存したか

堅果類はどのようにして保管されていたのだろう。乾燥地性と低湿地性貯蔵穴を分けて探る必要がある。東日本に多い乾燥地性貯蔵穴は低湿地性貯蔵穴と比較すると、相対的に規模が大きく、穴の形態もフラスコ形や袋状が圧倒的に多い。乾燥した地下の貯蔵穴は、芋穴や生姜穴のように外気の温度変化にあまり影響されないことが、保存施設の環境として適している。大半の乾燥地性貯蔵穴では貯蔵物が残存せず、実際の保管状況は探りにくいが、内部の構造からみて堅果類をはじめ根茎類などを土器や籠などの容器に入れて保管していた可能性が高いと考えられる。乾燥地性貯蔵穴のなかには床の中央付近が踏みしめられたような痕跡も確認されていて、貯蔵穴内に立ち入って貯蔵物の出し入れなどの管理を行っていたことが想定でき、基本的には直に貯蔵物で空間を充填してしまうような方法を採らなかったようだ。また秋田県古舘堤頭《ふるだてつつみがしら》遺跡のように、貯蔵穴の周囲から柱穴の検出された例があり、上屋を架けてより貯蔵環境を良好に保とうとした工夫がみられるものもある。

堅果類を乾燥して保存することは、腐敗・分解を防ぐ意味からも理に適っている。貯蔵穴以外の場所から乾燥した堅果の実物が出土する例は多くはないが、新潟県鍋屋町遺跡、同県栃倉遺跡、長野県藤内《とうない》遺跡などのように、黒色に固化した主にクリやクルミなどが、竪穴住居内から発見されている事例もある。恐らく屋内で乾燥保存していたのだろう。最近縄文時代草創期に遡る長野県お宮の森裏遺跡の竪穴住居から、乾燥したクリの実やその破片が多数出土していたことが報告され、縄文時代には早くから木の実を住居のなかで乾燥保管していた実態がわかった。このような調査事例からみて、東日本の堅果類食料の備蓄方法としては、時期や地域によって偏りはあるだろうが、主に乾燥地性貯蔵穴による保存と、住居内における乾燥保存とを併用、あるいは使い分けていたと考えられる。

一方の低湿地性貯蔵穴について、保存状態の良くわかる発掘調査例から検討しよう。佐賀県坂の下遺跡は扇状地の河川に隣接した場所に立地する中期終末の遺跡で、貯蔵穴は密集して合計21基が検出されている。直径150チセン、深さ70チセン前後の貯蔵穴の下部に木片や樹皮を敷き、さらに上にも木の葉を敷く。木の葉の上にイチイガシやアラカシなどのドングリを貯蔵し木片や樹皮を被せる。貯蔵穴最下部からカズラ類をもじり状に編んだ円形の篭や、アンペラ状編み物などが出土していて、敷物として使ったとみられる。長崎県曽畑《そばた》貝塚では集落に隣接した低湿地で、円筒形に掘り込んだ前期前半の貯蔵穴が発見されている。内部からドングリとともに編み篭が出土していることが注意され、堅果類はいくつかに分けた篭に入れた状態で、貯蔵穴に納められていたとみられている。このように低湿地性貯蔵穴内から編組製品が出土する事例は、早期に遡る佐賀県東名《ひがしみょう》遺跡でも、１５０基もの貯蔵穴から７００点あまりの編組製品が出土していることが知られている。岡山県南方前池《みなみかたまえいけ》遺跡の貯蔵穴のように木の葉を敷き木の枝のほか樹皮などで覆う以外に、早くから堅果類を篭などに入れて利用されている場合があったことがわかる。このほか貯蔵穴いっぱいに堅果類を詰め込んだ状態で、取り出されずに放置された例があるほか、例外的だが岡山県津島岡大《つしまおかだい》遺跡のように、貯蔵穴内で土器を使ったケースなどもある。これらの例から、低湿地性貯蔵穴では多くの場合は堅果類を直に、また仮に編み篭や袋に入れることはあっても、いずれも土坑の容量いっぱいに詰め込んでいたようで、乾燥地性貯蔵穴とは利用の仕方の違いがあった。両者をともに貯蔵穴として比較してきたが、役割は同じだったのだろうか疑問が残る。

5　地下の貯蔵穴の役割と管理

低湿地性貯蔵穴の特徴

湿潤な場所にある低湿地性貯蔵穴は、どのような効果を狙って設置されたのだろう。これまで貯蔵穴という名称で呼ばれ、その目的として主に①生のままで備蓄・保存し飢饉に備えるため、②食材とするために欠かせない虫殺しのため、③灰汁抜き処理を目的とするなどの意見があった。ほかにもそれらを兼ねた施設とする見解にも触れたが、実際の貯蔵実態に則してあらためて考えてみよう。

低湿地性貯蔵穴に貯蔵された堅果については、近年その種類の同定も進んでいて、花粉分析によって明らかにされた西日本一帯の森林環境を反映して、多くの貯蔵穴で照葉樹のドングリが主体を占めていることがわかっている。実際にはツブラジイやマテバジイのほかイチイガシなど、そのまま生で食べることのできるものと、アカガシ、アラカシ、シラカシ、コナラ、クヌギなど灰汁を除去しないと食べられないものとがある。ほかにもイヌブナ、カヤ、オニグルミ、トチノミ、クヌギなどが出土するが、灰汁抜きの必要のないドングリ類が比較的多いことのほか、同一貯蔵穴内に灰汁抜きを必要とする種と、不必要な種とが一緒に貯蔵されている場合もしばしばある点に注意したい。灰汁抜きを要しない堅果を長期に水浸けする必要もないし、渇水期などには劣化するリスクも少なからずある。

食料備蓄の観点から低湿地性貯蔵穴をみた場合、先の本郷大田下遺跡では貯蔵施設が42基もあるなかで、堅果類が詰まった状態のものが1基も存在しなかった。ほかの低湿地性貯蔵穴でも内容物が一切ないか、もしくは取り残された僅かな量だけの状態のものが圧倒的に多い。これは凶作のために使い果たしたとみるより、次の収穫時期を待たずに消費されてしまったと考えるのが自然だろう。こうした発見時の状態は、低湿地性貯蔵穴が救荒のため堅果の備蓄を主な目的としていたとは考えにくいことを暗示している。

乾燥地性貯蔵穴と低湿地性貯蔵穴について、これまで食料を貯蔵するための土坑という概念で、同一視して考えてきた面もあったが、この2種の貯蔵穴はそもそも設置目的が異なる遺構と捉え方が良いだろう。西日本型ともいえる低湿地性貯蔵穴は、既述したように縄文時代早期の終わり頃に出現するが中期終末前後になると事例が増加し始め、特に後期に急増し、再び晩期には低調な状態に戻る傾向がある。こういった貯蔵穴の時期的な変動を、人口増加や食料貯蔵の強化に起因するとした見解がある。また乾燥地性貯蔵穴は集落内に設けられるのが通例だが、低湿地性貯蔵穴は集落とは関係なく設置されることについて、前者は個人が、後者は集団による食料管理をしていたとして、東西の違いを社会的な要因とする見方もあるが、果たしてそうだろうか。

低湿地性貯蔵穴を備蓄のためと看做さない立場に立つと、これとは別の解釈が可能になる。つまり堅果類の採集地に設置されることが多い低湿地性貯蔵穴は、虫殺しと次の収穫期までの比較的短期の保存施設とするのが最も合理的だろう。ただし虫殺しは低湿地性貯蔵穴内に浸す以外に、水辺で簡便な水浸けも想定できる。

先の本郷大田下遺跡の貯蔵穴のあり方から利用の実態を想定してみよう。毎年堅果類の実りの時期に収穫地にやって来て集中的に採集し、先ず虫殺しのために効果ある水浸けを行った。そこでは併せて不良な堅果を選別して嵩を減らして、次の収穫期まで必要に応じて集落に持ち帰ったのだろう。ドングリを取り出し後も、貯蔵穴に蓋をかけて覆い怠りなく管理していた。このように毎年繰り返される堅果の収穫のために、昨季に使用した貯蔵穴の場所の表示と、空の状態の貯蔵穴の維持が欠かせなかった。

設置場所の視点から

かつて低湿地性貯蔵穴を扱った潮見浩は、貯蔵穴は限られた適地に集中して設けられる特徴があると指摘している。適地とした条件は堅果類の採集地に近いことと、あまり滞留することない高い地下水位が保たれ、一定の面積が確保できる場所と考えた。これまで低湿地性貯蔵穴が見つかった付近一帯からは、住居や墓などの遺構が発見されることはあまりなく、居住地域で出土する土器や石器などの生活道具類もここでは極端に少なく、ほとんど生活の匂いがしない。

一方の乾燥地性貯蔵穴の多くが居住地区内、もしくはそこに近い場所に設置されているのと比べると対照的である。乾燥地性貯蔵穴の場合は貯蔵物の保存とそれを利用する上で、居住の場に近い所に設置することが適していたのであり、それに反して低湿地性貯蔵穴が集落の場所とは関係なく設置されたケースが多い事実は、先に指摘した貯蔵穴の役割が関係しているためで、必ずしも身近な場所に置く必要がない施設であったことを示唆している。

堅果類に適した乾燥保存

乾燥地性貯蔵穴が発見されない西日本では、食料とした堅果はどのように長期保存したのだろう。東日本における住居内の乾燥保存のように、恐らく西日本でも救荒のための長期の備蓄は、効果と効率を考慮すれば、基本的に乾燥させていたと考えられる。奈良県稲淵ムカンダ遺跡では火床とみられる焼土坑の周辺から、炭化したドングリが散乱状態で出土している。明確な竪穴住居の検出には至っていないが、屋内に乾燥保存をしていたものだったと思われる。渡辺誠が早くに指摘しているように、堅果類の長期の保存は屋根裏や、掘立柱建物などの乾燥環境を利用していた可能性が高い。恐らく灰汁抜きや製粉などの加工処理が終わったものを乾燥保管するのが基本だったと考えられる。ただ住居など屋内からの出土した例をみると、果皮つきのまま保存したケースもあったようだ。

地下に設けられた貯蔵穴とされる遺構を取り上げて、食料貯蔵の問題を検討してみた。そこからは彼らの食料資源利用に関する造詣の深さが感じられ、主食とされた堅果類の種類や、それぞれの性質にあわせた加工・調理、また効果的な処理や保存について、経験に基づいた適切な方法を編み出した努力の跡が窺える。

4節　縄文のクリ栽培

1　縄文時代に好まれたクリ

今も変わらぬ秋の味覚

青果店の店先にクリが並ぶ季節になると、母が生前時々炊いてくれた栗御飯を思い出す。最近は出来合いの天津甘栗は食べても、生のクリを調理することは少なくなったが、かつては庶民の食の定番ともいえる秋の味覚のひとつだった。もちろん縄文時代に栗御飯はなかったが、各地の遺跡からはクリの果皮が纏まって廃棄されたクリ塚が発見されることや、炭化したクリの実が竪穴住居の中からそのまま出土することも少なくない。これは今も昔も食の嗜好に関わらず、クリを美味しいと感じる味覚は不変だということなのだろう。クリには厄介な灰汁がなく、良質なデンプンが摂取できることも、縄文時代にクリが優れた食材としてよく利用されたことの理由だったと思われる。

湖底から見つかったクリ塚

縄文時代にクリが食べられていた痕跡が琵琶湖の湖底で見つかった。湖国ともいわれる滋賀県のシンボル琵琶湖は、日本列島最大の湖であることは誰もが知っているが、その湖底に縄文時代の遺跡か眠っていることを聞いた人はあまりいないかも知れない。大津市晴嵐町地先にある粟津湖底《あわづこてい》遺跡は、瀬田のボートレース場で知られる琵琶湖南端の瀬田川に接続する付近にあり、発掘調査当時湖底約2〜3メートルに沈むこの遺跡には、3カ所の貝塚が存在した。この場所が琵琶湖総合開発事業として、南湖に設けられた粟津航路確保のための浚渫工事が行われることになり、1990年から翌年にかけて3カ所のなかのひとつ、縄文中期に営まれた第3貝塚が発掘調査の対象となった。その際に貝塚が形成されるよりも以前（貝塚を含む文化層よりさらに下層）の遺跡についても、あわせて発掘調査されることになった。

　貝塚がつくられる以前の地層からは、縄文早期初頭に存在した自然流路が発見されたが、その流路の南側の岸に近い場所で、およそ長さ7メートル、幅5メートルの範囲に纏まって、炭化した多数のクリの果皮を廃棄した早期のクリ塚が発見された。クリ塚からはクリの果皮以外に、籠状の編物、木製刺突具、装飾木器、組紐状の縄や綱などの遺物とともに、オニグルミ、ヒョウタン、緑豆類の種子が出土している。クリの果皮は殆どが人工的に破砕されて中身を取り出した状態であったため、食用として利用された後の残骸であることがわかる。このように縄文時代も早期の段階で本格的にクリを収穫し、利

粟津湖底遺跡で発見された縄文早期のクリ塚　黒色に見えるのがクリの果皮（滋賀県提供）

用していた痕跡が遺存体をもって確認されたのは粟津湖底遺跡が最初だった。なお前節で紹介したように、その後長野県お宮の森裏遺跡で、縄文時代草創期の竪穴住居内から乾燥したクリが発見され、食材としたのは縄文時代が始まった時期にまで遡ることがわかっている。

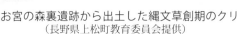

粟津湖底遺跡では縄文中期をむかえると、琵琶湖で採れるセタシジミを主体とする貝塚がつくられるが、貝塚が水中で堆積したため、貝層と貝層に挟まれた植物層が腐敗せず遺された。その植物層からはドングリ類、トチノミ、ヒシノミなどが出土し、なかでもドングリ類はイチイガシが９割を越えた。もちろんこれらはいずれも食用とされたのであったが、クリは早期の出土量と比較すると激減していて、縄文中期における周辺の植生は照葉樹が優勢な環境に変化し、クリが繁茂していたと推定される落葉広葉樹中心の林相は、日本列島の中部地方以北へ後退したと考えられる。

お宮の森裏遺跡から出土した縄文草創期のクリ
（長野県上松町教育委員会提供）

大粒の縄文クリ

縄文時代の当初から食料として利用されていたクリだが、当時のクリと現生種とに違いはあるのだろうか。クリの種類については詳らかではないが、果皮からクリの法量を求めて比較した吉川純子による研究データがある。対象とされた資料数は限定的だが、それをみると縄文時代のクリの法量は、早期から中期にかけて徐々に大きくなる傾向がある。その後は個体間の大きさにバラツキがあり、大型から小型までのクリが区別なく利用されたようだが、平均値でみると後期から晩期にかけては、幅が２・５センチから３・４センチへとかなり大きくなる傾向がある。遺跡で出土するクリは保存環境に左右され良好なものは少なく、果皮が生のまま出土することも稀にあるが、炭化した状態で出土するほうがむしろ多い。近年はクリの法量の時期による傾向を正しく把握するため、強制的に炭化させた子葉のサイズを比較する研究も進められている。

クリのサイズの研究成果を続けよう。縄文時代晩期の新潟県野地《やち》遺跡や同県青田遺跡などでは、幅2センチ前後の小型のクリも出土していて、大きさには拘らず利用していたが、果皮の最大値をみると野地遺跡で幅約4・7センチ、青田遺跡では幅約5・7センチのものまである。これは人間がなんら手を加えない自然のクリの木からでは得られないほどの大きさだという。今日の栽培種を凌ぐほどの大型クリが縄文晩期に存在したということは、食用のために陽樹であるクリがよりよい環境で生育するよう、木の陽当たりや除草だけでなく、現在の果樹園のようにクリの木の間隔なども考慮した、育成の適切な管理がされていたと考えざるをえない。

縄文時代中期をピークに集落が栄えた青森県三内丸山遺跡では、幸いなことに南の谷とされた地区の堆積土から、当時の遺跡と周辺の樹相を知るうえで、鍵となる花粉が採取されている。特に遺跡近隣の樹相を反映する虫媒花であるクリ花粉の推移をみると、遺跡が成立する縄文前期から次第に増加しはじめ、中

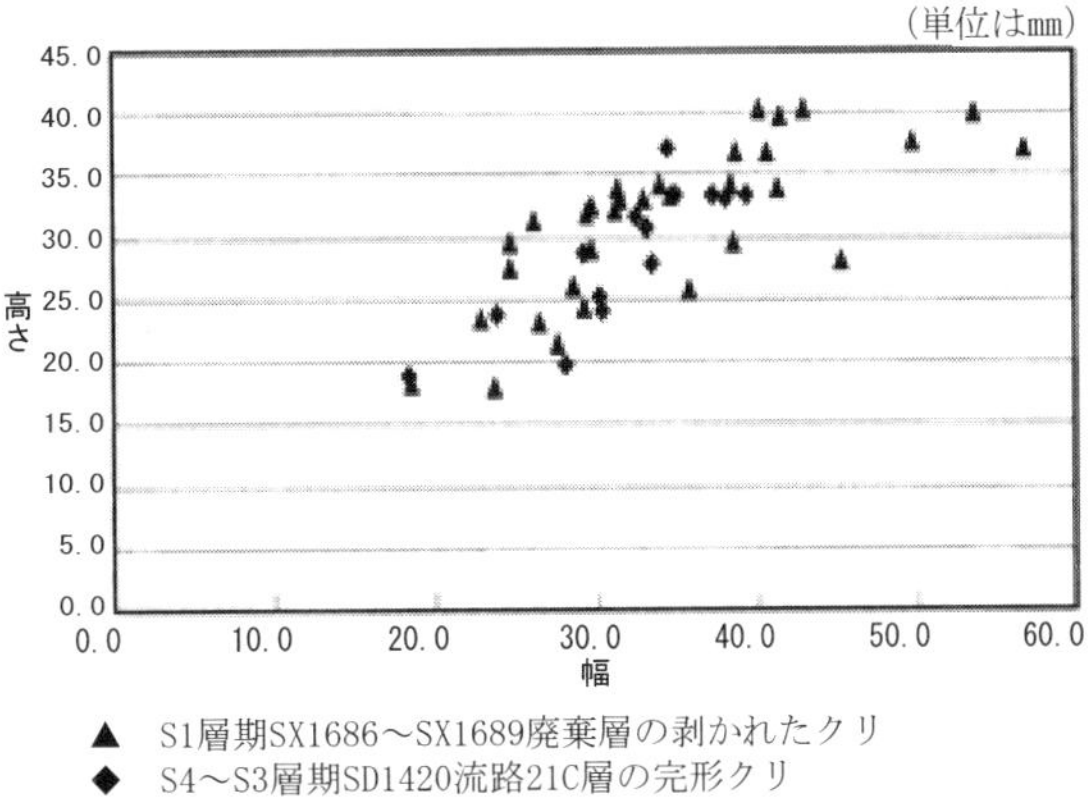

青田遺跡から出土したクリのサイズ
（荒川隆史ほか 2004『青田遺跡Ｖ新潟県埋蔵文化財調査報告書 133』新潟県教育委員会より）

期には得られた花粉全体の8割を占めるほどにまで急増していた。しかしその後は後期になって急速に後退していくことが、花粉ダイアグラムから読み取れ、周辺森林のなかにおけるクリの占有率推移が、遺跡自体の盛衰動向にほぼ一致するという結果が得られている。集落の人々が周辺の森林に手を加えて、人工的に樹種の構成を操っていたと見ることができるかも知れない。恐らくここでは集落を構えるにあたって、かなり大規模に森林を伐採し、有用なクリを優先的に選択して、その生育を促す管理がされていたとも考えられる。縄文人が周辺の森林環境まで手を加えて、改変したことが実証された発掘調査の具体例もこの後に紹介する。

三内丸山遺跡では出土したクリの遺伝子調査が行われた。そこでは遺伝子配列がきわめて近い関係にあるクリの個体が、相当高い割合を占めているという報告がある。容易には想像できないことだが、クリの果実の大型化が進んだ時期には、遺伝的知識をもち優良種を得るために、人工的に交配を行った可能性まであるのだろうか。もしそうであるなら晩期の大型クリの出現理由についても、管理されたクリ林の存在の可能性だけでなく、複数の遺跡のクリ資料を対象とした遺伝子研究も含めた総合的な取り組みも必要になってこよう。

優良食材のクリ

縄文時代でもクリはいろいろな食材と組み合わせて摂取していただろうが、先にドングリで検証したと同じように、仮にクリだけでどの程度

クリ園（岩国市大根川観光栗園）

お腹を満たすことのできるのか想定してみよう。現在のクリ園での収量をみると、クリの木1本につき、平均で10キログラム強ほどのクリの実が収穫できるといわれている。仮に30本前後のクリの木が管理できたら、計算上は、成人一人が約1年間に摂取しなければならない熱量をほぼ賄えることになるという。このようにクリは十分食材の中心に据えることが可能な食料資源になり得ることがわかるが、そのためにはクリの木の成育管理が適切にできることと、さらに収穫後の虫殺しや備荒のための保存方法を適切に行うことが前提になる。特に美味しいクリが優良な食料資源であることを考えれば、ドングリなど堅果類の周到な加工や管理の実態をみるまでもなく、有効に利用していたことは間違いないだろう。

2　縄文クリ園の発見

クリの埋没林

縄文時代にクリが貴重な食材として利用されていたことを、当時の生活の場に残された資料を手掛かりにみてきた。また後に建築用材として利用されてきた実態も紹介するが、この時代にクリという植物が、いかに重視されていたかがわかっていただけると思う。現在の栽培種並のサイズのクリが遺跡から出土していることや、大量に建築材などとして調達されていたクリ材などの事例は、需要を賄うという意味からも自生していたクリの木の利用だけでなく、当時の集落周辺などに生産地として管理されたクリ林の存在があったことも想定されてきた。ただ当時の人々が実際に自然林に手を入れて関与するようなことが、果たして行われていたのだろうかという疑問もあった。

ところが最近になって、自然林を人工的に改変したのではないかと考えられる、極めて珍しい発掘調査の事例に接した。奈良盆地南部には肥沃な沖積地が広がるが、その一角にある橿原市観音寺本馬《かんのんじほんま》遺跡では、高速道路建設にともなって広域な面積の発掘調査が行われた。これまでにこの遺跡からは、当地では珍しい縄文人骨が遺存した土坑墓や土器棺墓など併せて47基の埋葬遺構のほか、クリやカヤの太い材を半截した柱を使った平地式住居など、多数の縄文時代晩期中葉の遺構を検出し、集落の構造がある程度把握できる成果を得ていた。一連の調査のなか２００９年にその晩期の集落から約３００メートル北方付近が発掘調査の対象となり、沖積地を開析して流れる数条の縄文時代の自然流路が見つかった。この流路に近接した約５、０００平方メートルの範囲から、先の集落の存続とほぼ同時期の洪水砂に覆われた状態の埋没林の存在が明らかになった。

河岸一帯に埋没して発見された根株の総数は68株を数えるが、それらの材を同定した興味深い結果が公表されている。埋没していた根株の樹種はクリ、イヌガヤ、オニグルミ、ヤマグワ、ムクノキ、カエデ属など20種からなるが、この発見で注目すべきは樹種別の内訳で、クリの根株が25株もあって、全体の３分の１以上を占めていた。これまで縄文時代の盆地部の沖積地における花粉分析をもとにして推定される、当時の自然の森相とはかなり異なる結果であった。根株が発見された周辺や縄文時代の流路からは多数の

観音寺本馬遺跡で発見されたクリの埋没林
（橿原市教育委員会提供）

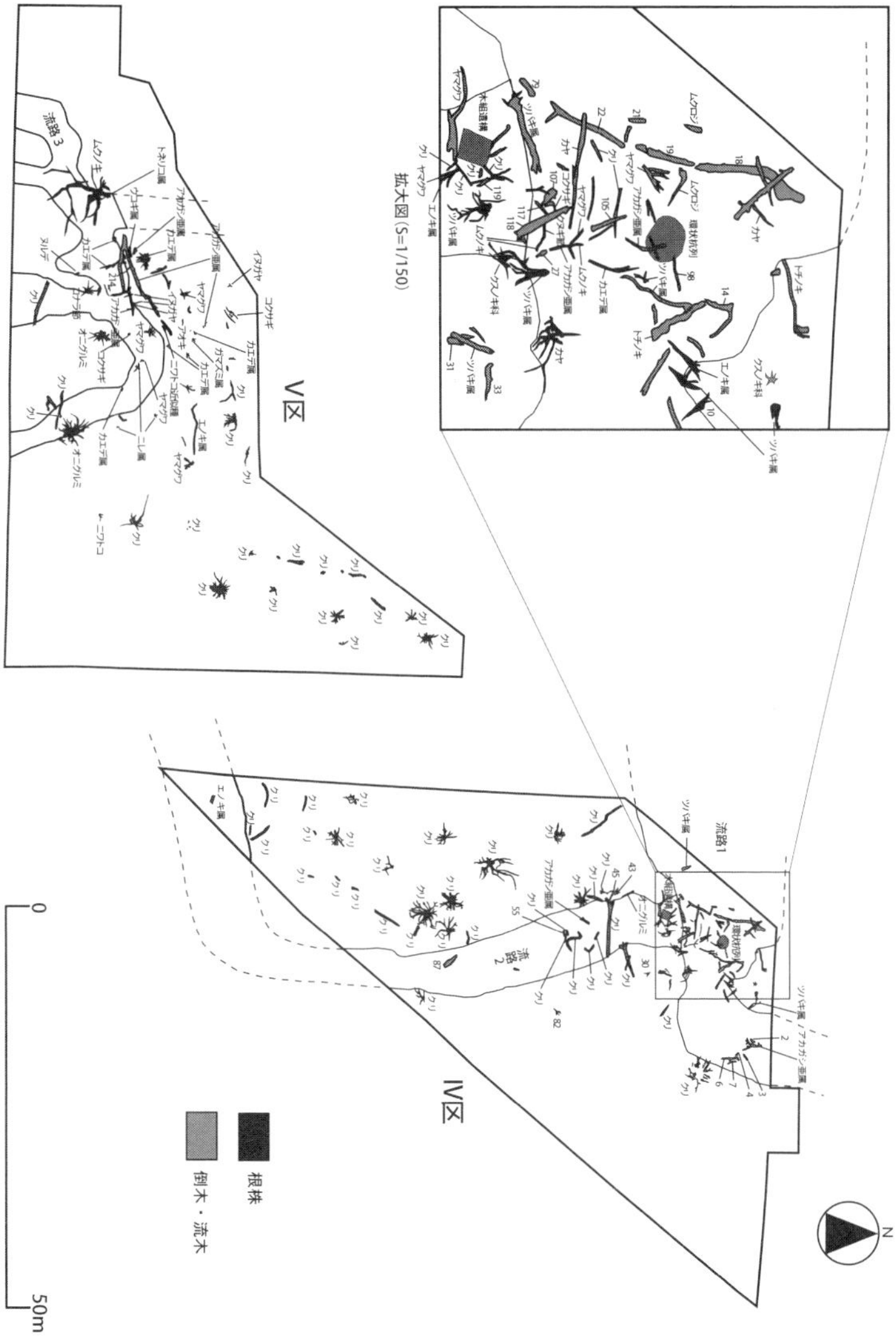

観音寺本馬遺跡　IV－V区における埋没樹の平面図
（平岩欣太 2012『観音寺本馬遺跡』橿原市教育委員会より）

倒木や流木も出土しており、その樹種データをみると、クリは51％にのぼり、数にして40本も出土していた。クリに偏った傾向は特異といってもいい数値である。あらためてクリの根株をみると、直径が50チセン前後のかなり太いものが多く、現代のクリ園のように剪定などせず、真っ直ぐに伸びていたと仮定すると、この太さから推定されるクリの木の樹高は、20～30メートルにもおよぶ大木であったはずで、仮に建築材として用いるなら、相当に立派な柱材とすることができただろう。無論果樹として大量のクリの実の収穫も保障されていたことになる。

管理されていたクリ林

埋没した多数のクリの根株のほか、出土した倒木や流木などもほかの樹種を圧倒する数のクリ材によって占められていただけでなく、調査地内のこれらの出土地点の状態を詳しくみると、不自然な根株の分布にも気がつく。クリの根株は道路予定地である調査地域内に万遍なく生えていたのではなく、複数の流路に挟まれた約80メートル四方の場所に集中して見つかっていた。しかもその範囲内には、クリ以外の樹種の根株は一本も存在していなかった。

野山を散策しているとたまにヤマグリを見かけることがあるが、生えている場所は丘陵の斜面や小高い尾根上などが多く、クリはどちらかというと乾燥気味の環境の土地に向いている樹木という印象がある。これまではこの調査地のように、沖積地を流れる流路に近接したかなり湿潤な場所は、クリの成育に必ずしも適していないのではないかと考えていた。ただ後背地と呼ばれる河川に近く、洪水にしばしば見舞われることのある低地でも、クリの成育には特に支障ないとする植物生態学の見方がある。また本遺跡では縄文晩期中葉頃、この一帯の沖積地が発掘調査で発見されたような流路によって再開析される環境下にあ

観音寺本馬遺跡Ⅳ－Ⅴ区から出土した埋没樹の樹種別一覧表

		根株（本数・割合）		倒木・流木（本数・割合）		合計（本数・割合）	
1	クリ	25	36.76%	40	51.28%	65	44.52%
2	ツバキ属	5	7.35%	6	7.69%	11	7.53%
3	ヤマグワ	6	8.82%	4	5.13%	10	6.85%
4	カエデ属	7	10.29%	1	1.28%	8	5.48%
5	アカガシ亜属	1	1.47%	7	8.97%	8	5.48%
6	オニグルミ	2	2.94%	2	2.56%	4	2.74%
7	エノキ属	1	1.47%	3	3.85%	4	2.74%
8	ムクノキ	1	1.47%	3	3.85%	4	2.74%
9	イヌガヤ	4	5.88%	0	0.00%	4	2.74%
10	トチノキ	0	0.00%	3	3.85%	3	2.05%
11	カヤ	1	1.47%	2	2.56%	3	2.05%
12	コクサギ	1	1.47%	2	2.56%	3	2.05%
13	ニレ属	3	4.41%	0	0.00%	3	2.05%
14	ムクロジ	0	0.00%	2	2.56%	2	1.37%
15	ヤナギ属	2	2.94%	0	0.00%	2	1.37%
16	クスノキ科	2	2.94%	0	0.00%	2	1.37%
17	コナラ節	1	1.47%	1	1.28%	2	1.37%
18	ニワトコ	2	2.94%	0	0.00%	2	1.37%
19	クヌギ節	0	0.00%	1	1.28%	1	0.68%
20	アオキ	1	1.47%	0	0.00%	1	0.68%
21	ガマズミ属	1	1.47%	0	0.00%	1	0.68%
22	トネリコ属	1	1.47%	0	0.00%	1	0.68%
23	ウコギ属	1	1.47%	0	0.00%	1	0.68%
24	キハダ	0	0.00%	1	1.28%	1	0.68%
	合　　計	68		78		146	

り、地下水位が次第に低下する段階とされ、クリの成育にそれほど影響があった訳ではないとする意見もある。

そうであっても花粉分析によってアカガシ、シイ、クスノキなどが主要構成樹であったことが明かである本遺跡周辺の当時の森林環境の下にあって、やはり自然にクリだけが占有するような林相は考え難い。南方に集落を構えていた人々が、建築物などの用材として利用するために、また安定的な食料としてクリの実を収穫するために、集落に比較的近い一定の場所に、このような利用価値の高いクリ林を管理していたとみざるを得ない。出土したクリの木の年輪幅の計測調査によれば、かなり成長が促される環境で成育していた傾向があるという。陽樹であるクリの木が充分に陽光を浴び、下草刈りなどの手入れもされた、人工林のような維持管理が行われていたと考えたい。

クリの根株が密集していた場所の周囲からは、クリ以外の根株や倒木が発見されていて、その樹種を調べるとトチノキ、ヤマグワ、オニグルミなどからなっていた。これらの樹木に共通する点は実が食用となることで、明らかにこれも堅果類を得るという目的のために、樹種選択の意図が働いていたとみるべきだろう。

資源環境への働きかけ

埋没林の発見されたこの観音寺本馬遺跡は、もともと照葉樹の林であったと推定される。どのようにして果樹園並みのクリ林や建築材として使える林に変えていったのだろう。具体的な方法は想像の域を出ないが、対象地の林を全伐採し、実生《みしょう》や苗木の移植によって育てようとしたか、または伐採後自然の状態からクリの蘖《ひこばえ》だけを選択して育成しようとしたことも考えられる。いずれにしても人工的な林相の改変には、周辺の植生環境やそれを構成する各種樹木の生態に関する知識とともに、日常的な管理が欠かせないことは確かだろう。

縄文時代の奈良盆地ではこれまで縁辺部の扇状地などを除いて、歴代的に継続した縄文集落の存在については否定的な見解が多かった。しかしこの遺跡で明らかになった集落の周辺における、クリ林をはじめ堅果類が得られるいわば里山のような林は、安定した居住の拠点が存在していて、はじめて維持・管理が可能となるはずで、一定のエリア内で場所の移動はあったとしても、盆地の沖積地帯が継続した集落を営める環境にあったことは間違いないないだろう。

これまでの縄文時代のクリに関する研究については、おもに建築材としてクリの木や食料としてのクリの実を、消費された場である遺跡で発見される遺構や遺物などの考古資料をもって語られてきた。しかしここで紹介した観音寺本馬遺跡におけるクリの埋没林の発見は、初めてクリの木が成育していた場所である生産地の実情を知ることができた点に意義がある。森林資源の維持や管理のあり方の一端が垣間見えてきたというだけでなく、当時の人々が一方的に地域の資源を収奪するという行動とは異なり、環境に積極的に働きかけた新たな生業活動のステージにも踏み込んでいたことが認識できた点が大きな成果といえるだろう。

第2章

水産国の伝統

1節　優れた縄文の漁労技術

1　水産国の原点

目を向けた水産資源

南アフリカ共和国南東部の東ケープ州クラシーズには、リバーマウスという洞窟がある。そこではおよそ13万年前の中期旧石器時代の貝塚が発見されていて、貝以外にアザラシなどの動物遺存体も出土し、海産資源獲得に乗り出していたという。これほど古い時期の貝塚は極めて例外的で、ヨーロッパや北アフリカ地域では、後期旧石器時代になってはじめて貝塚があらわれ、貝類や魚類の遺存体が出土している。およそ2万～1万6千年前とされる、スペイン北部ラデュラ洞窟の貝塚もその一例といえる。恐らく後期旧石器時代の終末に近づいた頃、すなわち後氷期の気温上昇にともなう内水域や海岸線の環境変化のほか、海流の変動や天然魚礁の形成などもあり、水産資源へ目を向ける動きが始まったのだろう。貝塚が形成され始めることがその兆しとみてよい。東アジア北方においては、後期旧石器時代末期には淡水漁労を行っていたようで、シベリアや極東地域の細石器文化の遺跡では淡水産の魚骨が出土している。

日本列島の旧石器時代に目をやると、今のところこの時期に水産資源を獲得しようとした確かな痕跡はみられない。重要な細石器文化の石器群が発見されている内陸部の新潟県荒屋《あらや》遺跡において、出土石器に魚類の脂肪酸が検出されたという分析結果が一時世間を騒がせたが、方法論的にというより、研究倫理上に大きな問題がありとても当てにならない。今後後期旧石器時代の遺跡から漁労活動の証拠が見つかる可能性は否定できない。ただ旧石器時代の人々も海域や内陸水域の豊かな水産資源の存在を知っていたはずだが、それを目の前にしても積極的な獲得へは動かなかったようで、その理由も考えねばならない。

遡上したサケとマス

かつて山内清男はカリフォルニアインデアンの生業活動の民族事例を引きあいに、縄文時代の東日本から北日本はドングリとサケ・マスの資源が豊富で、食料の基盤を支えたと考えて、西南日本との格差を論じた。いわゆる「サケ・マス文化論」を展開したが、暫くは考古学的な資料で証明されることはなかった。

　ところが近年食料残渣など縄文遺跡に遺された有機質遺物にも注意が払われるようになり、また新たな調査方法の導入もあって、発掘調査で動植物の遺存体が検出される事例が次第に増加するなど、調査や研究環境の変化が起こっている。いまのところ縄文時代草創期にまで遡る貝塚は未発見だが、

川を遡るサケを網で捕獲するカナダ ブリティッシュ・コロンビア州のレイク・バビン・ネイションズの漁師

東京都あきる野市に所在する草創期の前田耕地《まえだこうち》遺跡では、漁労活動を考える上で画期的な発見があった。多摩川の2つの支流が合流する地点に立地するこの遺跡から2軒の竪穴住居が発見され、そこから槍先形尖頭器と製作時の破損品のほか、剥片や砕片などが多数出土する石器製作跡が発見された。この調査で注目されたもう一つの発見は、竪穴住居内の土壌を水洗選別した結果、石器の破片などとともに大量のシロサケの顎の骨が見つかったことである。出土したサケの遺存体について加藤暁生は、竪穴住居跡からはサケの顎歯3158点が出土しているが、顎歯、肋骨および神経骨、椎体などの破片の存在は、この場や竪穴のごく周辺において、サケが解体・加工されたことを示している。ここでは顎歯を部位別に分類し、サケの個体数を絞り込み、60~80体のサケ頭部が存在していたと推定している。産卵期に多摩川を遡ってきたシロサケは、当時としては比較的容易に重要なタンパク源を得られる食料資源だったと思われる。山内が唱えたサケ・マス文化論の動かぬ証拠の一端を掴んだともいえるだろう。その後も青森県赤御堂貝塚や北海道湯の里I遺跡などの発掘調査でサケの骨が発見されている。

　日本列島では戦後の全国的なダム建設によって、サケ・マスが遡上する環境が失われてしまった。かつては東北日本から日本海側の地域を中心に、遡上するサケ・マスを狙った漁業が盛んだった歴史があり、それは千曲川の漁業実績の統計からも窺える。日本列島では概ねサケ属は7月~10月までの間、列島固有のカラフ

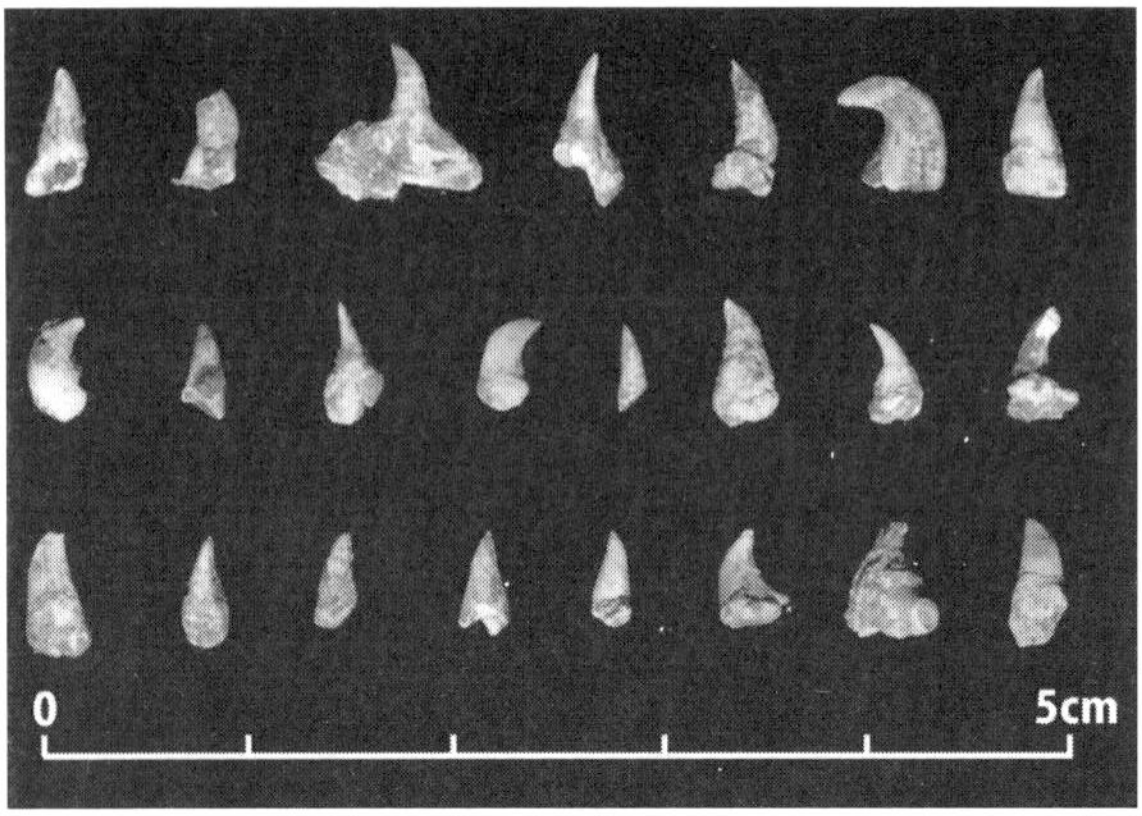

前田耕地遺跡から出土したサケの歯
（東京都教育委員会提供）

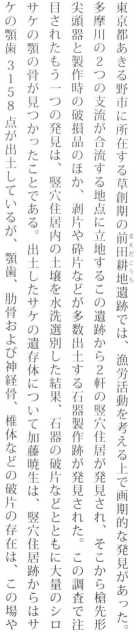

のカリフォルニアインデアンの例を参考にすれば、この前田耕地遺跡でも夏から秋にかけて大量に捕獲したサケ属は、燻製などの処理をして冬季の大切な保存食として備蓄し、また一方で貴重な交換物資としても利用されたかも知れない。平均的なシロザケ１匹でおよそ６８００キロカロリーあり、成人一人あたりの必要エネルギー価に換算すると約３日分に当たり、栄養価も高く重要な食材として認識されていたに違いない。

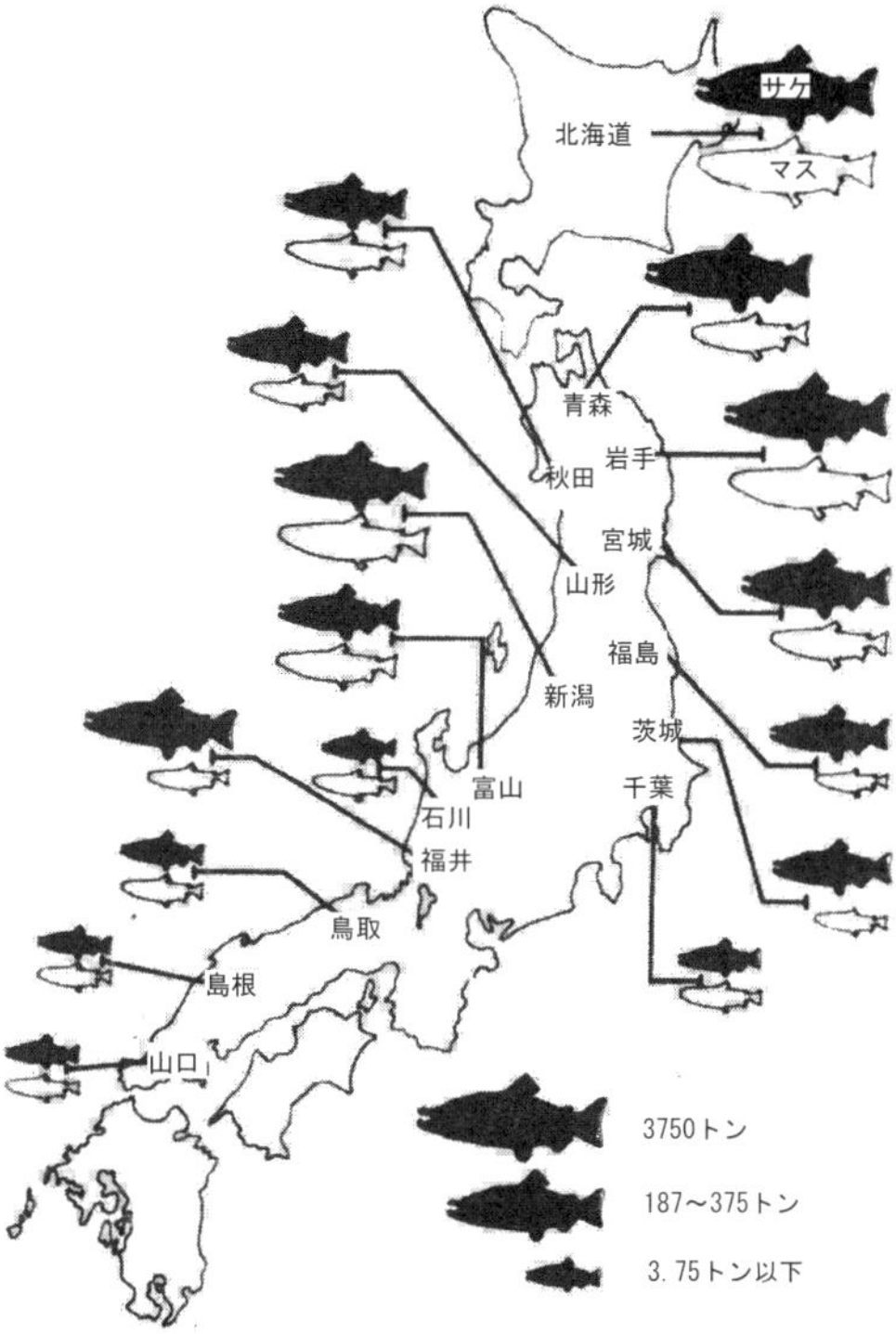

日本におけるサケ・マスの漁獲量
（1933年の水産統計による）

トマス、サクラマス、そして最も肉量の多いシロサケの順に川を遡上して産卵する。主に東北日本や日本海側の地域では、この産卵する時期を狙って、沿岸における定置網や、遡上する川では地曳網やヤスによって捕獲した。先

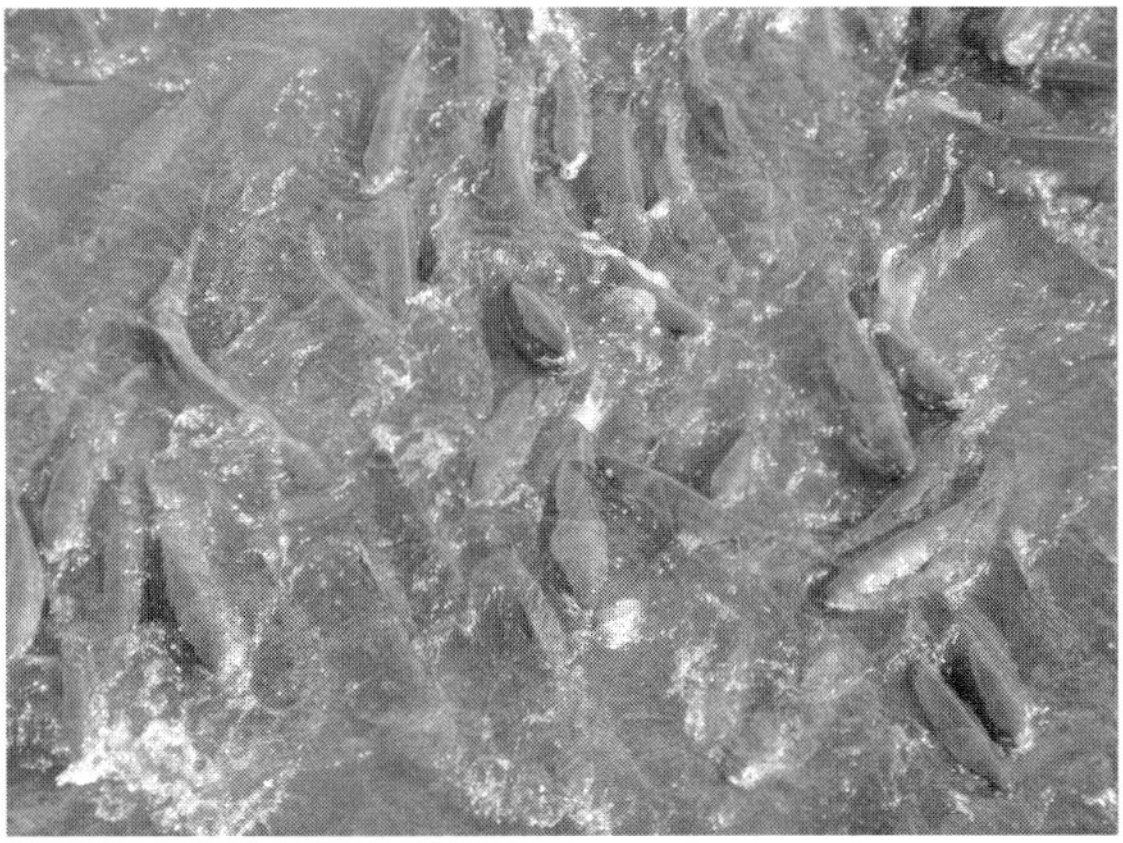
標津川を遡上するサケやカラフトマス
（標津サーモン科学館提供）

サケの肉は美味しいほか、皮も利用したはずで、アイヌ人はかつてサケの皮で靴をつくっており、知床博物館には続縄文時代の資料ではあるが、それに類したものと思われる靴形土製品がある。今のところ縄文時代の現物の出土は寡聞にして知らないが、このような食材の副産物である有用資源の活用は、恐らく前代から継承されてきたのではないだろうか。

内水域をのぞむ場所に立地した前田耕地遺跡におけるシロサケの捕獲が、漁労活動の初期にあった容易な漁労として始まったことは、海岸部の遺跡でサケ・マスの骨の出土数が少ない理由かもしれない。河川の中流や上流で遡上するサケを狙うことは、毎年3ヶ月あまりの間、多くの労働力の投下も不要で、漁場を移動しなくとも成果が得られる漁労活動だったのである。

東京湾の貝塚

河川や湖沼など内水域の魚類などの捕獲に較べると、海産資源の利用はかなり遅れ、縄文時代早期になってようやくその兆候が現れてくる。いち早く海産資源に手を付けたのが関東の三浦半島の縄文時代の人々で、彼らが残した貝塚は、今のところ北太平洋地域の先史時代にあっては最も時期的に遡るとみられる。東京湾に面した横須賀市夏島貝塚を遺した人々は、全国で約1500カ所を数える縄文時代の貝塚のなかにあっても、早期初頭の段階で最初に魚介類獲得に乗り出した集団のひとつであったといえる。マガキやシジミを主体とした貝層からは、スズキ、クロダイ、ボラなどのほか、カツオやマグロの魚骨も出土していて、かなり多様な海域に生息する魚類を捕獲している。それを証明するかのように貝層からすでに精巧なつくりの骨製釣針が出土している。

豊かな水産資源

夏島貝塚に代表されるように海の資源に目を向け始めた沿岸部の人々は、早期以降に海産物獲得のため活発な生業活動を展開することになる。貝塚は貝殻のアルカリ効果によって中和された土壌のなかに、当時の水産資源獲得の証拠である魚類などの食料残渣や、捕獲作業に用いたさまざまに工夫された漁労具を遺してくれている。貝塚研究の初期の論文ではあるが、酒詰仲男『日本縄文石器時代食料総説』によれば、全国の縄文時代の貝塚からは３５３種類の貝類が確認され、またウニ・エビ・カニ類、クジラ、アザラシ・オットセイ・イルカなどの海獣類、毒をもったフグを含む71種の魚類が出土していると記されている。

ほかに海草や海藻も貴重な海産資源のひとつだったはずだが、遺跡ではほとんど遺存することはない。ただ「正倉院文書」には「ひろめ」や「えびすめ」など海藻や昆布が、また平安時代中期ではあるが、「和名類聚抄」によれば、利用された海草類は19種に及び、古代にも沿岸部の産物として重宝された食材であったことが記されている。

北米太平洋海岸に住み狩猟や漁労を生業とする、カナダブリティッシュコロンビア州インデイアンのツィムシャン族は、より北方のトリンギット族などと同様に一族の家系や、出自に関わる意匠などを彫刻したトーテムポールを立てることで知られる。彼らは川を遡上するサケ・マスや海の魚介類を捕獲して、重要なタンパク源としているが、ニシンの卵が付着した子持ち昆布や青海苔の乾燥品なども好んで食材としている。想像でしかないが縄文時代にも恐らく魚類以外に、こういった栄養価の高い海産物を利用していないはずはないだろう。

列島各地の縄文時代の貝塚から発見される貝類や魚類をはじめとする遺存体を調べると、今日の日本人が食用として利用している種の大半が含まれており、水産資源の開発は先史時代にかなり高い水準まで達していたことが窺える。しかし生活の場の周辺に資源があるから自然に生産が始まったわけではなく、彼らが資源の有用性や価値を見極め、獲得への強い意志が働いたからこそ、多種類およんだ水産資源獲得の道が開けたのである。

2　現代に通じる漁労具

優れた漁労具の数々

世界の先史文化の中でも、縄文時代がとりわけ海産資源の獲得に積極的であったことは、貝塚を中心に遺跡に残された漁労具が雄弁に語っている。なかでも北海道から東北・関東地方の太平洋沿岸地域一帯では、特に漁労具が著しい発達を見せ、その代表格ともいえる釣針は、魚の大きさや魚種に適合した逆鉤《かえし》鐖《あぐ》の形状、フトコロの幅、チモトのつくりなど、構造的にも機能的で精巧に工夫されていて、有効な釣漁が実行されたことがわかる。東北日本の太平洋岸地域では離頭銛《りとうもり》による海獣や大型魚の捕獲にも積極的で、銛やヤスなどの刺突漁に使われた漁具も充実している。このほか東北地方南部の海岸部や関東平野に所在する遺跡では、魚網を使った漁が盛んだったことが、数多く出土する石錘や土器片錘の存在によってわかり、縄文時代には列島全域に内水域の漁法としても網漁が普及した。このあと縄文時代の優れた漁具や漁法を見てみよう。

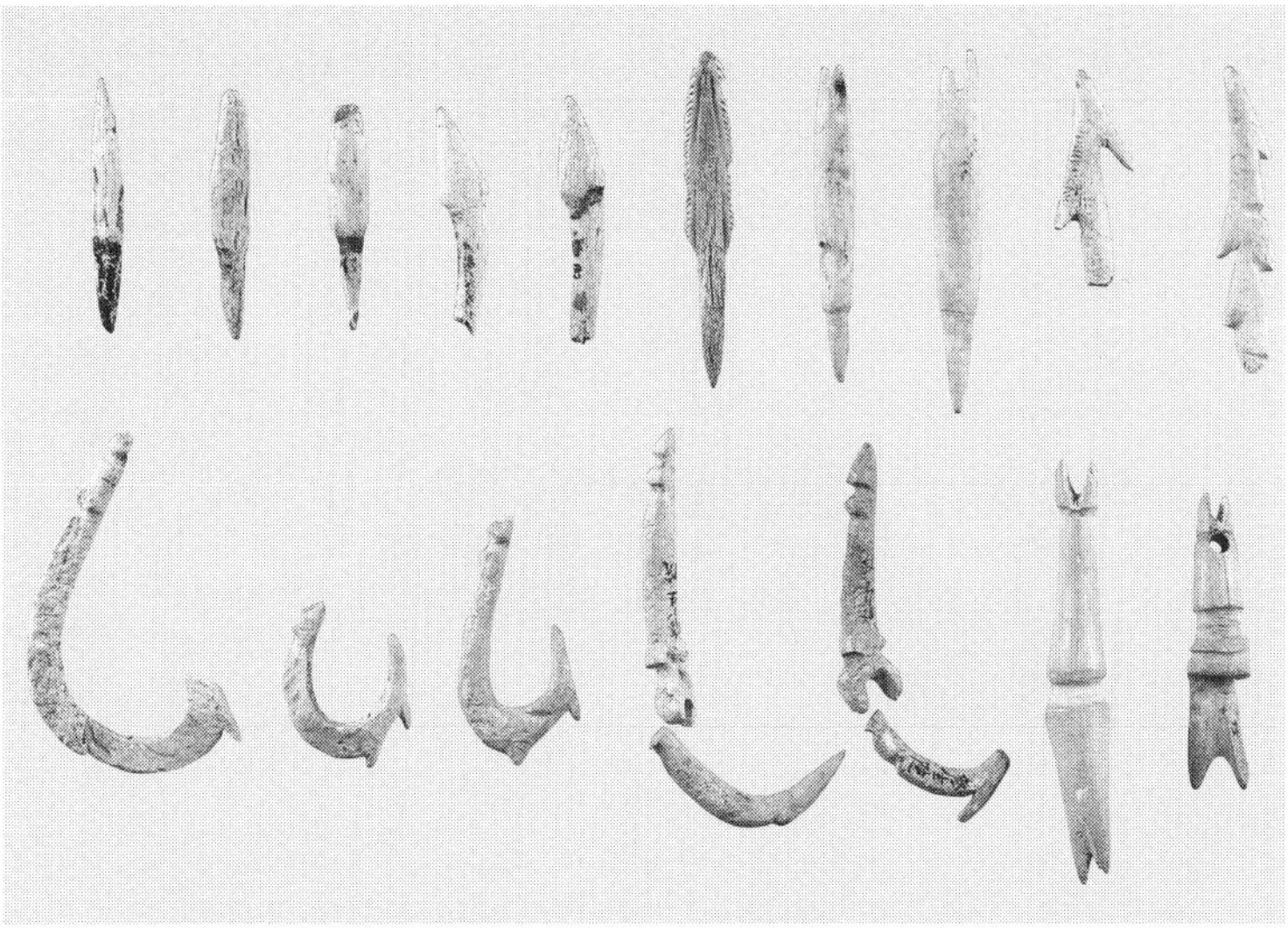
寺脇貝塚から出土した結合釣針（いわき市教育委員会提供）

工夫された釣針

最初に取り上げる釣針の資料は、東北地方から関東地方の太平洋岸地域に特に集中する。釣針の素材は鹿角、イノシシ牙、シカやイノシシの管状骨などが用いられるが、釣針には縄文時代を通じて一般的な単式の釣針以外に、縄文早期にははやくも軸部と鉤部を別材でつくる工夫された結合釣針が出現している。単式の釣針は鐖の有無や位置によって無鐖、外鐖、内鐖、両鐖などがあり対象魚によって使い分けられた。一方の結合釣針の方は晩期にいたってより発達するが、なかでも東北地方や九州地方などで独自の結合釣針が発達することが知られている。

福島県いわき市に所在する縄文晩期の寺脇貝塚の出土品のなかに結合釣針の例がある。この釣針は軸部と鉤部をそれぞれ別々の鹿角で製作し、その結合部は軸部と鉤部を巧みに組み合わせた構造としている。（写真の下段右から3・4番目）これは釣針の素材の大きさの限界を２材で補うことと、釣針の柔軟性を必要とする大型魚へ対処するための、優れた漁具技術開発の典型例のひとつといえよう。寺脇遺跡のこの特徴的な結合釣針は、太平洋岸各地における出現時期の比較検討から、三陸沿岸や仙台湾からの影響下に出現したもので、同種結合釣針の普及はマグロ漁場の南下と整合するとした意見がある。それを裏付けるように、小名浜湾の北にあって沿岸を見下ろす場所に立地する著名なこの貝塚に形成された貝層からは、多数のマダイのほかカツオやマグロの骨が出土していて、まさに一本釣りの釣具として使用された漁具と考えられる。

なお西北九州地域でも縄文晩期に大型の魚類獲得を目的とした釣針が出現する。軸部を鹿角で鉤部をイノシシ牙でつくる独特の結合釣針で、素材の違いこそあるがこれに類似した朝鮮半島の日本海側に分布するオサンリ型釣針との関係が指摘されていて、九州北部と朝鮮半島南部の海域一帯の、共通した漁具技術の文化圏があったことが推測される。

回転式離頭銛の仕組み

縄文時代に使われた数ある漁具のなかでも、ひときわ注目できる優れものが離頭銛と言ってもよいだろう。トドやアザラシのほかオットセイなどの海獣や、大型魚類を捕獲するためには恰好の骨角製漁具である。銛には銛頭と柄とが一体の固定銛と、銛頭が柄から離脱する仕組みの離銛頭がある。離頭銛は3種に分類され、最も一般的な有茎式離頭銛はその銛頭本体に複数の逆刺《かえり》をつくり出すほか、柄の先端に差し込む茎部をもつ。銛頭はロープで繋がれているため、海獣などに打ち込まれると柄は外れても、銛頭を手繰りよせることで捕獲できる。この有茎式銛は縄文前期に出現しその後は後期にかけて、三陸沿岸や仙台湾など東北地方北部から中部に分布している。

機能的により優れている銛が回転離頭銛と呼ばれるもので、開窩《かいか》式と閉窩《へいか》式とに分類できる。前者が柄先端部を差し込む部分が銛頭の側面に片側が開いた溝状に造られるのに対して、後者は柄差し込み部が銛頭の中にソケット状の孔、つまり閉窩した形態となっている違いがある。開窩式の銛は縄文時代早期の北海道や東北地方北部の遺跡から出土する。主に北方太平洋地域に分布を広げる、寒流域の大型魚類の捕獲に利用したとされている。青森県長七谷地《ちょうしちやじ》貝塚や、同一王寺《いちおうじ》貝塚などで出土したこの開窩式の銛をみると、シカの骨を分割する方法で製作していることがわかる。

一方閉窩式は縄文時代前期前半頃に仙台湾岸の遺跡において出現し、主に暖流域の大型魚類の捕獲に用いられた銛である。閉窩式は初期には細長い単純な形態だが、次第に大型化し、対象魚類に適応した規格分化が進む。さらに縄文晩期に至りより発達し、尾部が二又に分かれた独特の燕形銛頭を誕生させ、三陸沿岸にも分布域を広げる。銛頭には骨角を使って一体としてつくりだしたものと、先端部を根挟み状に加工して別つくりの石鏃や角牙鏃などを取り付けたものとがある。

回転離頭銛の構造は海獣類や大型魚の漁にはきわめて効果的な仕組みといえる。銛頭の中央付近にはロープを巻きつける溝、ないし結びつける貫通孔を備えている。海獣類の体内に突き刺さった銛頭は柄から外れ、銛頭の中央に結ばれたロープを引き寄せると、銛頭が体内で90度ほど回転して、銛頭が抵抗となるため獲物を逃すことなく、手繰って捕獲できる仕組みである。

回転離頭銛はその後、古墳時代になると材質が骨から鉄に変わり、さらに時代が下ると手投げであったものが火薬で発射されるようになるが、銛

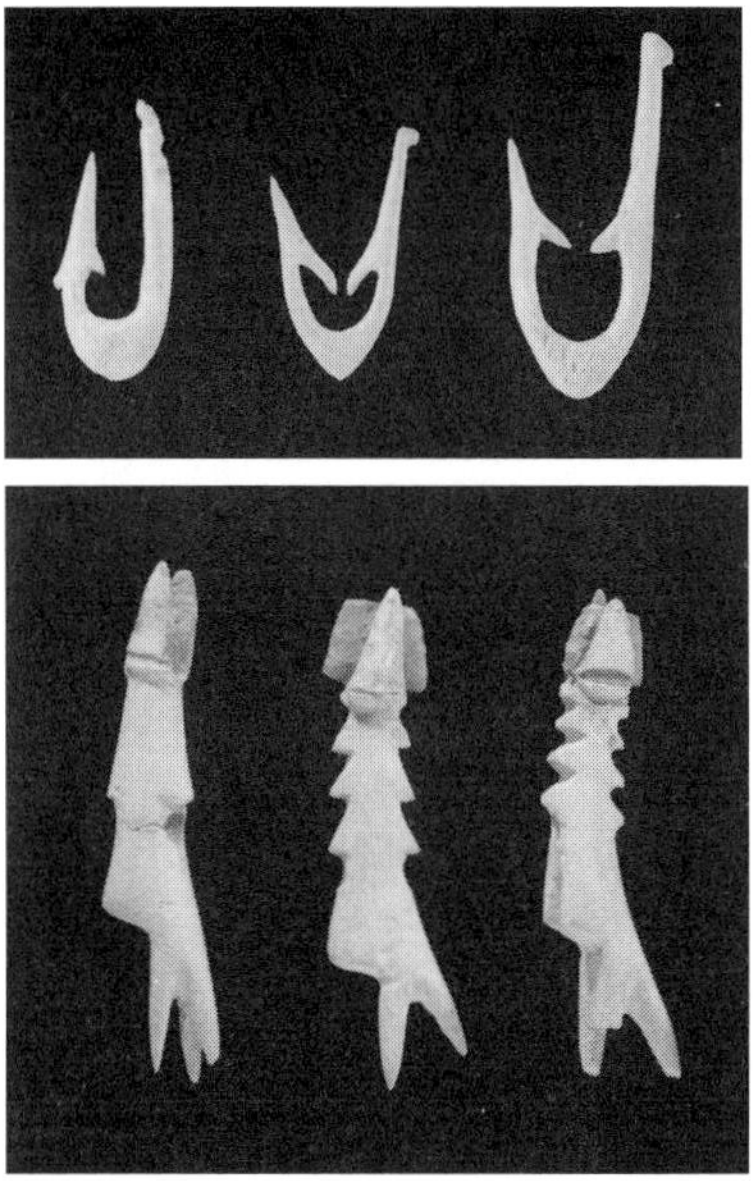

石巻市沼津貝塚から出土した釣針㊤・燕形離頭銛頭㊦（東北大学文学部提供）

の構造は基本的に縄文時代の回転離頭銛と何ら変わりがない。近年まで房総半島などの漁師によって使用されていた民俗資料の銛をみても。構造や形態は縄文時代に使用されていたほぼそのままの形で継承されている。優れた漁具の代表格でもある離れ銛の原理と技術が、すでに数千年も以前の縄文時代に開発・改良されていたことが認識できる。

3　さまざまな漁法

一網打尽の網漁

縄文時代に開発・発達した各種漁労具を出土資料から概観したが、次に発掘調査から明らかになった各地の漁労活動に用いられたさまざまな漁法をみていきたい。

網漁の開始は釣漁や刺突漁と較べると遅れるが、縄文中期以降は積極的に実行されるようになったことが、魚網に附属する錘の存在からわかっている。魚網の錘は切目石錘《きりめせきすい》や有溝石錘《ゆうこうせきすい》な

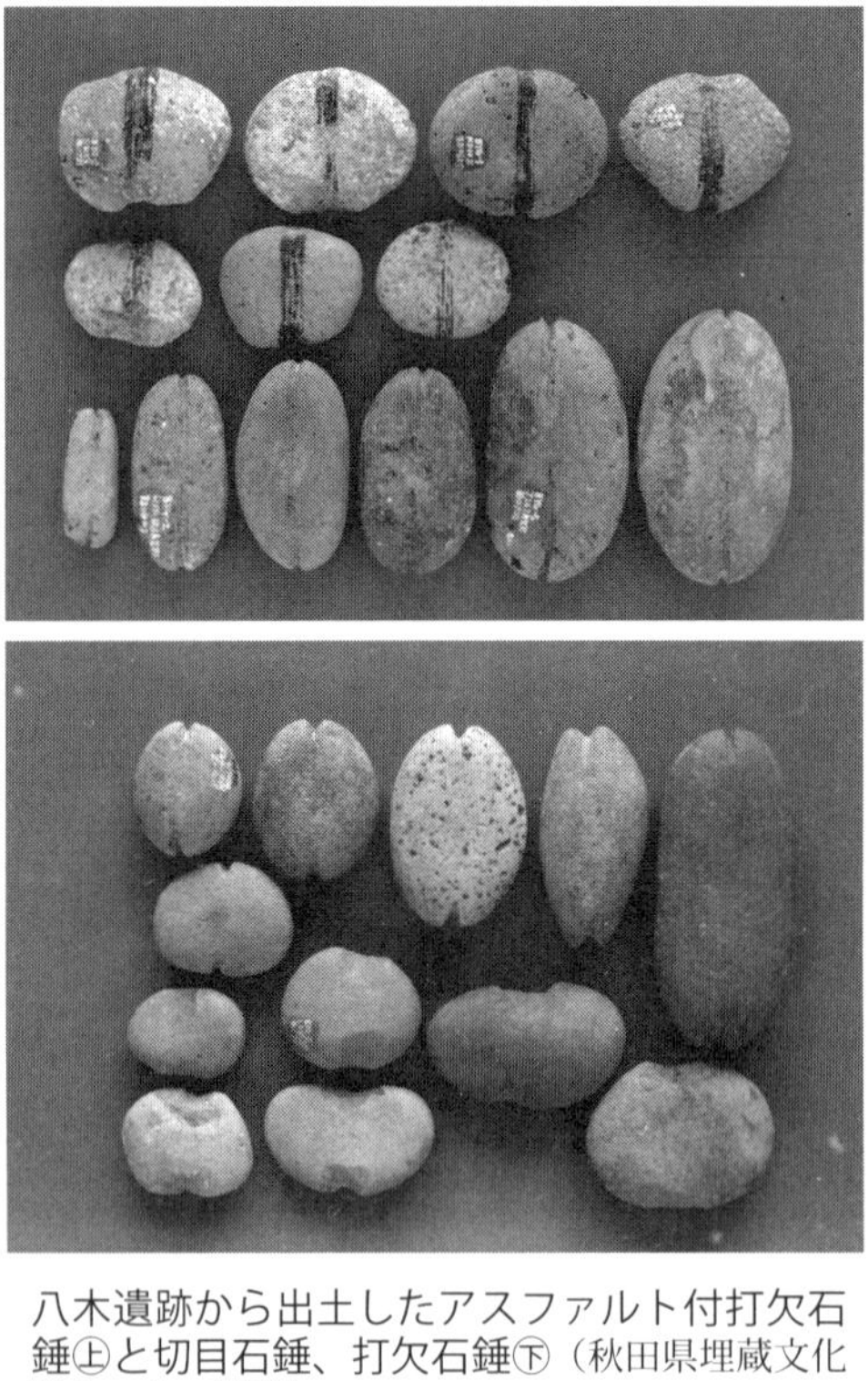

八木遺跡から出土したアスファルト付打欠石錘㊤と切目石錘、打欠石錘㊦（秋田県埋蔵文化財センター提供）

どの石製と、有溝土錘をはじめとした土器の破片を再利用した土製の錘とがある。網漁は海域のほか内水域でも盛んに利用された。

栃木県に発し茨城県を下流域とする那珂川流域では、流域の川魚を狙って魚種や河川環境に適応した網漁が実行されていた。上野修一によればこの流域では、まず縄文中期後半に下流域で土器片錘が利用された網漁が始まるが、中期終末には内陸部で切目石錘が出土するようになり、後期前半になると有溝石錘や有溝土錘など、より確実に紐を縛るための改良が加えられた石錘が使われるようになる。流域の遺跡から出土した錘の重量を調べた結果、土器片錘1個の重量は10～30グラムで、主に沿岸汽水域の浅海砂泥性の環境でクロダイ、スズキ、ボラなど、また河口付近や下流域でウナギ、コイ、フナなどを捕獲する網の錘具として利用された。切り目石錘は茨城県域で20～40グラム、栃木県域では20～60グラムと多少の重量の差があり、それぞれ中流域のウグイ、オイカワ、アユ、流れの速い上流域でヤマメ、イワナなどを狙った網漁用の錘具として使われたと想定され、水流に適応するように錘の重量も考慮したのだろう。

遠く離れるが台湾南部の卑南《ひなん》文化の前期（およそ3、500年前）の遺跡の石錘の分析研究に依れば、錘と組み合わせた釣針による釣漁が想定されていて、内水域での利用は定かでないが、外洋での漁労活動を考えるうえでは参考になる。そこではバショウカジキの出土量が増加する時期と、特定の錘の多量出土が

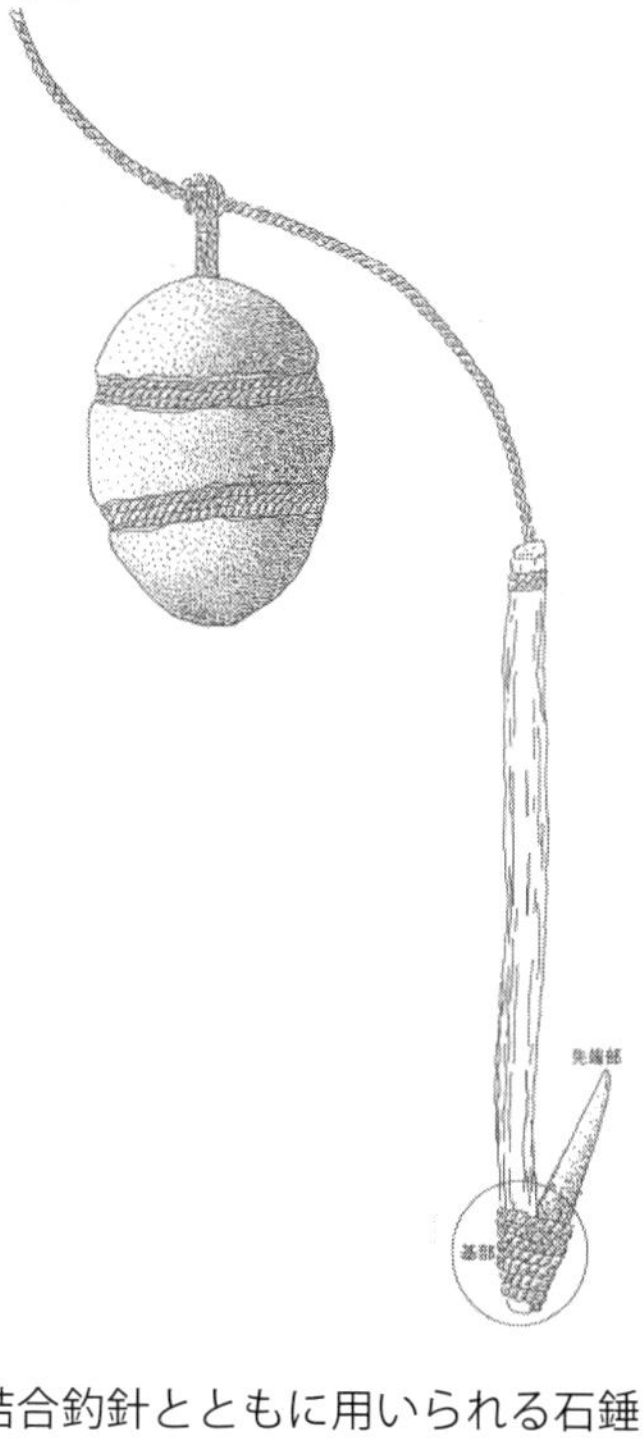

結合釣針とともに用いられる石錘（推定）（李匡悌2003「台湾南部・鵝鑾鼻地域における先史漁労」より）

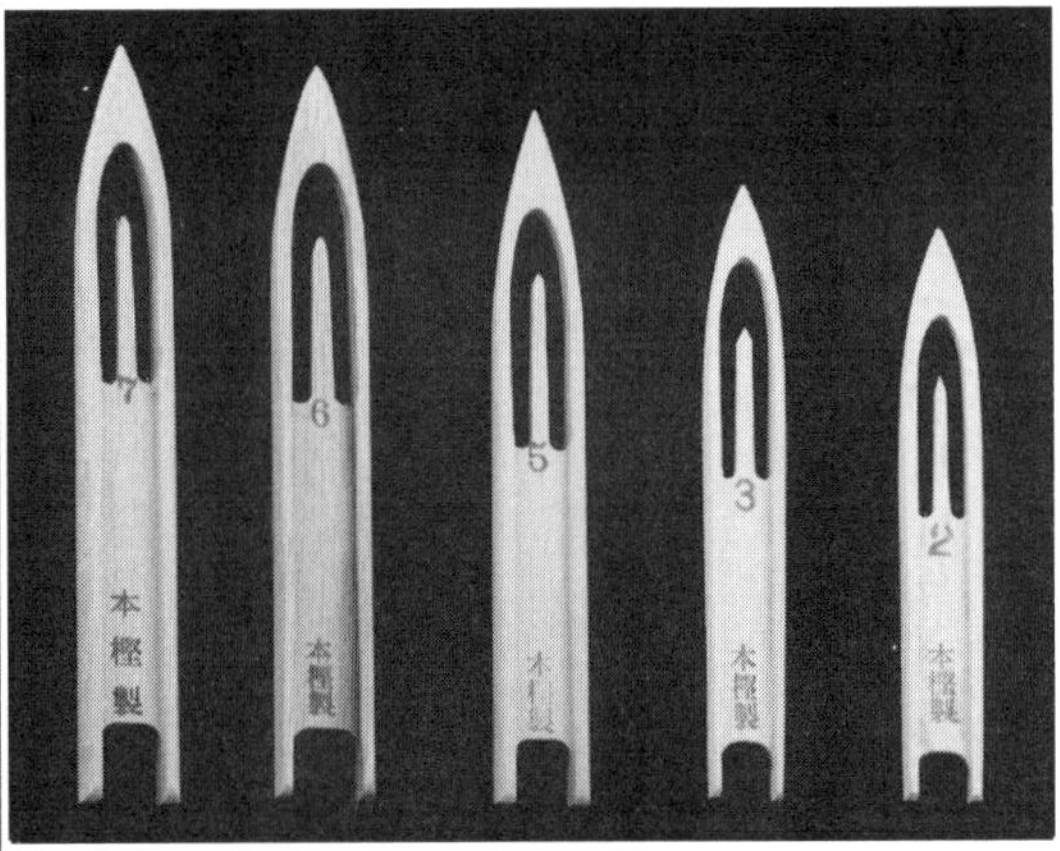

里浜貝塚から出土した網針㊧（東北歴史博物館提供）と現代販売されている漁具の網針㊨の５点（青森県八戸市　有限会社オカヌマ提供）

有意な関係にあり、漁法の改良があったとみられていて、縄文時代の重量の大きい錘の利用方法を考えるうえでヒントになるかも知れない。

　その魚網つくりには欠かせない網針《あばり》も実は縄文時代にすでに改良を重ねられたと思われるものが使用されていた。現代の網針はステンレスないしは樹脂性のものが用いられるが、宮城県里浜《さとはま》貝塚から出土した縄文晩期の網針は、鹿角からつくり出したものである。しかしその機能に適った針の形態や、糸掛け部や糸巻き部の構造は驚くほど、今使われている製品と酷似している。現代のものと並べてみると今日作られた網針と見まごうほどで、間違いなく我々は縄文時代の道具づくりの技を受け継いでいると納得させられる。

川に仕掛けられた魞

再び内陸の漁労に目を向けてみよう。奈良盆地南部の沖積地に立地する縄文晩期の観音寺本馬遺跡は、先にクリの埋没林について取りあげたが、そこでは縄文晩期の幅10メートル前後の複数の自然流路が検出されている。流路の中央付近の堆積土を取り除くと、直径約１・８メートルのほぼ円形を呈する範囲の周囲に沿って、丸材や割り材など34本の杭が打ち込まれた遺構が発見された。長さ50〜80センチ程度の杭は河床面や、大型木材の幹に打ち込まれており、杭の間隔はほぼ20㌢程度だが、流路の下流側の杭間のほうが狭い間隔で密に打ち込まれていた。

これまでにも縄文時代の河川跡からは、同様の形態と構造からなる遺構が発見されている。石狩市紅葉山遺跡、盛岡市萪内《しなだい》遺跡、北九州市貫川《ぬきがわ》遺跡などではより良い遺存状態のものが確認されており、これらは河川に仕掛けた魞《えり》漁の施設とみなされている。観音寺本馬遺跡で検出された遺構の場合は、魞が想定できる陥穽《かんせい》施設の下流部側にあって、袋状の竹簀《たけす》をたてて魚を捕らえる魚溜部分にあたり、川上に向かって放射状に開く形態の魚導部は失われてしまったと推定できる。この遺構では打ち込まれた杭の硬度や色調の違いを根拠として、2度の施工時期が想定できるという。最初にこの施設を設置した後に修理が必要となったため、補修しながら維持管理されていたのだろう。このように奈良盆地を流れる中小の河川では、比較的小規模な河川環境に有効な陥穽漁が行われていた。

観音寺本馬遺跡の魞漁に使われた施設
橿原市教育委員会提供）

意外な縄文の素潜り漁

さまざまな漁法のなかでも、特に身体能力や泳力などに直接左右される漁法といえば、潜水漁法として素潜り漁があげられよう。この場合に使用される道具としては、ヤスや銛などの刺突具のほかノミ、収納具、耳栓なども使われていたと考えられる。刺突具の主役であるヤスには単式ヤスや三叉式ヤスなどがあり、縄文早期にはすでに出現しているが、これらのヤスの多くも民俗資料例や現代の漁具とも、形態や構造ともに酷似していることがわかっている。

この素潜り漁についてはとりわけ潜水の能力が問題となるが、特に性差が関係する能力という考えが以前からある。現在の素潜り漁といえば海女を思い浮かべる方も多いだろう。縄文時代における素潜り漁の存在を物的に証明することが難しいが、貝層に埋葬された人骨がその辺の事情を解き明かすヒントを与えてくれる。今日でも潜水を主に職業としたり、スポーツとして日常的にサーフィンやダイビングを行うなど慢性的に冷水刺激を受けることで、外耳道の骨が異常に増殖する疾患がある。最近はサーファーズイアなどとも呼ばれる外耳道外骨腫《がいじどうがいこつしゅ》のことで、骨の増殖で外耳道に狭窄が生じる結果になる。したがってこれは遺伝的な異常ではなく、生活環境要因が直接働く疾患ということになる。

多数の縄文人骨の形質を調査した結果から、外耳道外骨腫の出現率が世界的にみても、相当高頻度であることがわかってきた。この傾向は海に囲まれた日本列島の環境のなかにあって、海浜の集団は素潜り漁が重要な資源獲得の方法のひとつであったことを推測させる。ただその出現率をみると地域的には、北海道や東北地方出土の縄文時代人骨に高い傾向があり、性差で比較すると実は女性は決して高くなく、むしろ男性の発症率のほうが上回っているという。特に九州地方や山陰地方の縄文女性人骨には外耳道外骨腫はみられないという。外耳道外骨腫は弥生時代の山口県土井が浜遺跡の人骨でも男性の形質的特徴となっていて、日本列島の先史社会では意外にも、男性がおもに素潜り漁を担っていたことになる。

4　特色ある地域の漁労活動

マダイの釣漁

三陸沿岸地域は現在も有数の漁獲高を誇る多くの漁業基地をかかえ、わが国のなかでもとりわけ漁業の盛んな地域である。ここはまた縄文時代の研究史に登場する著名な貝塚も数多く集中する地域でもあり、これまでに幾多の縄文漁労に関する重要な発見や、研究の成果が挙げられてきた。

岩手県大船渡市の宮野貝塚も、そのなかの著名な貝塚のひとつである。白浜湾から2キロほど奥まった場所に立地し、古くから縄文時代の遺物が採集されその存在が知られていた。貝塚は小高い丘の上から斜面にかけて広がり、AからF地点の6カ所に貝層が遺されていて、縄文前期から晩期までの土器や石器とともに、食料残渣をはじめとした動物遺存体も出土していた。多くの魚類が含まれるこの貝層のなかに、ここで取り上げるマダイの骨も残されていた。

タイといえばめでたい魚の代名詞とされているように、昔からお祝いの席などではよくお目にかかる。ただ今日では我々庶民の口には滅多に入らない、高嶺の花ならぬ高値の魚となってしまった。ここではいろいろな種類があるタイのなかでもマダイを扱うが、狭義の「鯛」はマダイのことを指していて、マダイはまさにタイなかの鯛と呼べる貴重な存在である。ところが縄文時代の貝塚から発見される魚骨のなかでは、最も普遍的に存在するのはクロダイとスズキ、それにこのマダイを加えた3種である。このように貝塚からはマダイの魚骨は数多く発見され、予想外に多数派に属し、当時の主要な捕獲魚種のひとつなのであった。

マダイについては鈴木公雄がその顎骨のサイズから体長を推測する手法を用いて、貝塚から発見される骨を分析し、マダイ漁の実態に接近する研究を行っている。マダイは硬骨魚類の中でも最も丈夫な骨をもち、特にその顎骨は堅牢で残存率が高く、またマダイの顎骨は特異な形態を呈し、ほかの魚類と明確に区別することができる。そこで現生のマダイの顎骨の大きさと体長とが相関することを確かめた上で、各地の貝塚に残された顎骨の測定値をもとに、マダイの大きさを算出し、それぞれの貝塚における漁の実態を明らかにしている。

この宮野貝塚から得られたマダイの遺存体を分析した結果が興味深い。対象とした約１００個体のマダイの顎骨の計測値によれば、ほぼすべてが体長40～50センチの大型のマダイ成魚に限られ、体長が30センチ以下や幼魚などは一切出土していない。

マダイは平時から沿海付近の水域を行動範囲としているが、産卵期には水深30メートル前後の浅い海域に回遊してくる。通常マダイ漁は多くはこの時期の行われ、この際30センチ以下の未成魚も捕獲される可能性があるので、一般的な貝塚では出土するマダイは体長20～50センチ台が満遍なく含まれることになる。東京湾に面した横浜市称名寺《しょうみょうじ》貝塚は、水深の浅い沿岸をのぞむ環境下にあったことが水揚げされたマダイの体長にも反映して、小型から中型を中心にバラツキが生じる結果となる。ただマダイは成魚になると水深50～１５０メートル付近の岩礁性の海底などを好んで生息していることが多く、リアス式海岸の発達した三陸地域にはそういった海域が沿岸に存在し、成魚のマダイが生息するのに適った環境にある。宮野貝塚を営んだ人々

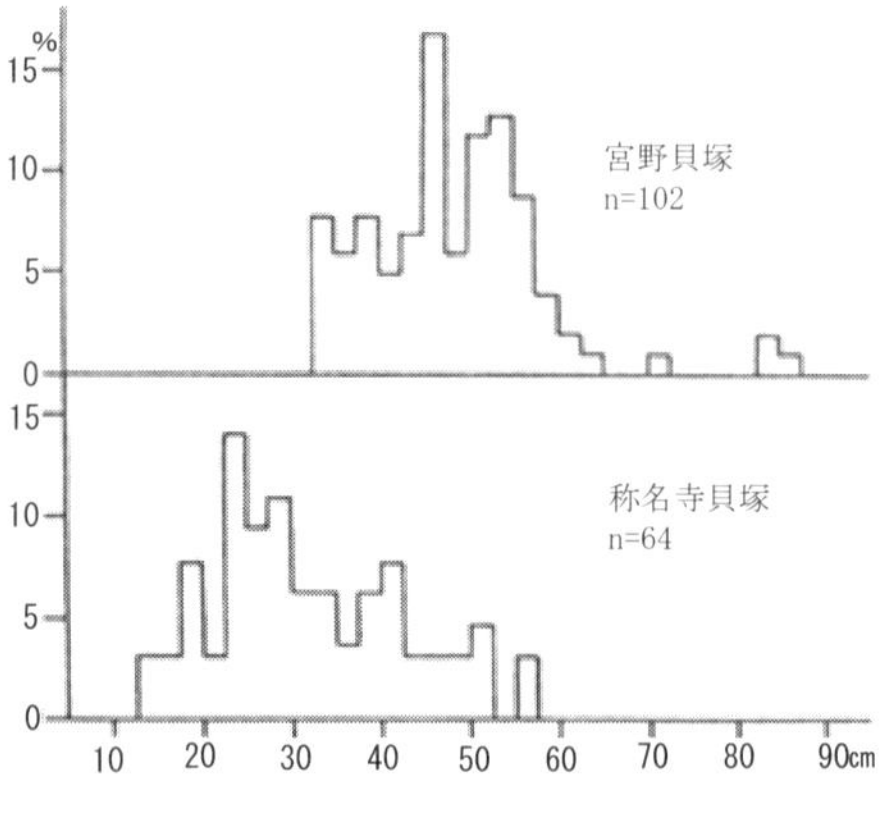

宮野貝塚と称名寺貝塚から出土したマダイの体長比較　横軸はマダイの推定体長、縦軸は出土したマダイの個体数に対する割合（鈴木公雄1999「縄文人の水産資源開発『シルクロード学研究叢書 1』から抜粋）

は、鹿角製の精巧な釣針と大物に耐える強い釣糸とを用意して、眼前の海岸に形成された良好なマダイの漁場に丸木舟で繰り出し、大型のマダイの成魚を首尾よく釣り上げる術を習熟していたに違いない。

マグロ漁の基地発見

この宮野貝塚ではマダイ以外にも多種類に及ぶ夥しい数量の魚骨が出土している。同貝塚のなかで動物遺存体の分析が進められた特定の地区資料をみると、特にカツオとクロマグロを主体としたマグロ属の破片数が多く、最少個体数で比較すると両者ともマダイの出土数を大きく上回っている。三陸沿岸の漁労集団はマダイだけでなく、さらに大型のカツオやマグロ漁にも精を出していたことがわかる。

宮城県北部に位置する気仙沼市の波怒棄館《はぬきだて》遺跡は、広田湾に面した標高25メートル前後の高台に立地する。2012年から発掘調査が継続して実施された結果、遺跡は縄文時代早期に始まり、前期後半頃に至って集落は最も繁栄したことが明らかになった。全盛期だった当時は温暖化が進んだ時期にあたり、縄文海進《かいしん》現象の影響によって海岸線は現在より遺跡がある台地に迫る環境にあったと想定されている。

遺跡には3カ所の貝塚が存在し、前期の一般集落から出土する道具類と同様の遺物以外に、土偶、玦状耳飾、石製や貝製のペンダントなどの

波怒棄館遺跡から出土したマグロの骨
（気仙沼市教育委員会提供）

装身具、釣針なども見つかっている。同時に貝層からは多数の陸獣や魚類の遺存体が出土しているが、目だって多い魚骨のなかでもマグロの骨が特に集中していた。その出土量は発掘調査した小範囲だけでも約140キロ《グラ》ムを超え、椎骨の大きさから復元すると、体長が2メ《ー》ト《ル》を超えるマグロの個体も存在した。

出土したマグロの遺存体をみると、椎骨が3～6個程度連なった状態のものが多数あり、胴部をぶつ切りに分割していたことがわかる。それら椎骨のなかには石器の刃先部分が折れて、破片が刺さったままの状態で発見されたものがある。解体には大きなマグロを分割することが可能な鋭い刃部を造り出した粘板岩製の削器という道具を、庖丁代わりに用いていたようで、この場で大量のマグロを解体処理したと推定されている。今もわが国有数の漁業基地として知られる気仙沼市に所在する波怒棄館の縄文集落は、マグロ漁に特化した漁労集団のムラだったのだろう。

北陸地方のイルカ漁

縄文時代には沿岸や近海で捕獲が可能な、多種類の魚を漁労の対象としていたが、それは魚類に限られたことではなく、海棲の大型哺乳類にも同様に目を向けていた。特に海獣類が回遊してくる環境にある北海道では、各地の貝塚から多くの海獣の遺存体が出土している。渡島半島南東部にある縄文中期後半から後期初頭の函館市戸井《とい》貝塚では、オットセイを筆頭に、トドやアシカなどの成獣や若獣を中心とした海獣の遺存体が多数出土し、積極的に捕獲していたことがわかる。

さてここでは北陸の縄文遺跡の発掘調査でわかってきた、イルカ漁がどのようなものだったのか詳しく紹介したい。北陸地方のイルカ漁に関する考古資料を探ってみると、富山県小竹貝塚では縄文前期後半にイルカ捕獲の実態があり、また石川県鶴浜町三引《みびき》遺跡では縄文前期初頭にまで遡って、イルカ漁が行われ

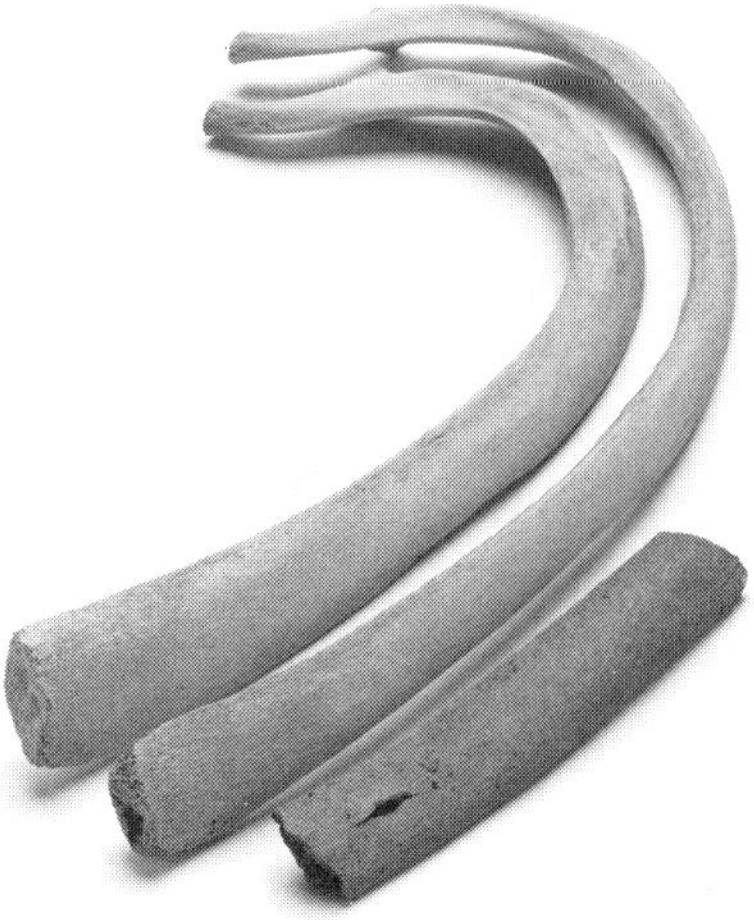

小竹貝塚から出土した石器が刺さったイルカ類の肋骨
（富山県埋蔵文化財センター提供）

ていた可能性がある。

小竹貝塚は神通川に沿って富山湾に向かって突き出した呉羽丘陵の北端に立地している貝塚で、遺跡が全盛であった頃には縄文海進の影響で、現在の射水《いみず》平野が砂洲によって一部が仕切られ潟湖を形成していて、遺跡はその水域を眼下に見下ろす環境にあった。厚く堆積した貝層のなかから、スズキ、クロダイ、マダイなど多種類の豊富な魚骨が出土しているが、そのなかにカマイルカ、マイルカ属、ハナゴンドウ、ハンドウイルカ、シャチなど数千点のクジラ目の骨が含まれていた。これらは春先から富山湾に回遊してくる海獣類を捕獲したと考えられ、小竹貝塚からは石槍ないし銛先ではないかとみられる石製の先端部が、深く突き刺さった状態のイルカ類の肋骨が出土していて、捕獲方法を推測するのに参考となる。先端部が刺さっていたのは脇腹付近の肋骨で、自由な動きができない状態のイルカ類に打ち込んだ可能性がある。

遺跡の一角からは、イルカなどを追い込む際にも使われたのではないかとされる網に吊るして用いる石錘10数個が纏まって出土している。石錘は楕円形の石の両端を打ち欠いてあり、そこに網の紐をきつく結んで用いたと思われ、捕獲し易く追い込む漁法が効果を挙げたはずだ。当地における海棲の大型哺乳類を狙うのと、同じような漁法が考えられる事例は、ほかの遺跡でも確かめられている。

小竹貝塚に程近い富山市北代《きただい》遺跡では、中期後半の集落の全容が明らかになっているが、その中心付近に設けられた掘立柱建物の柱穴からはナガスクジラの骨が出土している。体長が20メートルを優に超えるナガスクジラなどは外洋では手に負えない代物で、これなどは湾深く迷い込んだところを、さらに岸に追い詰めて捕らえたのだろう。

同じ富山湾でも石川県能登半島の先端からほど近い場所に、国の史跡に指定されている真脇《まわき》遺跡がある。これまでの発掘調査で前期から晩期の成層的な文化層が残されていることや、晩期の太いクリ材を使った環状木柱列のほか、中期の盛土をともなう大規模な墓地も発見されたことでも知られる。それ以上にこの遺跡を世に知らしめたのは前期後半から中期前半の層から、カマイルカ主体のおよそ２９０頭分（第一頸椎骨による最小個体数）の海獣類の遺存体が投棄された状態で出土したことである。にもかかわらずこ

能登国採魚図絵　近世能登地方でおこなわれていたイルカの追い込み漁（石川県立歴史博物館提供）

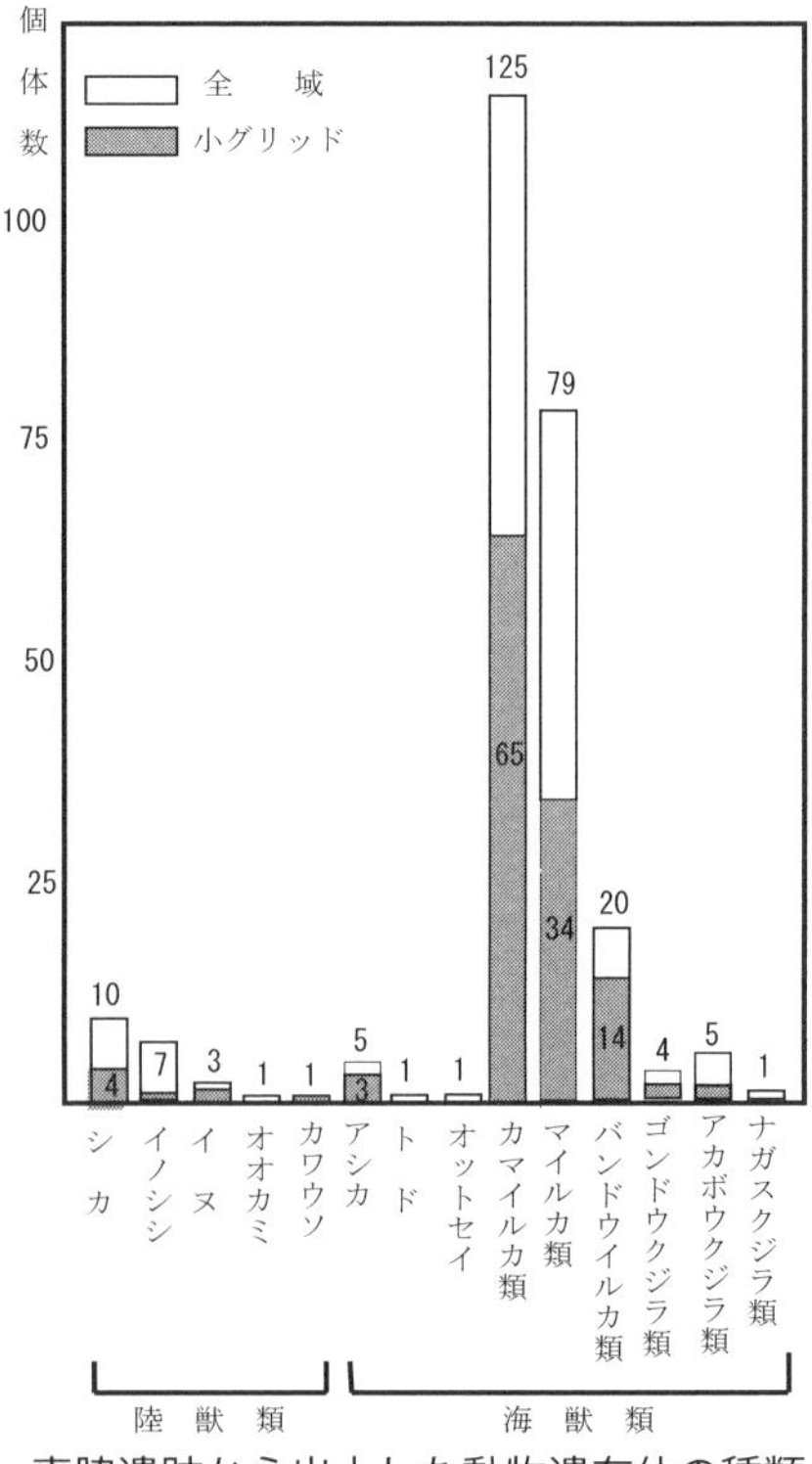

真脇遺跡から出土した動物遺存体の種類
（山田芳和ほか 1986『真脇遺跡』より）

れほど大量のイルカが捕獲されていた真脇遺跡では、出土していてもおかしくない離頭式の銛先がほとんど存在しない。小竹貝塚と同じように、ここでも網と石槍などを使った追い込み漁によって捕獲していた可能性が高い。

真脇湾では江戸時代以降、昭和初期まで「イルカ回し」などと呼ばれる、イルカ漁が盛んであったことが伝えられている。水温が太平洋側に比べて低い日本海側でも、長崎県五島や対馬から、山口県青海島《おうみじま》、京都府丹後半島、石川県能登、富山湾にいたる対馬暖流域において、想定される縄文時代の真脇遺跡と同様なイルカ漁が一昔前まで行われていた。日本海を回遊するイルカの群れが、湾内に侵入した時に、地域によっては「鯨組」と呼ばれる組織されたグループや、浜にある漁村総出で捕獲していた。小さな木造船が多数湾口

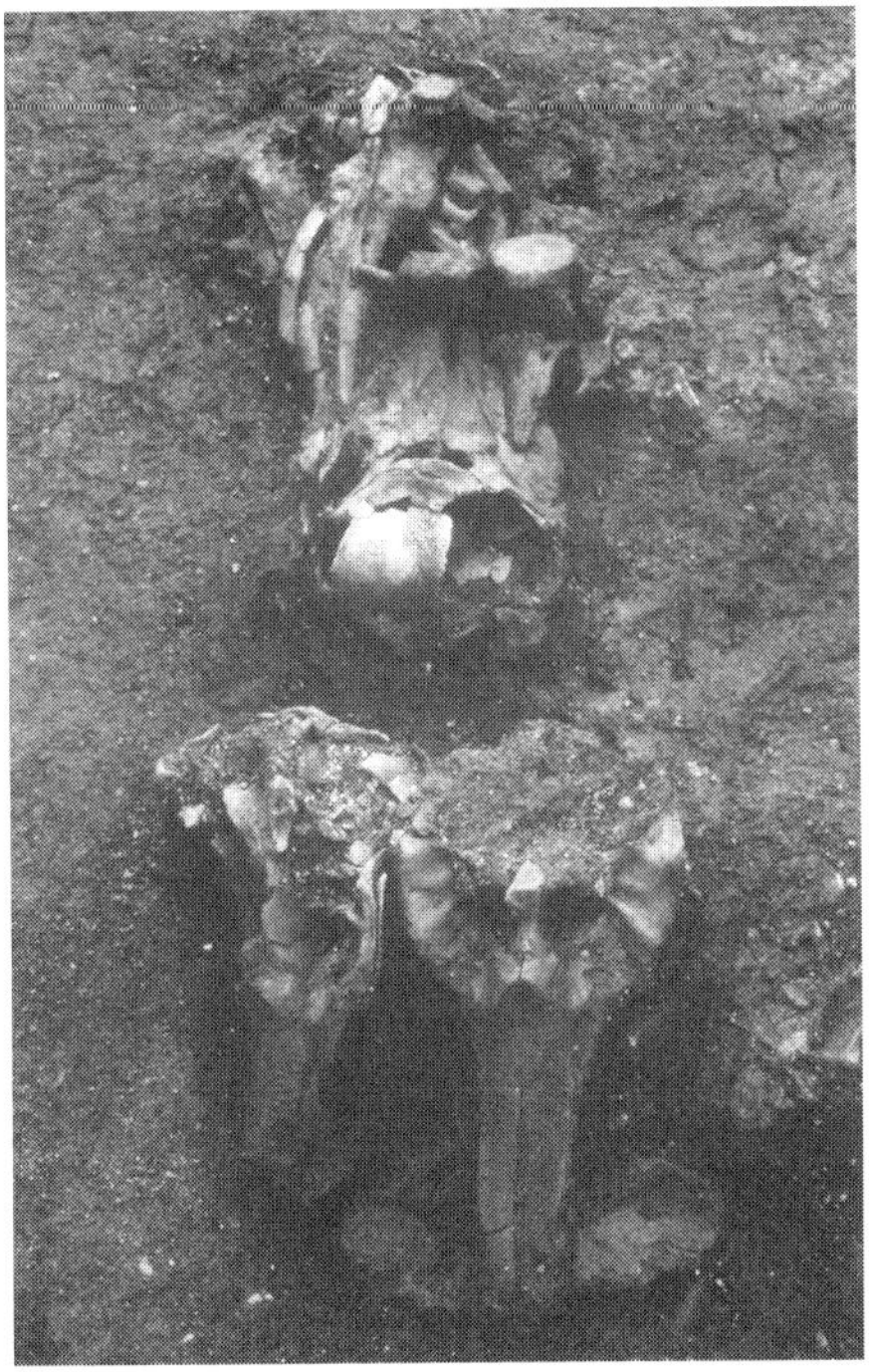

真脇遺跡のイルカ頭蓋骨の出土状態㊤と
イルカ遺存体の出土産状㊦
（いずれも石川県能登町教育委員会提供）

へ繰りだし、魚網を使って浜へ追い込んで、もっぱら槍や銛で仕留める方法で捕獲した。中世以前の史料を欠くものの、縄文時代のこの地域における漁法が、その後も伝え継がれていたことも十分考えられる。

真脇遺跡のイルカが出土した層は、足の踏み場もないほどの産状で、その夥しい数のカマイルカとマイルカの遺存体が詳しく分析されている。頭蓋骨のほか各部位が散乱するなか、椎骨は長さ50〜60チセン程度の単位に解体していた痕跡が認められた。同一個体と認識できるものがほとんど揃わないことから、分割された単位で、ほかの集落にも分配された可能性が高い。先の小竹貝塚でも椎骨の多くが5個前後連結した状態で出土しており、イルカの胴体を運搬しやすい適当な大きさに断ち切って分配・流通させたのだろう。

鯨食文化

現在世界ではクジラやイルカを食べる習慣がある地域は少ない。先史時代に遡って海獣類の利用に関する材料は揃ってはいないが、中国や朝鮮半島でも地域によってクジラを捕獲して利用した時期はあったが、基本的には主要な食材としてはいなかった。しかしこれまでみたように日本では縄文時代の遺跡から、クジラやイルカは食料残渣としてしばしば出土する。また内陸部の遺跡でも見つかっていることを考えると、流通に乗るほど認知されていた食材であった考えてよい。江戸時代以降にはクジラやイルカ漁に関する資料が少なからず見出せるが、縄文時代以降クジラやイルカ食の文化や海獣漁が、どう継承されていたのかはわからない。

ただ平城京から出土している木簡にも「鯨」「鯨油」などと記して貢進されていることなどをみると、日本列島では伝統的に海生の哺乳類を食べる習慣があったことは明らかだろう。また資源活用という意味において、現存するクジラ漁に関する民俗資料などによれば、わが国では肉ばかりか、油、骨、皮、髭など利用可能な部位は、無駄にすることなくすべてを利用し尽くしたことが窺える。

他方イルカは頭が良く、水中で有効な音波で交信して群を護る習性があり、最近の漁労技術をもってしても捕獲するのは容易ではない。先年和歌山県大地町のレジャー施設で動物保護団体が、網による大量捕獲が残酷だとして、網を切ってバンドウイルカを逃がしたという事件が起こったが、縄文時代の日本海側には回遊してくるイルカをいただく食習慣が伝え継がれてきた歴史があったのだろう。季節が巡るなかでもたらされる資源を、無理なく有効に利用していたと考えることができる。

5　水産国の伝統

日本列島では内水面の資源利用は外海に比べて早くから盛んで、縄文時代草創期には川を遡上するサケやマスなどを、貴重な食材として利用し始めた。それ以降この列島に住んだ人々は魚食の民となった。海への進出は縄文早期になって始まり、貝塚を形成するようになる。ひとたび海に進出すると、縄文人たちは観察力を研ぎ澄まし潮の流れ、干満、魚の種類や習性など、海と海に住む生物に関する知識を蓄積し、その経験を後進にも継承した。彼らは日本列島各地の海域の生態系に適用するため、航海技術に磨きをかけ、漁具の開発を進めるなど高い技術を携えて、世界でも有数の水産資源の活用戦略を展開することになる。

西欧などが新石器時代の海産物に頼った生活スタイルから、次第に牧畜を基本とした生活に転換してゆく歴史を辿るが、わが国は獣類や畜産加工品に頼ることが少なく、海に囲まれた環境の中で一貫して、もっぱら魚類をはじめとした水産資源から蛋白源を得る伝統を今日まで引き継いできた。近来日本が世界に冠たる「水産王国」となった歴史の淵源が、この縄文文化にあったことがわかってもらえただろう。

２節　貝塚の謎

１　忘れ去られた大貝塚

貝塚はゴミ捨て場ではない

縄文時代の遺跡といって誰しもすぐに思い浮かぶのが貝塚だろう。わが国の近代考古学も、明治時代に来日していたＥ・Ｓ・モースによって発掘調査を実施したのが都心にある大森貝塚だったこともあり、教科書にも登場する貝塚は、多くの人に馴染のある遺跡ということができるかも知れない。

縄文時代の典型的貝塚といえば、広場を中心としたいわゆる環状集落や馬蹄形集落の周囲に、厚く堆積した貝層がいくつも遺されている情景が想起される。日常的に消費された貝の残渣である貝殻が、次第にうず高く積みあげられた結果で、ムラの台地縁辺以外に廃絶した竪穴住居跡にも堆積していることが少なくない。貝塚には貝殻のほかに不要になったモノや、食料の残渣が多数混じっていて、我々には一見廃物処理の場とみえるが、貝層内から埋葬された人骨やイヌの骨が発見されることや、まだ使用に耐える縄文土器が一括して遺棄されているケースもあり、単なるゴミ捨て場ではないことに気づくだろう。死者を手厚く弔った場であり、またモノ送りのような祭祀の場でもあったことが明らかになっている。

オカ貝塚とハマ貝塚

海浜を望む台地上に竪穴住居が円形や楕円形に配置され、環状を指向した貝塚の代表的な遺跡としては、特別史跡に指定されている千葉市の加曽利《かそり》貝塚や、史跡の浜松市の蜆塚《しじみづか》貝塚などがある。これらの貝塚は台地上に位置している、いわばオカの貝塚である。または集落と一体化した存在から、ムラ貝塚と呼ばれる場合もある。この種の貝塚は地点貝塚が2～3箇所からなるものや、大規模な馬蹄形貝塚をつくるものまで、構造や規模はいろいろである。基本的にはその集落で消費する食料とするために、周辺海域から得られる貝を捕採したのだろう。大規模なオカ貝塚のなかには、貝層の堆積状態や規模を見ると、かなり大量の貝を捕採し加工処理していた可能性があり、生産余剰があったとみられる貝塚も含まれている。しかし貝塚から出土する土器や、石器などの生活用品を主とした遺物は、量や組成のいずれを比較してみても、一般的な貝塚とさほど変わりはない。

　近年このような集落と一体化した台地上の貝塚とは、性格を異にしたと考えられる貝塚が存在することがわかってきた。通有の貝塚が台地上に存在しているのに対して、台地崖下の海浜や砂堆な

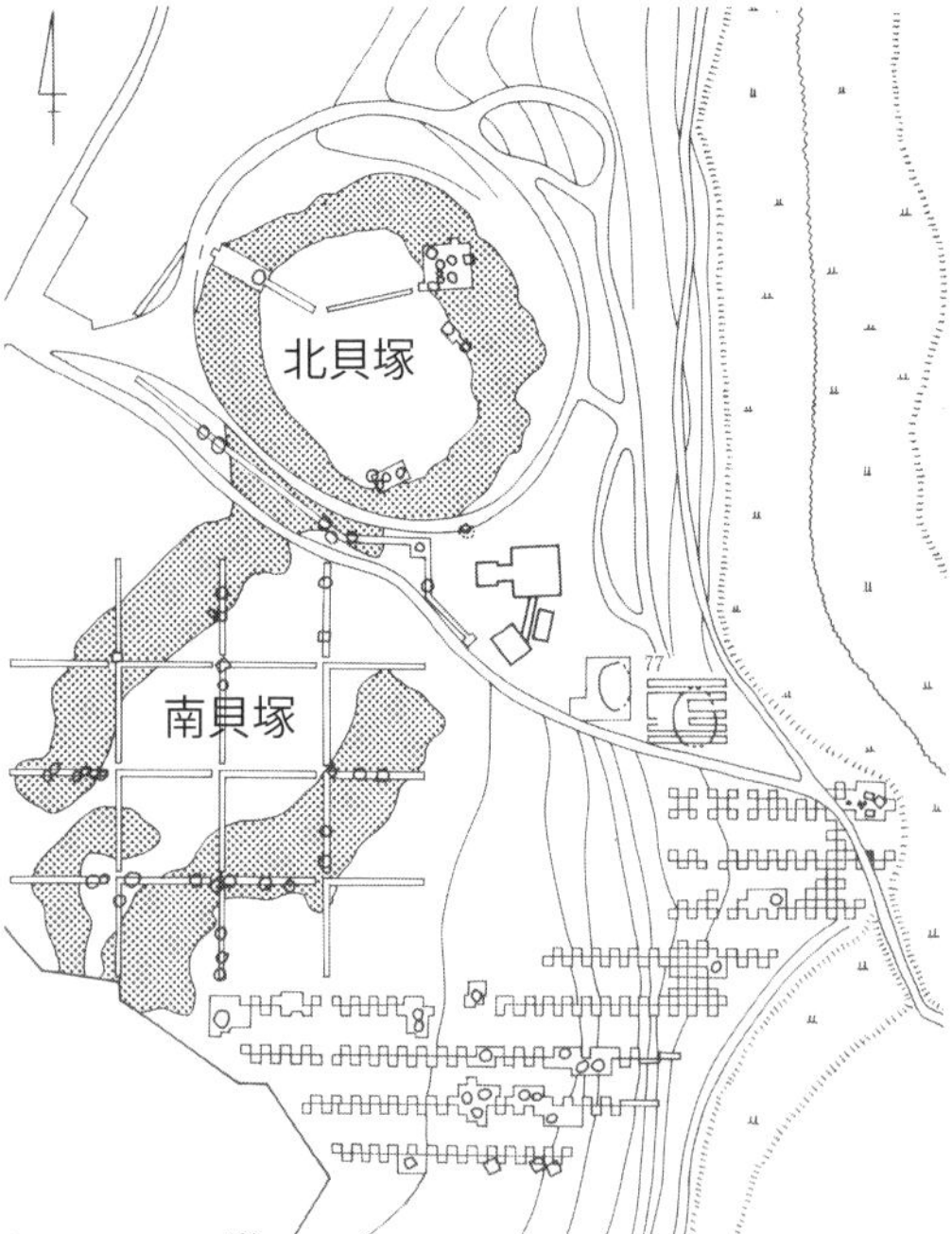

加曽利貝塚の２つの環状貝層（加曽利貝塚博物館 2002「加曽利北貝塚と中期の世界」より）

ど、集落を営むには適さない場所から発見される貝塚がある。オカ貝塚に対してハマ貝塚と呼ばれることがあるのは、そういった所在する地理的環境に違いがあることが理由だ。最近特に注目されることになったその種の貝塚は、同じ貝塚と呼ばれていてもその内容は大きく異なることが明らかになっている。調査が進む都心にある貝塚の事例を紹介しよう。

都心に遺されていた貝塚

東京都北区に所在する中里《なかざと》貝塚は、JR京浜東北線田端駅と上中里駅の中間に位置している貝塚で、旧東京湾奥部の西岸に立地する。東京の山の手を形成する武蔵野台地東縁にあたる、本郷台の浜辺に営まれた縄文中期中葉の貝塚である。武蔵野台地側には貝塚と同じ時期の西ヶ原貝塚や御殿前遺跡がある。中里貝塚が営まれていた頃は、いわゆる縄文海進期が終息して次第に海岸線が遠ざかり、この貝塚周辺には海浜砂堆が形成されていた。

台地崖線下に帯状に広がるこの貝塚の存在は、多量の貝が散乱している状態であったため、市街化する以前には「かきがら山」や「かきから塚」などと呼ばれ、古く江戸時代から知られていた。当時は貝殻から得られる胡粉《ごふん》が白色顔料として用いられており、『江戸志』などの地誌には、中里貝塚のあるこの場所からカキ殻を馬に背負わせて、浅草の胡粉製造所に運んでいたことが記されている。また江戸末期頃になると、今度はカキ殻を焼いて石灰とする牡蠣灰《かきばい》の原料として、貝塚のカキが掘り出されたことも記録に残

中里貝塚史跡広場の近景
（東京都北区飛鳥山博物館提供）

『東京人類学会雑誌』1896年に掲載された中里貝塚の遠景スケッチ
（東京都北区飛鳥山博物館提供）

る。

明治に入り大森貝塚の発掘から９年後の１８８６年には、白井光太郎によって「中里村介塚」として学界に初めて報告されている。その後１８９６年には鳥居龍蔵らが，貝塚を見渡したスケッチも描かれた報告があり、そこでは貝殻が雪景色のように白く表現されていて、貝の散布（上の図のうすい網掛けの範囲）が広範囲に及んでいたことがわかる。また異常なほど多くの貝が散布しているにもかかわらず、縄文時代の遺物はほとんど出土しないことが記されている。このように貝殻にともなって、遺物がほとんどない貝塚であったため、貝塚とは断定できず自然の貝層とみなす研究者もいた。その後は研究者の間でも貝塚自体にも関心が寄せられることなく、さらに一帯で鉄道敷設や宅地化が進み、次第にその存在すら忘れられていった。

戦後になり１９５８年千代田区史編纂にともない、和島誠一によって本貝塚の発掘調査が行われた。マガキとハマグリからなる堆積した厚さ約２メートルの貝層から、縄文中期の加曽利Ｅ式土器が出土し、貝塚であることがほぼ認定され、初めて貝塚が形成された時期も確定することができた。また和島は出土する膨大な貝の量から、単一集落の消費を前提とした貝塚とは、性格の異なる特殊な貝塚という認識をもつに至っている。

そして中里貝塚の全体構造がさらに明らかにされたのは、１９８３年から継続的に実施された調査と、１９９６年以降の国の史跡指定に向けての調査や、マンション建設に先立つ貝塚の本格的な調査によるところが大きい。これらの発掘調査によって、厚さが最大で４.５メートルにもおよぶ大規模な貝層の存在と、後に述べる特殊な遺構などを発見し、２０００年に国の史跡に指定されている。

想像を超える貝の堆積

今日までの発掘調査によって本貝塚は、台地崖線下に形成された砂堆の外側に堆積していて、その規模は最大幅１００メートル、長さ約７００メートルにわたって広がる巨大貝塚であることが明らかにされている。近世の胡粉製造のために大量に掘り起こされた事実や、過去の資料からはすでに失われた個所があることも確かで、これらを勘案すれば、本来の貝塚の全長は１キロメートル近くあったとも推定されている。

この貝塚の最も下層にはヤマトシジミの自然貝層があるが、その上に堆積した人為的貝層を構成する貝の種類をみると、ハマグリ・マガキ・アサリ・オキシジミ・アカニシ・ハイガイ・サルボウなど全体で20種余りの貝が同定されている。ただハマグリとマガキの２種を除いたほかの種類の貝は極く少量で、貝層をつくる全体の約99％がハマグリとマガキによって占められていた。貝層

高さ 4.5m も堆積した中里貝塚の貝層
（東京都北区飛鳥山博物館提供）

中里貝塚の大きなハマグリとマガキ
（東京都北区飛鳥山博物館提供）

の層序を観察すると、その2種が上下交互に堆積していた。これは毎年春にはマガキを、初夏にはハマグリを捕採し、貝殻を遺棄する行為を毎年繰り返えしたことを示しており、ここでは尋常ではない量の2種の貝の捕採に専従していたことが明らかになった。しかも出土した貝殻のサイズに注目すると、ハマグリは大型が多く、殻高は4～5センチが大半を占めている。殻高3センチ以下の小型のハマグリをほとんど含まないことは、捕獲圧がかかっていなかったことを示している。マガキも現代の養殖マガキと較べるとやや小振りながら、殻高の平均が約4センチで、周辺の貝塚から出土するマガキのサイズより大きく、大きさも揃っていることが指摘されている。

これまでの発掘調査によって出土した僅かな土器によると、中里貝層はおよそ中期中葉から中期終末を中心に営まれていたことがわかっている。すでに以前の調査によっても指摘されているように、中里貝塚は海浜に臨む場所にありながら、貝以外の海産物は乏しく、トビエイやサメ椎骨など僅かな数の魚骨が出土しているものの、平時に漁労活動が行われていた実態はない。また一般の集落では一定程度見つかる祭祀や呪術などに関わるものはもとより、石器や土器などの生活道具類も石錘、土器片錘、敲石などが僅かにあるほか、丸木舟なども出土しているが、貝塚の規模に照らすと極端といえるほど遺物は少ない。遺物のない一種特異な貝塚といわれる所以だろう。

マガキの加工場

貝層を形成している貝種の極端な偏りや、一般集落とは全く異なった組成からなる出土品など、特殊な顔をみせるこの貝塚で検出された遺構もまた特異な内容であった。砂堆上に大規模に広がる貝層中からは、多数の焚火跡もしくは炉跡（地床炉）と、僅か2基だが楕円形の浅い皿状の見慣れない土坑が発見されている。焚火跡には火を被ったマガキの殻が埋まり、その上を灰や炭化物が覆っている。一方浅い皿状の土坑は直径が1・5メートル前後、深さが30センチ程度の規模で、木の枝で縁取り表面には粘土を貼って整え、中にはマガキの殻と焼けた円礫が詰まっていた。この状況からみて、恐らく炉で熱した円礫の上にマガキを載せ、水を掛けてその上を木の葉などで覆い、蒸すかもしくは茹でる方法、ないしは土坑内に水とカキを入れ、そこへ焼礫を放り込んで茹であげるストーンボイリングに似た方法で調理・加工したのではないかと想定される。このほかに貝層下からは長さ6メートルの木道とみられる遺構も発見されていて、貝を加工する調理場を整備するために行われた作業ではないかとみられる。

マガキを茹でたとみられる粘土を貼った土坑
（東京都北区飛鳥山博物館提供）

この炉跡や土坑が見つかった場所は当時の海浜の砂堆であり、オカ貝塚とは異なり周囲に居住する場所は考えられない。当時ここは、どのように利用されていたのだろう。貝殻から読みとれる捕採時期をもとに想定すると、毎年春から初夏の時期に、周辺のムラの人々はマガキの捕採と、加工処理のためにここへやってきた。何年も繰り返された身の取り出し作業の結果、貝殻はとてつもない程の量にのぼり、作業場の周囲に巨大な貝層が形成されることになる。処理されたマガキの加工品も、貝層の体積に比例して大量に生産されたはずで、加工作業に携わった人や集団構成員が消費できる量をはるかに上回ったことだろう。そもそも自家消費のために生産したのではなく、マガキやハマグリを乾物などに加工し、この海浜地域の産物として近隣の、場合によっては遠隔地のムラへも、交易品として流通させることが目的だったと考えられる。

カキ養殖の可能性

マガキの加工施設とみられる炉跡や焼礫が詰まった土坑などがあった砂堆の、沖合いにも発掘調査の手が及び、そこでは列状に打ち込まれた何本かの木杭を見つけている。杭が並ぶ位置は当時の海岸線から、およそ１５０メートルの沖合にあって、間隔をおいて規則的に打ち込まれていた。不思議な杭列だが、木杭の並びからみて計画的に設けられたことは間違いない。その木杭には大型の多数のマガキが絡みついており、その答えを教えてくれた。

　カキは天然ものもあるが、現在我々が口にする多くは養殖されたカキだろう。実はカキは天文年間に安芸国において養殖が始められたと伝えられている。江戸時代の浅海を利用した具体的なカキ養殖の方法も明らかで、遠浅の海の沖合に一定の間隔で竹や雑木の枝などを立てた「ひび建て式」という養殖法が行わ

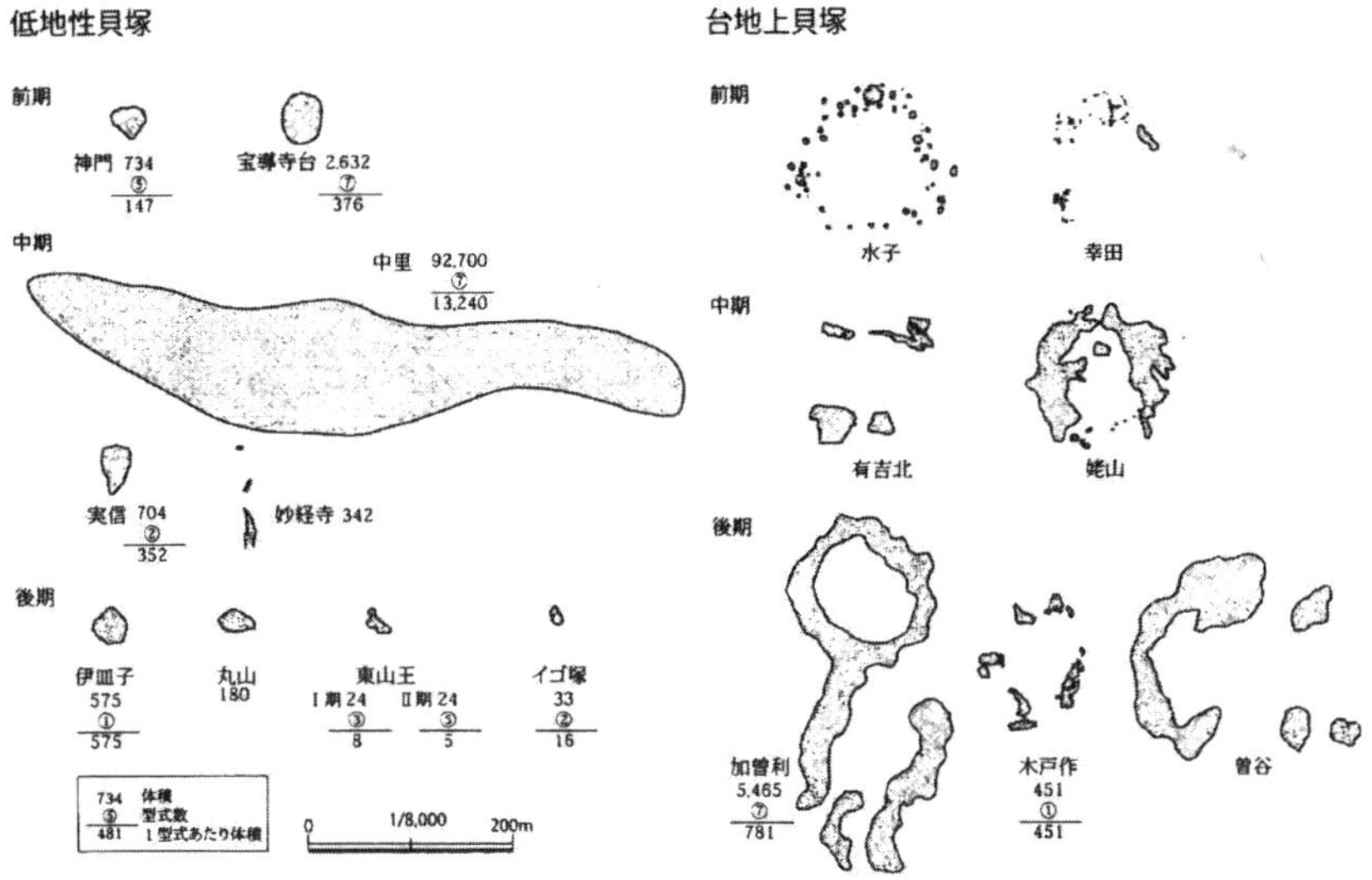

貝塚規模の比較　低地性貝塚（ハマ貝塚）・台地上貝塚（オカ貝塚）（植月学2001「縄文時代における貝塚形成の多様性」『文化財研究紀要 14』より）

れていた。打ち込んだ木杭にカキの幼生を付着させて生育を待って収穫する方式で、天然餌料によるカキの養殖である。ひび建て式養殖法はそれよりも先行するといわれる石蒔《いしまき》式養殖法とともに、その後の杭打式垂下養殖法や筏式垂下養殖法など、現代に繋がるカキ養殖の先駆的技術で、中里貝塚発見の杭列はそのような初期の養殖法が、縄文時代にまで遡る可能性を示唆しているのかも知れない。

　中里貝塚は一般的な海や湖に近い台地上に展開した、集落と一体化したオカ貝塚とは異なる性格をもった貝塚である。縄文時代の海浜地域には豊かな海生資源を背景に、集団規模で大量の海産物を集中的に捕獲し、専ら保存のための調理を行って、魚介加工品を生産することを目的とした、中里貝塚のようなハマの貝塚が存在した。その生産の実態をみると、自家消費のための生業活動を基本としていたと考えられる社会とはまた別の縄文時代の側面がみえてくる。地域に根ざした特徴をもつ産業が生み出されたことは、地域間の交流を活発化させ、物資の交易の動きを促し、地域を越えた規模の新たな経済活動のしくみが形成されることに繋がっていった。

2　珍しい湖岸の貝塚

湖底に埋没した貝塚

本書1章4節では、琵琶湖底に沈んだ粟津湖底遺跡で確認された縄文時代早期のクリ塚について触れた。ここで扱うのはその上を覆っていた地層から発見された、中期になって形成された貝塚である。この地域には西側の第1貝塚から東側の第3貝塚まで3カ所の貝塚が確認されていて、その中の第3貝塚はかつて湖に突き出した陸地に位置していたと推定されている。貝塚は南北約35メートル、幅約15メートルの規模があり、平面が三日月形を呈した広がりをもつ。貝層は約50センチの厚みがあり大きく9層に区分でき、それぞれの層はセタシジミ主体の貝層なかに、腐食・分解されていない堅果類や、ヒシなどの水生植物からなる植物層や、砂層や礫層などが介在して堆積しているが、植物層も貝層と同じ

粟津貝塚の全景　三日月形に広がる貝層
（滋賀県提供）

く人為的な投棄行為によるものとみなされている。貝塚から出土する土器は完形に近い状態のものもみられ、かつあまり風化していないことからみて、恐らく地表で風雨に曝される間もなく、次の大量の貝や植物の投棄があったためだろう。

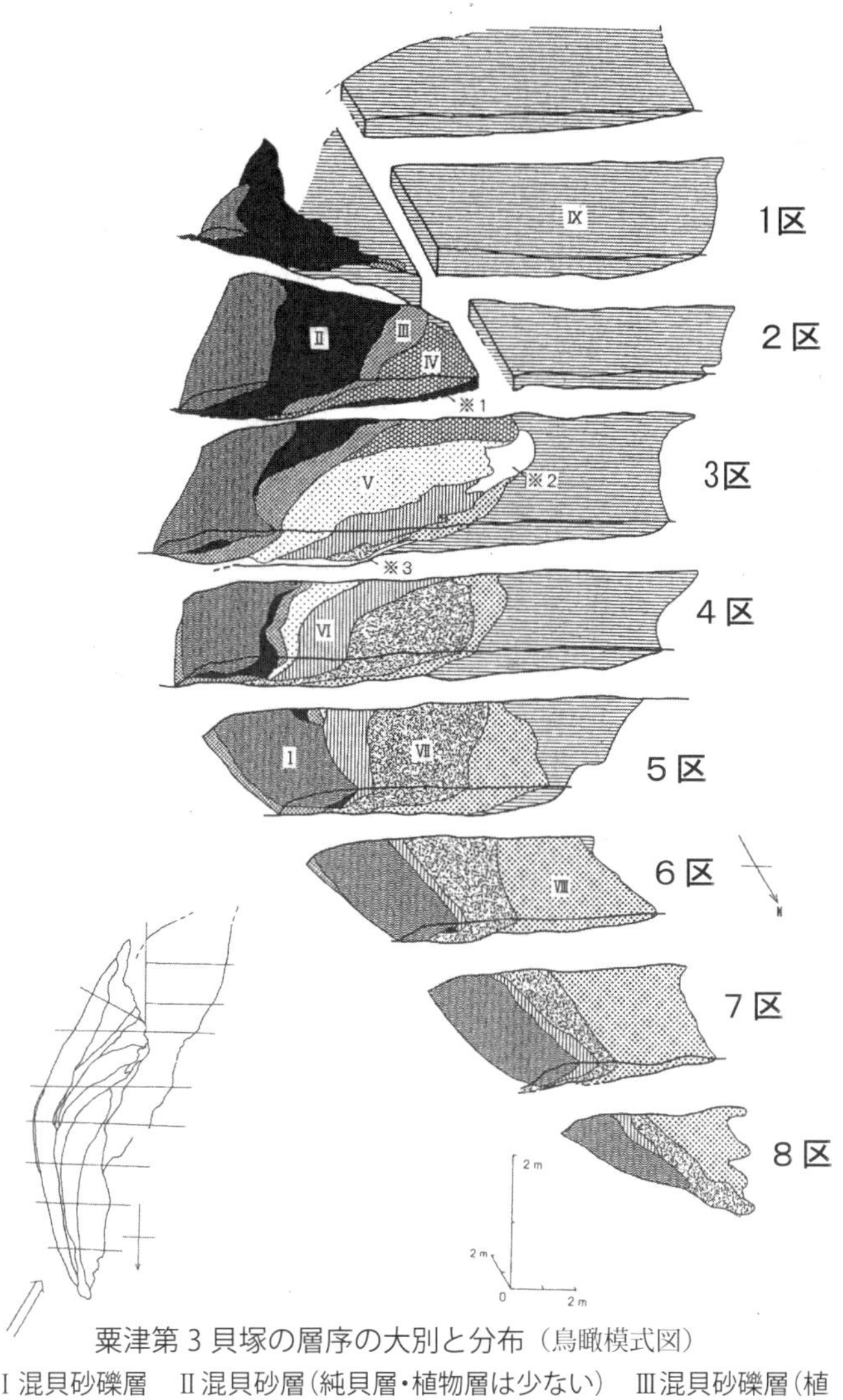

粟津第３貝塚の層序の大別と分布（鳥瞰模式図）

Ⅰ混貝砂礫層　Ⅱ混貝砂層（純貝層・植物層は少ない）　Ⅲ混貝砂礫層（植物層・貝層を挟む）　Ⅳ混貝砂層（植物層と貝層が互層をなす）Ⅴ貝層（3区を中心に分布し貝密度が高い貝層）　Ⅵ貝層（4区を中心に分布し上部を覆う植物遺存体が多い）Ⅶ貝層（下半の貝層は斜面に弧状に分布し、上半に砂礫層が堆積する）　Ⅷ貝層・砂礫層（下半で貝層が弧状に分布し、貝層のない地区に植物層が堆積し、上半には混貝砂礫や砂層が堆積する。貝層と砂層が交互に堆積する個所がある）　Ⅸ植物層・砂層（貝層形成以前）

（伊庭功・瀬口眞司 1997『粟津湖底遺跡第３貝塚』滋賀県教育委員会に加筆）

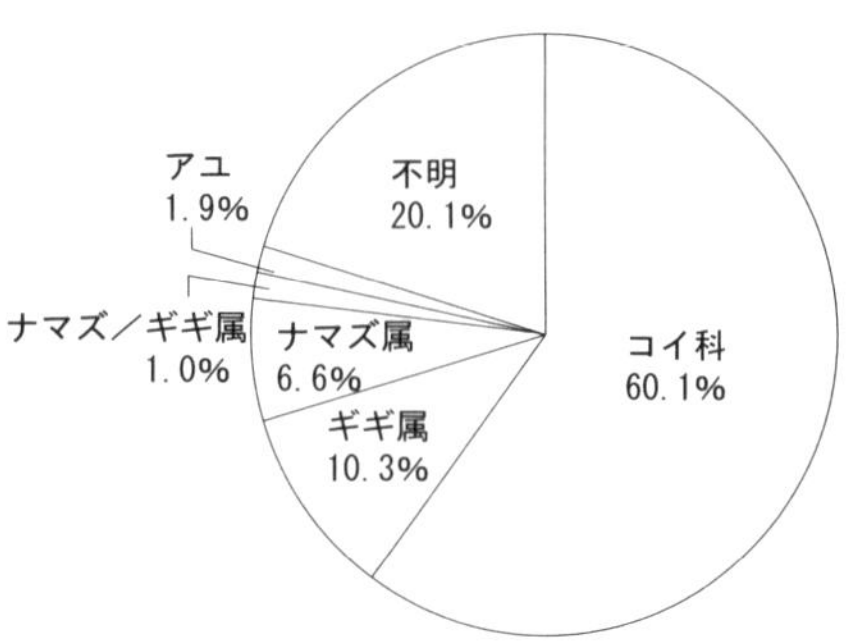

栗津貝塚から出土した魚種の組成
魚類遺存体の破片総数は 2989 点
（伊庭功・瀬口眞司 1997『粟津湖底遺跡第３貝塚』滋賀県教育委員会より）

湖畔の漁労

貝塚から出土した鳥獣遺存体にはイノシシ、ニホンジカ、スッポンが多く、ほかにタヌキ、カモシカ、ニホンザル、アナグマ、ツキノワグマ、ノウサギ、オオカミ、サギ科、キジなど多種に及ぶ。当然だが湖の環境に適応して生息した動物が狩猟の対象となっている。漁労活動についてみると、貝層からは魚骨や魚類の歯などが出土しており、それをもとに当時の漁労の実際が窺える。魚種にはコイ、フナ、ギギ、ナマズが特に多く、ほかにアユ、カワムツ、オイカワ、ワタカなども出土数は少ないながら存在する。当時遺跡周辺の湖岸には、フナやコイ科の産卵場所に適した浅瀬があり、このような水域でおもに産卵時などを中心に捕獲していたようだ。

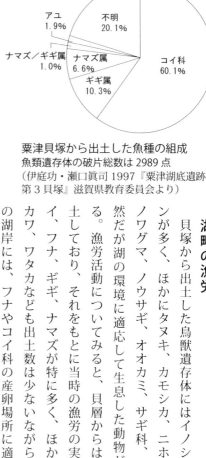

出土した貝類

本題であるこの貝塚を形成している貝類の内容を具体的に述べよう。各貝層に堆積した貝類を分類して平均すると、全体の約８割近くが琵琶湖の固有種で、今も名産として知られるセタシジミによって占められていた。残る約２割の内訳はカワニナ科が約10％、オトコタテボシガイ、タテボシガイ、マツカサガイなどのイシガイ科が合わせて約５％、ナガタニシやオオタニシなどのタニシ科が約４％の比率であった。またほかにマメタニシなどの食用とはならない微小の巻貝や、内陸にある貝塚にも関わらず、海生の貝類も僅かに出土している。それらはイタボガキ、タカラガイ、ハイガイなどで、このなかのイタボガキは腕を飾る貝輪として加工された製品である。恐らく交易によってこの貝塚に持ち込まれたのだろう。

このように貝塚を構成する貝類の多くが、セタシジミによって占められるという傾向は、近隣の琵琶湖畔や接続する瀬田川畔に所在する石山貝塚や滋賀里遺跡など、同じような環境にある遺跡においても、同様に組成の類似が指摘されている。粟津貝塚では重層するどの貝層でも、貝の総量に対するセタシジミの割合は大きく変化していないことから、食用として専らセタシジミを集中して捕採し、一括して貝殻の投棄を繰り返したことを物語っている。

大量に出土したセタシジミについては、死亡時期（季節）が貝殻に刻まれた成長線（註）の測定によって明らかにされており、その結果によれば全体の約88％が、夏季前半から秋季前半にかけて捕採されていた。特に8月を中心とした琵琶湖の水温が25度C以上の最も高い時期が、シジミ狩りのピークであることがわかっている。冬季に捕採された貝も僅かに含まれてはいるが、貝塚を遺した人たちは、毎年のように夏の後半ごろここへやってきて、湖に入り食べごろの美味しい土用シジミを捕採し、格好の食材として利用していたことになる。

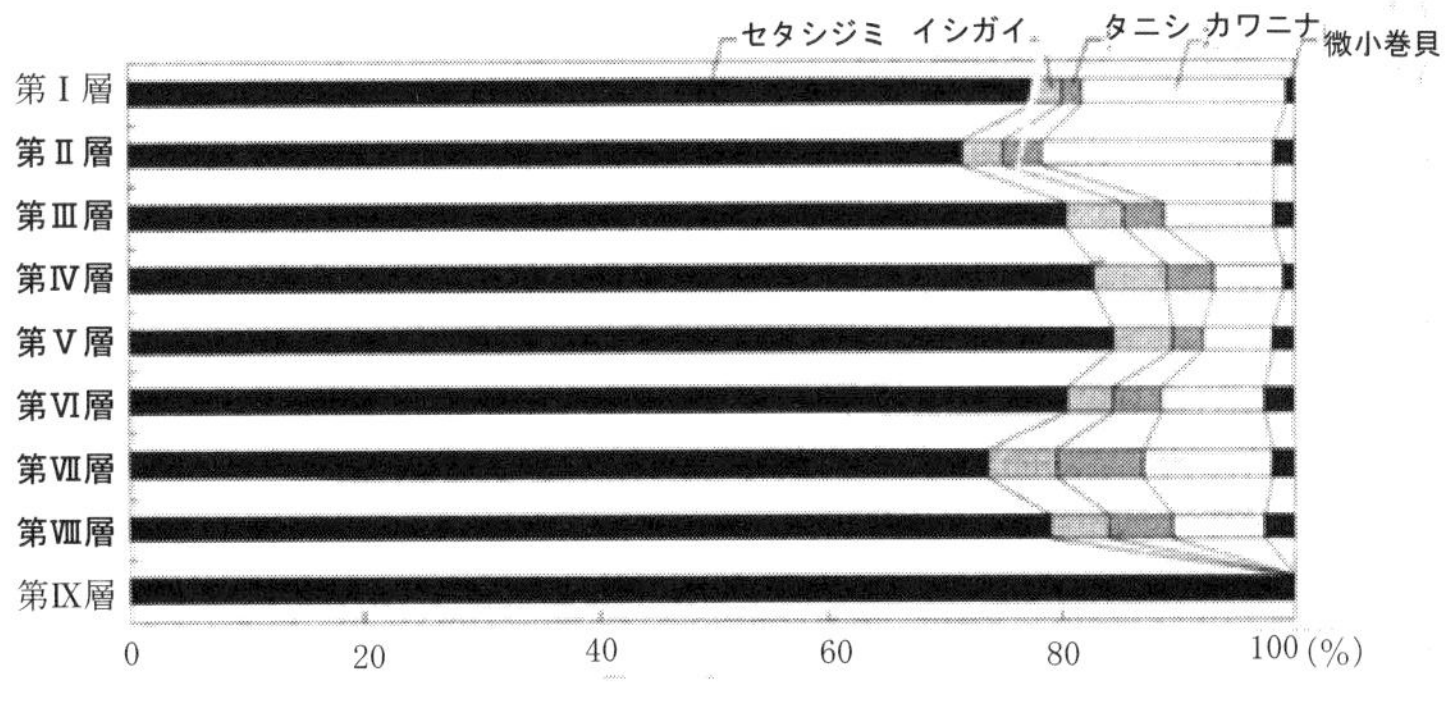

粟津貝塚の縄文中期に形成された貝層毎の貝種の割合（伊庭功・瀬口眞司 1997『粟津湖底遺跡第３貝塚』滋賀県教育委員会より）

琵琶湖の名産セタシジミ

先日今冬になって我が家の朝の食卓に久し振りにシジミの味噌汁が登場した。一口啜っただけで体が温まって、寒さの厳しい季節にはもってこいの朝食の一品だった。ただその朝の味噌汁にケチけちをつけるつもりは毛頭ないが、汁椀の中に顔を出したシジミは、どれも本当に小さく、箸の先で身を取り出すのもままならない程だった。昔食べたシジミ汁の記憶を思い起こすと、もっとサイズが大きかったように思う。後日たまたま近所のスーパーで商品棚に並んだシジミを見たが、それもやはり同じような小さな個体だった。昔日の大きく太った寒シジミの味噌汁が懐かしく思われた。

横道にそれてしまったが、粟津貝塚から出土しているセタシジミの法量が報告されているのでご覧いただきたい。大きさを示す殻長の計測データでみると、自然の生態の下では孵化後、次第に数が減じていくわけだが、貝層から出土

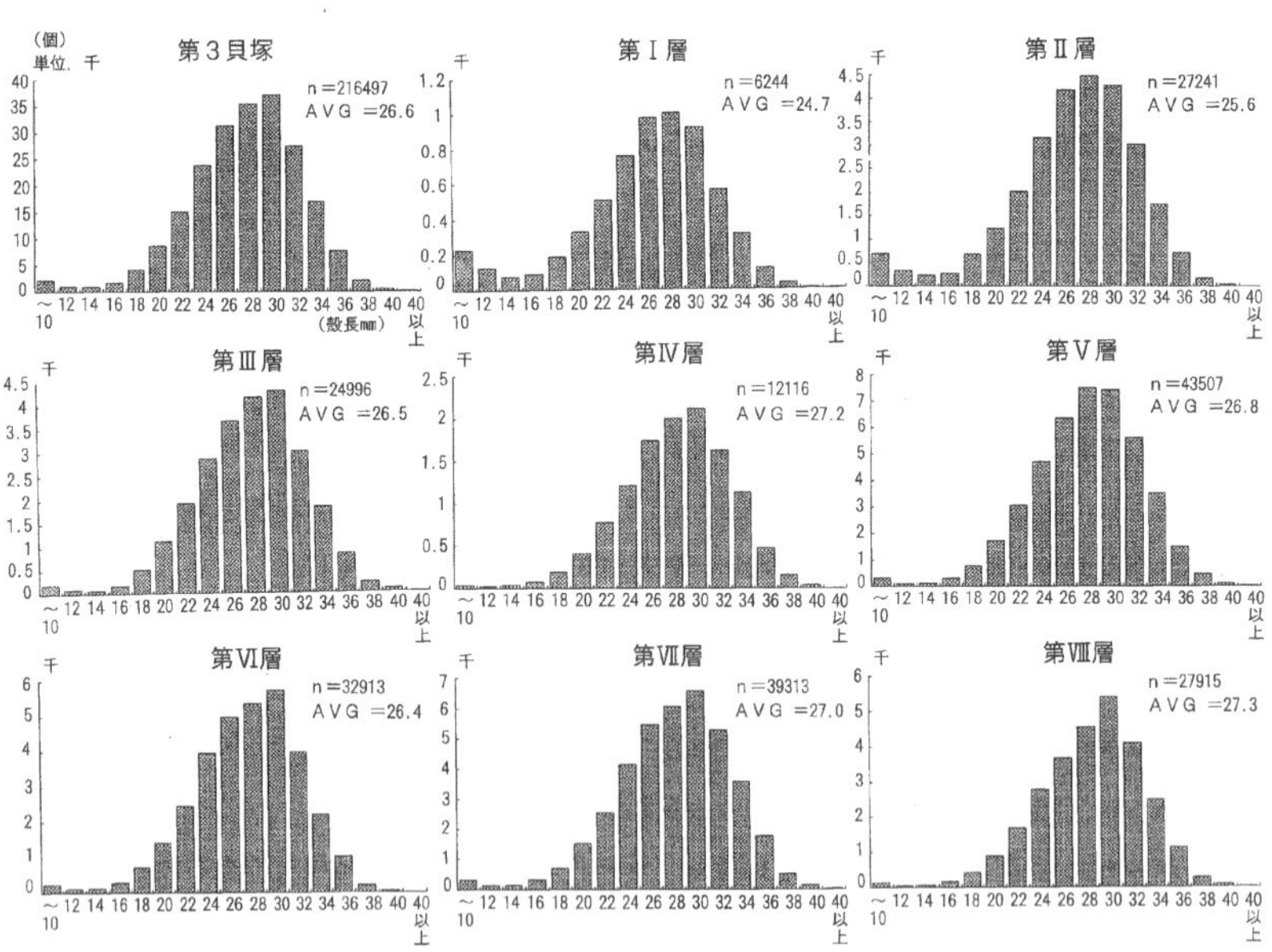

粟津貝塚から出土したセタシジミの殻長（貝塚全体と各貝層毎）
（伊庭功・瀬口眞司 1997『粟津湖底遺跡第３貝塚』滋賀県教育委員会より）

したセタシジミは、殻長10ミリ以下のいわゆる稚貝がきわめて少なく、約72%が殻長24ミリ～32ミリの範囲にある大きさの貝によって占められていた。このサイズだと見た目には、小さいアサリほどの大きさがある。なお貝層毎から出土するセタシジミの殻長にも、大きな差がないことをみると、当時はおそらく稚貝を採らないで、十分に成長した貝を選択して捕採していたことになる。肉量の多く食べ応えのある成貝だけを単に選択していたのか、乱獲することなく自然の生態系を維持し、安定した食料資源を確保し続けようという意志が働いていたのかはわからない。ただここでは触れなかったが、粟津貝層から出土したイノシシの遺存体の被捕獲年齢が分析されていて、それによれば成獣に比べると幼獣の割合は少ないという、自然のイノシシの生息齢構成とは異なる結果がある。これをみると生物の再生循環についての認識が、粟津貝塚の住人の生業活動の根幹を支えていたように思える。

（註）貝の成長線：二枚貝は成長線（日輪）という成長が休止する際の痕跡を毎日貝殻に刻む。主にその貝が生息する水域の水温によって日輪の幅が異なる。この日輪を利用すると、例えば粟津貝塚出土のセタシジミの成長は、成長停滞期である冬季に形成された日輪の幅の最も狭い線を、琵琶湖の1年の最低水温日に定め、セタシジミが死亡した最終日輪までの数を読むことで、捕採された日をほぼ求めることができる。

3節　塩づくりのムラ

1　資源としての塩

塩の効用

現代人は塩分の摂り過ぎが問題となっていて、高血圧や動脈硬化のほか心筋梗塞や腎臓病など、成人病の大きな原因の一つとされる。しかし塩に含まれるナトリウムは、体に必要な必須ミネラルのひとつで細胞の浸透圧を維持し、我々の体の代謝を制御する大事な働きをしている。ミネラル豊富な硬水とは異なり、日本列島では天然水のほとんどがミネラルの少ない軟水という水環境にある。ただミネラルは食塩として直接摂取しなくても、動物の肉や血液など天然の食材からも得られるため、生命維持には特に不足することはない。このように生命を維持していく上で、塩そのものを直接摂取しなければならないことはないが、塩はほかに塩漬けなどの乾物の加工材料に使われ、また殺菌消毒の薬用としても用いられるなど、重要な生活物資のひとつという別の面ももっている。

各地の塩水

日本列島には福島県大塩や新潟県塩入峠、栃木県塩原温泉など塩の字を用いた地名が少なくない。食塩泉（塩化物泉）から塩を得たという伝えのある場所も知られているが、その確証が得られているところは少ない。ただ信州には下伊那郡大鹿村にある鹿塩《かしお》温泉のように、流域を流れる塩川に沿った鹿塩で塩を得ていた例もある。ここでは平安時代に塩を採っていたとされ、湧き出る塩水を利用した牧《まき》の存在も伝えられるなど、３％という僅かな含有ながら実際に塩水から塩を生産していた。明治初期に塩泉の掘削を行って、大掛かりな塩の製造も行われたが、明治末期には製塩事業法によって製塩が禁止された。また今日まで岩塩の採掘までには至っていない。このように塩水から塩を得た数少ない例はあるが、利用できるほどの塩泉や岩塩がほとんどない列島に住む人々は、基本的には海の水から塩を得るしか術はない。

鹿塩温泉の塩作り　今日でも長野県鹿塩温泉では地下水を煮詰めて塩を生産している

２　縄文時代に始まった製塩

東日本の製塩遺跡

日本列島において塩を生産し始めた証拠があるのは、縄文時代の後期後半頃とされている。東日本の一部ではこの頃から縄文晩期にかけて製塩活動が定着化する。縄文時代の製塩が本格的に研究されるようになったのは、製塩史研究の先駆である近藤義郎が、後述する茨城県稲敷市に所在する広畑《ひろはた》貝塚の発掘調査をうけて、専用の土器を用いて海水を煮詰める煎熬《せんごう》による製塩法の存在を実証し、製塩遺跡の実情を明らかにしたことに始まる。

縄文時代の製塩遺跡は東北では仙台湾周辺のほか、青森県陸奥湾や岩手県境に近い太平洋沿岸地域などに分布し、なかでも仙台湾の内湾である松島湾には数多く、貝塚をともなう遺跡として存在する。その松島湾の製塩遺跡の多くは、現在の汀線付近や、場所によっては汀線以下に立地する遺跡も存在し、なかには貝塚をともなわない製塩遺跡もある。もう一つの製塩遺跡が密集する地域は関東地方にあり、特に当時鹹水が得られる環境にあった広畑貝塚、法堂遺跡、前浦遺跡など、茨城県霞ヶ浦沿岸には関東全体の6割以上が集中している。なおほかに愛知県大西貝塚などを例に、東海地方においても縄文晩期に製塩が行われていた可能性を指摘する意見などもある。ここでは調査や研究の成果が挙げられている製塩遺跡の状況について、いくつかの事例を紹介したい。

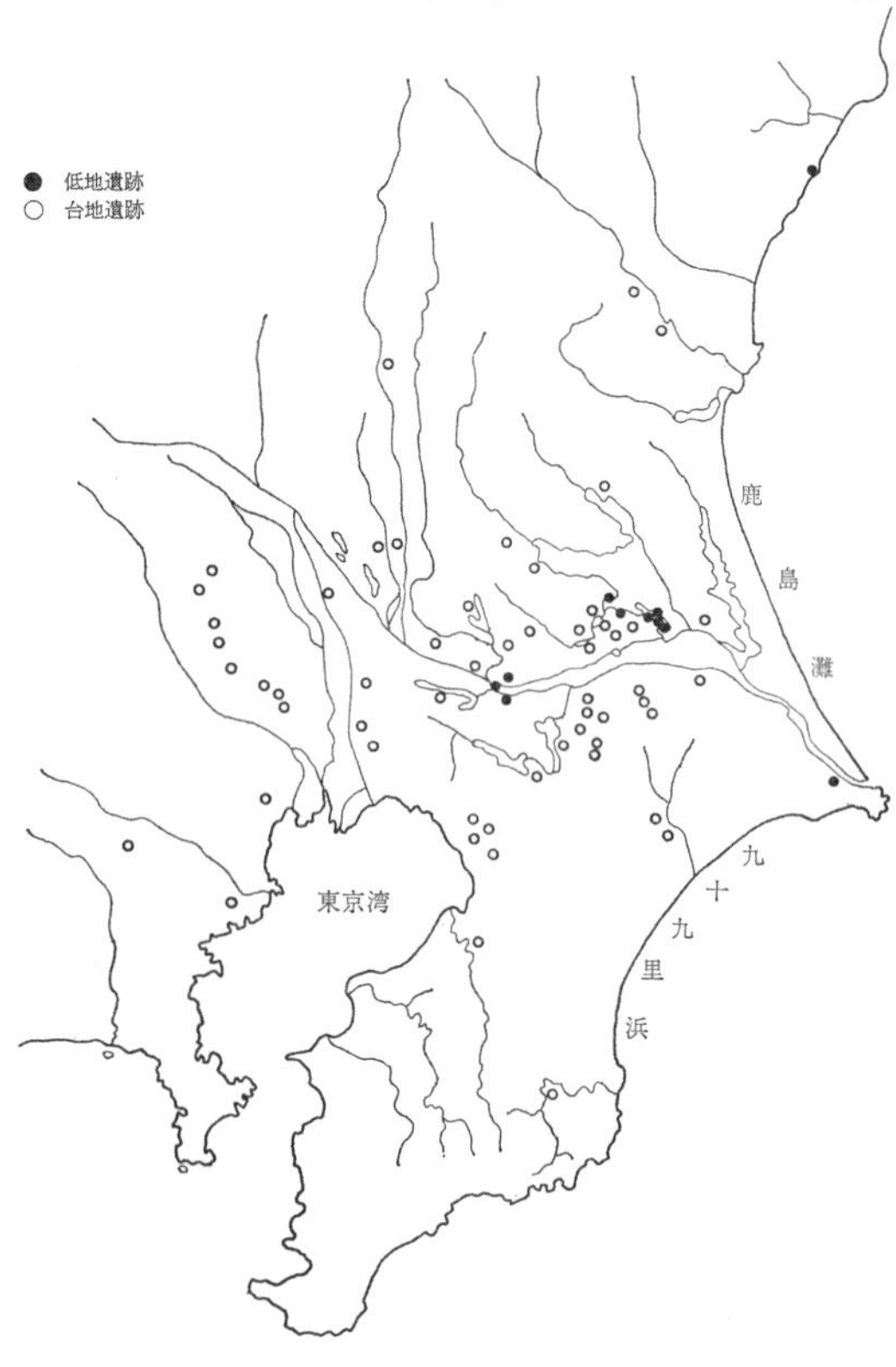

関東地方における縄文時代の製塩遺跡（寺門義範 1994「製塩」『縄文文化の研究 2』雄山閣より）

松島湾の貝塚から

松島湾内に浮かぶ宮戸島の北岸に位置している里浜《さとはま》貝塚は、沿岸に向かって複雑に延びる台地上に、東西が６００ｍ《メートル》を超えて広がる大規模な集落で、松島湾岸に点在する遺跡のなかでも拠点的な集落と考えられている。貝塚は台地縁辺部に存在し、その貝層の状況から北、東、西の３カ所の貝塚の存在が把握されている、これまでに幾度も発掘調査が実施され、貝層からはヤス、銛、釣針など多数の骨角製漁具やイワシ、アイナメ、スズキ、フグなどの魚類の遺存体が発見されていて、漁労活動の基地のひとつであったことを証明している。また50体を超える埋葬人骨や、それにともな

里浜貝塚の上空からの遠景　里浜貝塚がある中央の丘陵と西畑北地点＝矢印（奥松島縄文文化歴史資料館提供）

里浜貝塚の製塩土器の出土状況　西畑北地点（東北歴史博物館提供）

う意匠を凝らした髪飾、腰飾、垂飾などの装身具類も出土している。貝層に堆積した貝類の分析によれば、遺跡形成時の縄文前期には岩礁に棲むスガイが中心であったものが、後期後半にはアサリが主体の貝種になっていて、次第に岩礁から砂や泥質の海浜環境へ変化したことがわかる。

北貝塚がある台地斜面を下り、２００メートルほど離れた海岸に面した西畑北地点と呼称する低地部において発掘調査が行われている。そこで確認される遺構は縄文晩期中頃の４時期の変遷を辿ることができる、製塩作業に関係した合計11基の炉跡と、硬い灰状固化塊の構造材と思しき一部が発見されている。11基の炉のうち４基は、同時に機能していることと、幾層にも灰状固化塊が包含されている状況などから、製塩炉に関連する構造物が幾度もつくり替えられたことが推定されている。西畑北地点では当時の集落から出土する、この時期通有の縄文土器はほとんど確認できず、出土した多数の土器のほぼ全てが、製塩のための専用の土器であった。また一般集落から出土するこの時期の石器をはじめとする生活道具もほとんど出土していない。

この発掘調査で出土した製塩専用の土器は５１１個体におよぶが、そのどれもがバラバラの細片となって出土していた。炉の周辺からは

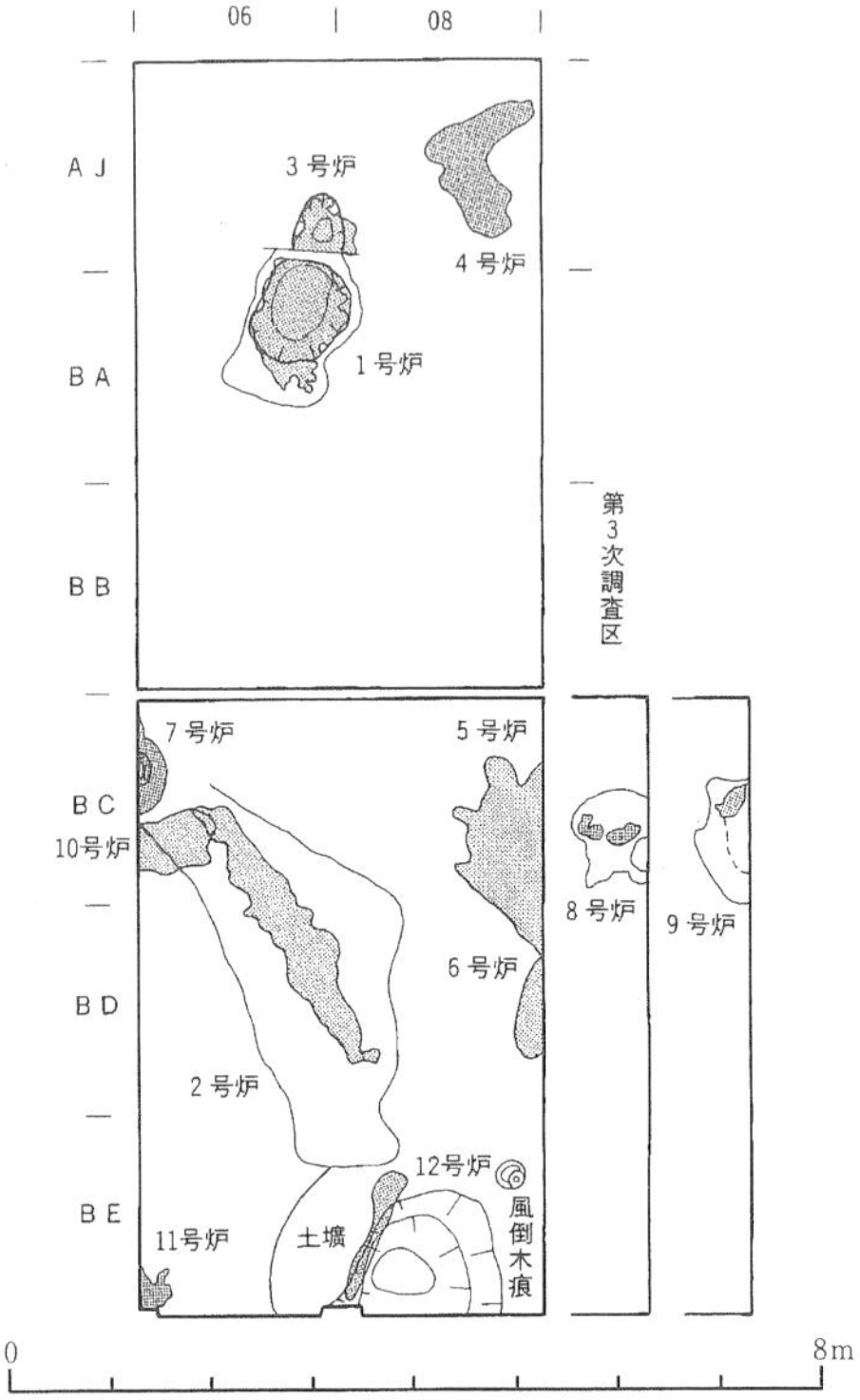

里浜貝塚の集中する製塩炉（高橋満 2014「製塩活動の展開と技術」『季刊考古学別冊 21』より）

灰、焼けた土、炭のほかに、カキとアサリ殻が多量に出土していて、ここが製塩と干し貝づくりの作業場であったことがわかる。干し貝づくりにともなう貝層の形成は、塩づくりの適期である夏期とは重ならず、労働の季節性についても参考となる材料が得られている。松島湾を中心としたこの地域の製塩活動は晩期中葉前後に開始され、晩期終末を経てさらに弥生時代にまで引き継がれている。

霞ヶ浦の製塩

先に触れたように近藤義郎は、縄文時代における製塩の実態を明らかにするため、1960年に茨城県広畑貝塚を発掘調査している。遺跡は霞ヶ浦南岸に位置していて、利根川低地に浸入していた古鬼怒湾の湾口部付近にあたる場所に、後期後半から晩期初頭にかけて営まれた貝塚である。居住地区が想定される標高5メートル前後の台地の北斜面には、ハマグリ主体の貝層が厚く堆積し、斜面の先にある低地の5カ所には、主に灰や貝殻からなる堆積層が存在した。そのなかから炭酸塩（炭酸カルシウム）を含む漆喰状の灰状固化塊や焼土などとともに、細片となった製塩土器が多数出土している。近藤の調査より半世紀以上も前に、広畑貝

塩作りのようす　復元想像図（奥松島縄文文化歴史資料館提供）

塚の発掘調査を行った紀行・探検家でもあった江見水蔭《えみすいいん》も『地底探検記』に、貝層以外の包含層から煎餅を重ねたように製塩土器が重なって出土していたと書いている。またこの貝塚で発見された灰状の固化塊は、先の里浜貝塚西畑北地点で検出されたものと類似した構造物と考えられ、製塩用の大型の炉の一部である可能性が高い。

広畑貝塚では出土した土器の約8割が製塩土器で、深さが25チセン前後の尖底ないし小さな平底の形態が特徴で、すべてが無文で薄手の土器である。土器には固化した炭酸塩が付着したものが多く、煎熬《せんごう》の工程で使用されたと考えられている。

当時は海域が入り込んでいた環境下にあった霞ヶ浦沿岸では、広畑貝塚以外にも美浦村法堂貝塚や稲敷市道成寺貝塚などにおいても製塩遺構の調査が行われている。前者は晩期前半の製塩炉とみられる灰状の固化塊からなる構造物とともに、多数の製塩土器が出土している。またヤマトシジミ主体の貝塚をともなう後者では、製塩土器による煎熬の場と考えられる遺構と、隣接した場所で廃棄された多数の製塩土器が確認されている。近年は霞ヶ浦域とは別に、東京湾奥部の遺跡からも製塩用と思われる大型の炉跡や、煎熬用とみられる製塩土器が出土していて、製塩活動の広がりが知られるようになった。

これらの遺跡では製塩土器の出土量の多さ、製塩用と考えられる大型炉が複数層に存在する事実から、繰り返し継続的な操業が行われたと考えられ、生産活動のスケジュールのなかに重要な塩つくりを組み込んでいたことが推測される。このような製塩遺跡に代表される霞ヶ浦沿岸部や東京湾における製塩活動は、後期後半に開始されその後は晩期中葉に至るまで活発に継続されることになる。

3　縄文製塩の技術

塩つくりの土器

煎熬に使用されたとみられる製塩土器の特徴を、霞ケ浦周辺の製塩遺跡から出土した土器から観察してみよう。製塩土器の器形については、多くが口縁部と胴部の境が明瞭でなく、括れのないメガホン形の単純な深鉢、ないし浅鉢の土器である。深鉢では口径が20チセン前後、器高は25チセン前後のものが多く、底部は直径が3チセン程度の小さい平底が多いが、丸底に近い尖底形態を呈したものもある。器壁は3～4ミリ程に薄く仕上げ、口縁部は削りによってさらに薄くし、口唇部は尖り気味におさめるものが多い。器表面の仕上げは削りのほかナデにより、外面は粘土の輪積み痕跡をそのまま残すものも少なくないが、内面は比較的丁寧に仕上げている。装飾文様は例外なく施されていない。

このように一般の縄文土器とは異なる特徴をもつ製塩土器は、2次的に火を被って脆くなった状態のものが多く、表面が鱗片状に剥離しているほか割れて破片化するなど、破損率が極めて高い。これは薄手であるだけでなく、煎熬の工程で濃縮された鹹水が結晶化することなどが原因と思われる。結晶化した炭酸カルシウムが土器に付着したまま発見されることもある。

以上のような特徴がある製塩土器は、東北や関東地方の海浜部

里浜貝塚の製塩土器　西畑北地点から出土
（東北歴史博物館提供）

の遺跡から出土し、その場所も海岸を目前にした浜辺において、炉や灰状の固化塊などとともに大量に消費された状態で発見されている。製塩活動の場において生産を担った道具と、その廃棄された状況と捉えることができる。

塩焼き用土器

関東地方では縄文後期後半から晩期中葉の時期に製塩土器が使われているが、実はこれらが出土するのは実際に海水を利用して製塩を行っていた遺跡には限らない。製塩遺跡に比べて数は圧倒的に少ないが、沿岸からかなり離れた台地上の遺跡や、さらに内陸奥深くに立地していて製塩活動ができる環境にない遺跡からも製塩土器が出土している。これら内陸部にある遺跡から出土する製塩土器は、一般の精製土器や粗製土器より多く破損してはいるが、海浜部の製塩土器のように細片化したものは少ない。

製塩遺跡と内陸部の遺跡の製塩土器の特徴にも違いがある。製塩遺跡で出土する製塩土器は初期には一般の縄文土器と共通性が強いが、塩の生産が本格化すると生産性を上げるため、煎熬用の専用器として製作技術や形態的改良が進み、一般の土器とは乖離した変容を辿ることになる。しかし内陸部で出土する製塩土器は、製塩遺跡の煎熬専用器のような土器の変化という道を歩まない。両者を含めて製塩土器と呼んではいるが、両者には使い方に違いがあったのだろう。煎熬によって結晶化した塩には「にがり」（余剰なミネラル粉末、塩化マグネシウム）が多く含まれ、時間とともに潮解するため内陸部に持ち込まれたあと、使用する際には塩焼きという手間をかけなければならない。したがって煎熬専用であった製塩土器に、出来上がった塩を入れたまま運搬したケースもあったようだ。しかし内陸部の遺跡では塩焼き工程だけが必要であったため、そのための土器は煎熬専用器である製塩土器とは、つくりや形態も異なることになった。

内陸の遺跡で塩の現物の発見を望むことは難しいが、煎熬専用器である製塩土器が運搬用として使われていたこともあったため、沿岸部から内陸部へ塩が流通していたことが明らかになっている。

微小貝の謎

土器を使った製塩の実際の方法と工程はどのようなものだったのだろうか。海水はそのまま強火で煮沸することで次第に濃縮され、さらに結晶化するまで煮詰めて塩を得ることができる。しかし縄文時代の製塩遺跡の発掘調査によれば、より効率の良い採鹹《さいかん》作業の工程がみえてくる。海水だけを煮詰めるのではなく、ホンダワラやアマモなどの塩分を含んだ海藻や海草を焼くことによって灰塩をつくり、それに海水を掛けて鹹水をつくり、さらに鹹水を煮詰めて結晶化した塩を得たのではないかというのである。

アマモに付着したウズマキゴカイ

以前から東海地方の縄文遺跡をフィールドとして、海産資源に関わる研究の成果をあげていた渡辺誠は、伊勢湾東岸に立地する古墳時代から平安時代の遺跡である、東海市松崎貝塚から出土した魚貝類遺体の調査を行い、そこから製塩を行っていた証拠を明らかにしている。注目したのは主に奈良時代に形成された貝層から出土する、ハマグリやニナ類などの食用貝類ではなく、一般に微小貝とよばれるもので、環形動物のウズマキゴカイ、鹹水産微小貝のミズゴマツボ、汽水産微小貝のカワザンショウガイなどである。これらはアマモなどの海草や海藻に密生して付着する貝類で、ここでは微小貝のうち約8割が、ウズマキゴカイとオニノツノガイなどの鹹水産の微小貝によって占められていた。実際に浜辺に打ち上げられたアマモをみると、そこにはウズマキゴカイが無数に付着している様が確認できる。先に取り上げた霞ヶ浦沿岸の法堂貝塚においても、灰状の固化塊が出土した同じ土壌から、微小貝のウズマキゴカイが多数発見されることが報告されており、縄文時代の土器製塩にも海草や海藻が関与していた可能性があるという。特に注意しなければならないのは、松崎貝塚で出土した微小貝のほとんどが焼かれた痕跡をもち、被熱していた事実である。

土器製塩の実験

渡辺誠らによって試みられた土器製塩の実験研究によれば、特にアマモは海草のなかでも茎部や葉部が薄く乾燥しやすく、焼いて塩を得る実験でも燃焼が容易で製塩には最も利用しやすい海草だとしている。製塩遺跡である松崎貝塚の堆積層から、火を受けて焼けた微小貝が多数出土している事実は、微小貝が多数付着した海草や海藻を真夏の日光で乾燥させて、塩の結晶が吹いた海草などを焼く作業が行われたことを暗示している。この灰と海水を混ぜて溶液とし、それを濃縮する採鹹の工程を経た後に、製塩土器を炉に並べて濃縮された鹹水を煮詰め、塩の結晶を得る煎熬作業が行われたと考えられている。

この実験結果をもとに製塩土器が一様に器壁の薄い理由について、濃縮された溶液を得るために土器を用いて煮沸する採鹹作業は、強火でなくむしろ弱い火で結晶化の速度を鈍らせて煮沸し、結晶してこびり付いた塩を製塩土器ごと割って取り出したと考えられている。器壁が薄くつくられた土器は衝撃には弱いが、厚手の土器よりむしろ加熱時の温度差が生じず割れにくいことや、使い捨てを前提とする製塩土器に使用する粘土を減量する理由もあったという。実際に広畑貝塚で出土した晩期の製塩土器も、後期の土器より底部を薄く、かつ小さくつくられるように変化し、製塩土器の用途に適った改良が図られたことが読み取れる。

では実際に製塩土器を使った塩づくりでは、どの程度の塩が得られるのだろうか。各地の博物館などで復元した製塩土器を使った塩づくりの実験が行われて、いくつか生産量の目安として参考になる成果に接している。鹹水の濃度や製作された製塩土器など条件の違いもあって、対鹹水量の生産塩量は一定していないが、土器による製塩効率の目安とすることができる。そのなかの実験の一例によれば、塩分約3％の海水を3倍に濃縮した鹹水1リットルを用意し、複製した製塩土器で煮詰めると、塩が固化し72グラムの塩の結晶が得られている。

なお海水を濃縮するにはここで紹介した、乾燥させた海草などを焼いた灰を利用するほか、製塩土器を利用して、天日で海水の自然蒸発を促すことで効果ある濃縮が期待できる。地域の気象環境などによっては、こういった製塩工程を踏んだ場合もあったのだろう。

塩生産を始めた理由

縄文時代も後期に至って日本列島の先人たちは、土器を使って海水から塩を得る技術を獲得することになるのだが、それ以前のミネラル摂取はどうしていたのだろう。狩りで得た動物の血液を利用していた可能性も指摘されている。ただミネラルは体内では合成されないが、魚介類や獣肉に含まれる有機塩の自然摂取によって賄えており、特別に食塩が必要なわけではない。であれば縄文時代後期後半に至って、海浜の遺跡から製塩土器が出土するようになり、大型の製塩炉と思われる遺構が出現するなどして、結晶化した塩をつくり始めたことの理由が存在したはずである。

塩にはヒトの生命維持のほかに、食料を腐敗させるバクテリアや、微生物の繁殖を抑制する保存剤としての働きがある。後藤和民は関東地方において中期に出現する馬蹄形や、環状の大型集落にともなう大規模な貝塚が、後期中葉以降になって一転して衰退へと向かうことに注目した。その大貝塚が消え去ろうとする時期と、土器製塩の開始時期がほぼ一致している事実は偶然ではないとみて、それまでアサリやハマグリなどの干し貝を大量生産していた集団が、保存のための塩漬け材料として塩に目を付けたと考えた。塩という食品の長期保存を可能とする、新たな価値をもった保存材料の生産へ道を拓き、先進的な産業として塩生産を始めたと考えれば、この間の遺跡の動向を合理的に説明できるとする。

一方で縄文時代の霞ヶ浦を中心とした土器製塩の実質的な生産量はさほど過大評価はできず、食材保存のための塩漬け剤として利用することを目的としたとする考えに批判的な見解もある。縄文時代の製塩遺跡の規模から推定すると、塩漬け剤として流通させられる程の生産量は得られなかったとみて、むしろ調味料として多彩な食品の味付けとして使われたのではないかという指摘もある。ただ製塩が盛んな地域や分布は異なっても、古代に下っても土器製塩という製法は時代を超えて変わらず継続して行われている事実がある。むろん時代による製塩への労働力投下の規模や、利用する人口規模とも関係するだろうが、当時の生産量が調味料に利用される程度であったとは断言はできまい。土器製塩の開始は単なる新たな調味料の開発という現象には留まらず、食品加工技術による食料資源活用という歴史的な意義があったと考えたい。

4　その後の塩づくりの伝統

縄文時代後期に始まった土器製塩はその後どのような経緯を辿ったのだろう。近藤義郎の研究によれば、先に触れた縄文時代後期以来製塩が盛んだった松島湾では、弥生時代に入ってからも土器製塩を継続し、弥生中期まで存続する。ただその後はこの地域で活発な製塩活動は途絶えることになる。しかしこれと入れ替わるように、弥生時代中期後半になると、岡山県と香川県の瀬戸内の東部地域で新たに専用の土器を用いた製塩が始まる。このような濃縮した海水を専用の土器を用いて煮詰める煎熬による製塩法は、その後の時代にも列島のいくつかの地域で塩作りを専門的に行う地域産業として定着していくことになる。

なお古代の歌集や地誌には、海草類を焼いた灰の溶液を煮詰め、塩を採る製塩法を想像させる表現がみられるので、最後に触れておきたい。

『万葉集』巻６-935には、よく知られる笠朝臣金村が詠んだ「名寸隅《なきすみ》の　船瀬ゆ見ゆる　淡路島松帆の浦に　朝凪《なぎ》に　玉藻刈りつつ　夕凪に　藻塩焼きつつ　海少女《あまをとめ》　ありとは聞けど　見に行かむ　縁のなければ　大夫の　情は無しに　手弱女《たわやめ》の　思ひたわみて　徘徊り　我はそ恋ふる　船梶《ふなかぢ》を無み」という歌がある。このほか『万葉集』には「塩焼」について触れたものが11首あり、奈良時代に播磨国では玉藻刈って藻塩を焼いた製塩法が行われていたことがわかる。また『常陸風土記』行方《なめがた》郡条には「郡の西に津済《つわたり》あり　謂ゆる行方の海なり　海松《みる》（海藻）、及《おふ》（白貝）、塩を焼く藻生ふ」と記されていて、現在の霞ヶ浦を含む一帯の行方郡において、奈良時代に藻を焼く製塩が行われていたことを知ることができる。

ここに挙げた「藻塩焼く」などと記された文献資料は、奈良時代には海藻類を焼く製塩方法が一般化していた実態を明かしており、縄文時代に始まり以降平安時代にいたる、各地の製塩遺跡で発見される製塩関連遺構や、出土品などの考古学資料がそれを裏付けている。製塩の方法も中世に揚浜式塩田が導入されるまでは、縄文時代に始まった土器による製塩が唯一の方法として一貫して引き継がれた。霞ヶ浦や松島湾などにおいて縄文時代後期になって獲得された製塩技術は、その後永く受け継がれることとなる列島の特徴ある産業として評価することができる。

第3章

研ぎ澄まされた匠の技

1節　木工の匠の伝統

1　木の文化の淵源

豊かな森林資源

日本列島に住んでいる私たちにとって、周囲の山は緑豊かな森林に覆われているのが当たり前と思っているが、世界に目を向けると、意外にも樹木が鬱蒼と茂る山はそれほど多くない。地形学を教える知り合いの大学教員は、学生に活断層による地形や地質を学ばせるために、毎年お隣の中国で研修するという。日本ではほとんどの山が木で覆われ、山を見ても地形の成因が読み取りにくいが、中国の黄河流域やさらにそれ以西の地域では、樹木があまり生えていない山が多く、はげ山も少なくない。山の地肌が見えて不整合の地形や層理などが観察でき、造山作用や山をつくる地層毎の含有鉱物なども手に取るようにわかり、現地研修の効果もあがるそうだ。逆にそんな話を聞くと、日本列島がいかに豊かな森林環境のなかにあるということをあらためて認識させられる。

わが国では縄文時代に竪穴住居の建材として木材が利用されたことに始まり、法隆寺や古都奈良の古代寺院の木造建築物に代表されるように、伝統的に森林資源を構造物の主要な材料として利用してきた歴史がある。こういった伝統は身の回りで成育する樹木に関する知識と、それを利用するための弛みない技術の蓄積によって果たされてきたものである。縄文時代に遡る木材の利用の実態を悉に観察すると、現代にも引き継がれている木の匠の技が、当時の人々によって切り拓かれたことを理解していただけるだろう。

素材として優れた木材

木材は金属と違って溶解させることはできず、石のように耐火性はなく、また粘土のように捏ねて自在に造形することは難しい。しかし私たちにとって身近な木材はほかの素材にはないいくつもの優れた特性を備えている。

木は比重が軽いことで扱いやすいという利点があり、緻密な木材であっても、組織に隙間がある構造からなっていて水に浮く特性がある。また同じ重量で比較すると、粘土はもとより金属よりも強いことがわかっている。また木は弾性があり柔らかい性質をもっているため、緩衝性を生かすことができ、融通が利く素材といえる。ほかにも断熱材として有効であり、熱伝導率が低いため暖か味を感じるなど、用材として優れた性質をもっている。

このように建材や道具など様々な素材として有用な木材を、日本列島では縄文時代以来伝統的に生活のなかで活用してきた歴史がある。各地の縄文時代の遺跡で発見される遺構や出土品を通して、わが国の先人たちが培った木材活用の実態を明らかにし、木の文化の淵源を探ってみたい。

2　縄文の木工技術を探る

川底から出土した木製品

福井県西部の日本海に開けた若狭湾南東部の一角に、国の名勝に指定されている三方五湖《みかたごこ》がある。その名の通り風光明媚な五つの湖からなり、海に近い日向湖《ひるがこ》は鹹水だが、水月湖《すいげつこ》、菅湖《すがこ》、久々子湖《くぐしこ》は汽水で、最も奥まった位置にある三方湖は淡水の環境にある。その三方湖には南から流れ込む鰣川《はすがわ》という2級河川があるが、その河口近くの若狭町三方には縄文時代前期の貝塚として名高い鳥浜《とりはま》貝塚がある。

遺跡からは列島最古級の土器群のひとつとされる隆起線文土器が出土し、縄文草創期の足跡が残されているが、貝塚が形成されるのは縄文前期でも前半から中葉で、その頃に遺跡は最盛期をむかえる。前期の鳥浜集落周辺は丘陵、沖積地、湖とそこに流れ込む河川、さらには内海とその北方には外海が開けた自然環境のなかにあった。遺跡が存在する鰣川の河口付近は、河川によって運搬された土砂の堆積が著しく、縄文時代の生活面は現河底下に埋没していた。そのため河川改修にともなって実施された発掘調査は、矢板によって鰣川から水が流れ込まないように、調査区域を仕切る方法がとられた。

前期の純貝層には日常の生活廃棄物があまり介在せず、短期間に集中して貝の採取と殻の廃棄が行われたようだ。ただ30層

鳥浜貝塚の遠景　遺跡は中央の橋の左岸一帯に広がる（福井県立若狭歴史博物館提供）

におよぶ縄文時代前期の貝層に挟まれた堆積層や遺物包含層からは、土器をはじめ石器、骨角製品、木製品など日常の道具類が多量に出土している。特に貝殻のアルカリ効果が骨角製品や木製品など、有機質の遺物の保存に良い結果をもたらし、加えて生活の場から廃棄されたものが水中堆積したことで、酸化や腐敗の進行が妨げられ、食物の残渣なども発掘調査で得ることができた。その食料資源の内訳を見ると堅果類、陸獣などの哺乳類、鳥類、淡水・汽水・鹹水域の魚類、貝類のほか、海棲の哺乳類などもあり、当時鳥浜に居を構えた人々が、多様な環境下の資源を積極的に利用した生業活動を行っていたことが垣間見える。

適材適所の知恵

鳥浜貝塚の縄文前期の包含層から出土した木製品は数万点におよび、種類も実に豊富で、いかに彼らが木材を有効に利用していたかが、分類された道具類などをみると良く理解できる。木製品は多種多様だが、そのなかで用途の明らかな１７００点の製品を選び、用いられた木材の樹種が調査されている。その結果71種におよぶ樹木が利用されていることが確認され、道具の種類とそれに用いられた木の種類との関係が明らかになっている。

貴重な美術品を入れる箱には桐材を用いることや、高級な櫛の材には柘植《つげ》材が適しているなど、我々にも多少の知識はあるが、鳥浜に住んだ彼らは、どのような材の選択をしていたのだろうか。主要な道具の材種を確認してみよう。

遺跡からは木材の利用には欠くことのできない、伐採用の縦斧の柄が多数出土している。使用時に強い衝撃が加わる縦斧の柄にはサカキ、ヤブツバキ、スダジイ、カエデなども少数使われているものの、約8

割が高木常緑樹のユズリハという木を使っている。あまり馴染みのない木だが、緻密で粘りのあるこの木の特性を見抜いて選択されたようだ。しかし同じ斧であっても専ら加工に使われた横斧の柄にはユズリハは1点もなく、緻密で柔らかさをも備えたクマノミズキ類が優先的に用いられ、クヌギ節がそれに次いでいる。

狩猟具や舞錐りの穿孔具として使われた弓材はどうだろう。弓材には弾性のあるアカガシやニシキギ属が他材に優先して選択されているが、小型の弓には肌目が精で、やはり弾性に富むイヌガヤが圧倒的多数を占めている。このような実用的な白木弓にはカシ類とイヌガヤが使われるが、弓の大きさに応じて樹種を区別していることも窺える。一方先の用途以外も想定される飾り弓には、マユミ（ニシキギ科）が使われている。実は弥生時代以降にも弓材としてはイヌガヤ・カヤ・マユミなどが適材として選ばれている。

遺跡からは全長約6㍍、幅63㌢の縄文前期の丸木舟が出土している。三方湖を航行していたであろうこの舟には、弾力性がありかつ衝撃に強く、軽くて水分を含むと膨張して隙間をふさぎ、水漏れしないスギが使われている。もう1艘出土している丸木舟もスギ材である。船材にスギ材を用いるのは鳥浜貝塚に限ったことではなく、中部以西の日本海側から出土する縄文時代の丸木舟に共通する。しかし千葉県や埼玉県など東日本の太平洋側では、スギは少なくアカマツ、カヤ、ケヤキなどが多く用いられている。これは地域の森林を構成する植生環境がかなり影響したとみている（4章1節の3を参照）。なお櫂材には硬いが弾力性もあって水に強いヤマグワと、ケヤキが優先的に選択されている。

いわゆる刳物《くりもの》と呼ばれる容器として、縄文時代には生地のものがあるほかに、漆を塗って仕上げた精製品もある。容器でも皿を製作する場合には、大多数が緻密で変形しにくいトチノキが使われ、鉢や碗のような深い形態の容器にはケヤキが比較的多い。今日でも一般的に鉢などの刳りものにはトチノキを使うと

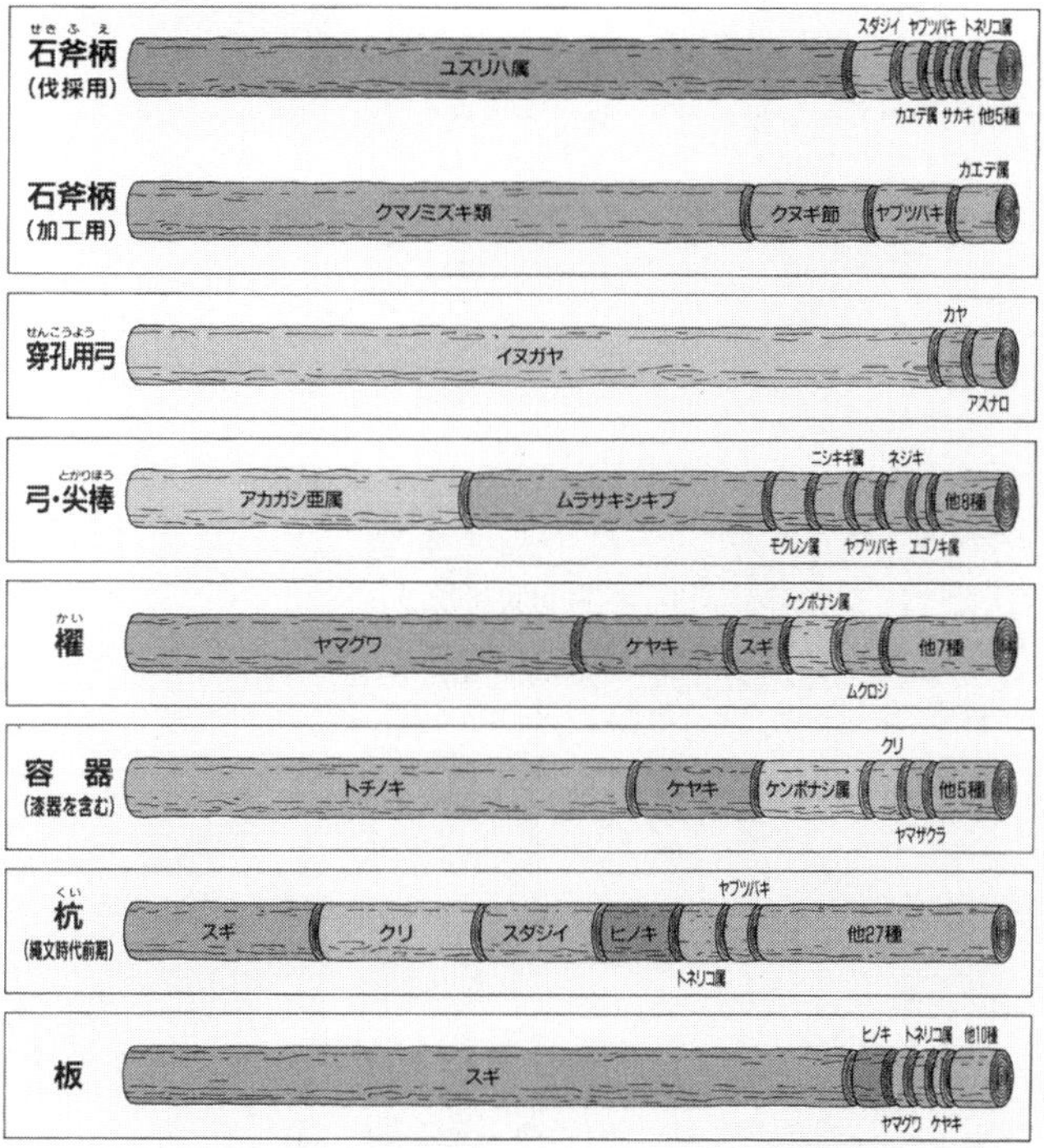

鳥浜貝塚から出土した道具に使われた樹種
（福井県立若狭歴史博物館常設展示図録より）

され、ほかにはクスノキやサクラなどが用いられている。

　鳥浜貝塚の出土品といえば、造形的にも優れた赤漆塗櫛がよく知られている。この鳥浜の櫛材にはヤブツバキが使われている。櫛材といえば先にも触れたように、現在ではツゲが最良品といわれているが、一方でビワやモチノキなどとともにツバキも使われている。現代のツゲ櫛の製作には保湿成分オレイン酸の効果を期待して椿油を染みこませているとのことだが、縄文時代にヤブツバキを利用したのは、経験的にそういった知識を持ち合わせていたのかも知れない。

　あらためて鳥浜貝塚で出土した木製道具と樹種の関係を整理すると、一種の樹種を複数の種類の製品に優先して用いられることはほぼないといってよい。このような道具の機能や効果に応じた用材の使途は、現在の木工製品の樹種選択とも一致しているものが多く、経験を重ねて樹木の性質を見極めたうえで、道具や器物の用途に適う性質をもった樹種を充てていることがわかる

量産された斧の柄

多くの木製品が出土した鳥浜貝塚では、使用されていた成品とともに、未完成品も出土していて製作の工程がよくわかるものがある。なかでも石斧の柄は特に数多く発見されていて、全石斧柄の約7割が、製作途中の未完成品であった。未完成品である柄の状態を詳しく観察すると、ほぼ同じ段階まで製作した時点で休止しており、そこから復元できる製作工程は、おおよそ次のような手順であった。膝柄の場合、先ず握り部となる枝が幹から分かれる部分を枝振りから見つけだし、石製の斧先を装着することが可能な部位を含めて切り出す第1段階、次に斧先をセットする台部と柄を、適切な寸法に裁断する第2段階、石斧を嵌め込む部分ないしは固定する個所を成形して完成させる3段階に分けられる。このうち2段階のものが大半を占めることから、この段階で作業を休止していたとみなすことができる。この段階までの未完成品の出土数からみて、集落で一度に必要な量を超える数を製作し、乾燥による変形を防ぐために水浸で保存していたようだ。製作途中のものを多数作り置きし、その後必要に応じて仕上げ加工を行い、完成させたものと考えられる。

石斧柄の未完成品が多数出土している状態
（福井県立若狭歴史博物館提供）

刳物の製作工程

木製の刳物はどのように製作していたのだろう。別の遺跡の出土品に恰好の事例がある。新潟市にある縄文時代晩期終末の御井戸《おいど》遺跡では、木製容器の製作が具体的にわかる資料が得られている。ここからはトチノキやヤナギ材を使った把手付容器、舟形大鉢、大形皿、把手付円形皿、杓子など多様な器種の木製容器類が出土している。ただその容器類の多くは製作途中で、外形がほぼ形作られ、内刳りされる中央部分に開けかけの孔が認められるが、どれも器壁を薄く仕上げるまでには至っていない。また把手部分が本体から作り出されているものの、細部までは仕上げられていない未完成段階のもので占められていた。

御井戸遺跡から出土した未完成の木製容器類
（新潟市文化財センター提供）

用材の扱い方についてみると、容器類はどれも横木取りでかつ芯を外して用いており、容器の形状によって柾目と、板目を使い分けて製作していることがわかる。内刳りがともなう工程では、火の助けを借りて効率よく作業していたことが焦げ跡の存在で確認できる。また破損した盆状容器は、骨製の合釘《あいくぎ》を使用して接ぎ合せて補修しているなど、製作上のさまざまな工夫を凝らしていることが窺える。

木工職人の存在

このような木製容器類を製作している遺跡の発見は希で、今のところ晩期以外の資料に接することはなく、一般的な縄文遺跡では刳物などの木製容器類は、どれも完成品として出土している。御井戸遺跡を営んだ集団には、木製容器作りに長けた職人ともいえる技をもった人がいて、この集落の生計を支えるほど重要な産物であった可能性もある。今後周辺遺跡から出土する木製容器との照合による検証が必要だが、近隣には御井戸ムラが伝統的な刳物製作集団として名を馳せていたかも知れない。

鳥浜貝塚の石斧柄と御井戸遺跡の木製容器類の出土状態を併せてみると、木器の製作はムラあるいは集団として、生産量や工程を管理していたと思われる。石斧柄や、容器類の製作に携わる作業を、重要な生産活動と位置づけ、ムラ全体の労働体系のなかに組み込んでいたと考える方が自然だろう。木製品については特定集落において多数の未完成品が出土する一方で、完成品として流通している状況があるが、それは地域の資源や技術的伝統などに支えられて生産されたいわば特産品の情報が、一定の範囲に行き渡る環境があり、需要に応じられる生産の体制が整っていたことを表しているともいえる。

3　縄文建物とクリ材

クリ材の特徴

クリが縄文時代にも美味しい食材として利用されていたことについては先に触れたが、クリは食料とは別に建築材としても有用で、縄文時代の建築物にはクリがほかの材種を押さえて、優先的に使われていた事実がある。現代の果樹園のクリの木は管理や収穫がしやすい樹形に剪定されているが、クリの木は自然のままで比較的密生している環境下では、まっすぐに高く伸び、柱材として使いやすい樹種のひとつである。しかもクリ材は湿気や虫害に強いという性質があるため、建築材なかでも土台や柱材として古くから欠かせない用材であった。鉄道の枕木にクリ材が使われていることもよく知られている。

縄文時代以来永らくわが国の建築物は、地面に掘った穴の中に、直接上屋を支える柱を立てる方法（掘立柱建物）によっていたため、地下の湿気によって腐りやすい樹種は建物用材としては向かない。そこで湿気に強い木材のひとつとして、クリが建築材として選ばれた。また耐久性のあるクリの古材は、いろいろな施設の部材として再利用されたことも明らかになっている。北海道忍路土場や埼玉県赤山陣屋跡遺跡などにみられるよう、集落周辺の川辺や低地に設けられた縄文時代の水場遺構を構成する足場や、水槽のほか杭にいたるまでクリの古材が使われている事例が多く、クリの建材は再利用することもあらかじめ考慮されていたようだ。

では用材としてクリに目をつけたのは、いつからなのだろう。鳥浜貝塚の出土例から探ってみると、縄文前期の貝塚のさらに下層には、縄文草創期前半の文化層が堆積し、そこからはクリ材が出土してはいるが、いずれも自然木であった。しかし続く草創期後半の多縄文土器が出土した層からは、クリ材を杭として加工したものが出土し、クリ材の利用がこの頃にはあったようだが、本格的にクリ材の選択が始まったかどうかはわからない。

埋没した縄文の建築材

近年縄文時代の低地遺跡から柱材や梁材などの建築材が、腐食せずに発見される事例に接することがある。このように発見される建築材には、当初の役割を終え再利用されたものが多い。そのようななかで当時の建築物の外構や、建築の技術に関するそれまでの認識を、改めるに十分価値ある発見があった。石川・富山県境に近い倶利伽羅峠を東に越えた場所に位置し、小矢部《おやべ》川の支流の谷を襲った土石流氾濫によって埋没した富山県小矢部市桜町遺跡の発掘調査について紹介したい。この遺跡では土石流による厚い土砂に覆われた縄文中期の堆積層の下から、湿潤な場所に設けられた足場などに転用された建築資材が大量に出土し、建築技術史の見直しを迫る貴重な成果に繋がった。

　建築材が出土したのは集落に近い低地にあって、水場として利用されていた場所で、クリ材を用いた柱、梁、桁、床材などの建築部材が、主に足場材として再利用されていた。建築材約２００本のなかの50本に加工痕跡があり、それらの用材の内訳をみると1本のスギを除き、ほかはすべてクリ材であった。先にも述べたように耐湿性に優れていること、比較的大木に成長した材が利用できること、さらに後述する伐採や加工に用いられた石斧との相性などの関係が、クリ材を選択した理由だったとみている。

桜町遺跡の水場遺構から建築材が出土した状況
（富山県小矢部市教育委員会提供）

先進的な建築技術

従来、縄文時代の建築物は方向が異なる２本の部材を組み合わせる場合や、延長するために部材を接ぐ際に、枝別れ部を利用して組み合わせたり、ロープなどで縛って組み上げられたと見做されてきた。いわゆる継手《つぎて》や仕口《しぐち》などによる接合方法は、鉄器が使われ始めた弥生時代以降の技術と考えられてきた。ところが桜町遺跡から出土した建築材のなかに、枘穴《ほぞあな》など部材を結合するための加工をもつ部材が見つかった。この遺跡の水場遺構に使われていた建築材の詳しい調査の結果、出土した部材にはすでに、枘、相欠《あいかき》、欠込《かきこみ》、大入《おおいり》など数種類の継手や、仕口のいくつかの基本的な技術が使われていたのである。継手や仕口は２材の接合部分の面積を増やすことで、より合理的で確実な接合を可能にする方法である。原始的だとされてきた縄文時代の建築物に実は、後世の高床式掘立柱建物に共通する基本的技術が用いられていたことを、桜町遺跡の再利用された建築材が証明してみせた。

同遺跡で構造が復元された高床式建物の柱には2種類あり、ひとつは中央と上方の2個所に枘穴が穿たれた柱をもつ床高約1メートルの建物で、いまひとつは半截されて水場の足場材に転用されていたが、もとは太さが直径60センチ、中央部に枘穴が貫通した柱で、上方には繰り形と連珠文状の彫刻が施されていた。この建

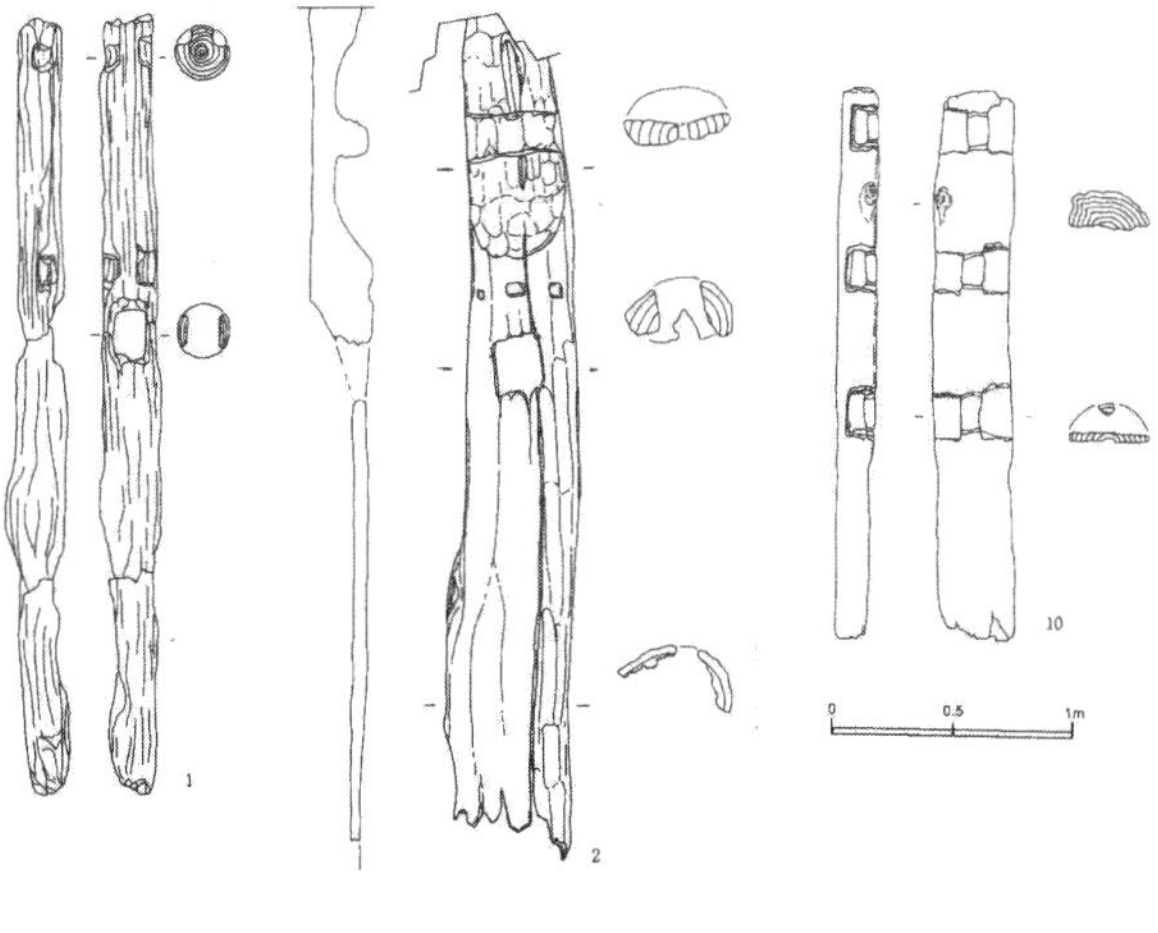

桜町遺跡から出土した主要な柱部材（桜町遺跡発掘調査団編 2001『桜町遺跡』学生社より）

物は床高2メートルの構造の高床式と考えられている。このように桜町遺跡の発掘調査によって、縄文時代中期にはすでに高床を備えた掘立柱の建物が建築可能であっただけでなく、構造的にも枘組を含めた、継手や仕口の技術による完成度の高い建物が存在したことを確実にし、竪穴建物についても上屋構造の復元を考えるうえで大きな影響を与えることになった。

クリ材の大型構造物

北陸地方では環状木柱列《かんじょうもくちゅうれつ》、ないしウッドサークルなどと呼ばれ、主に縄文時代晩期に造営されたクリの巨木を用いた構造物の存在が知られている。近年は東北や関東地方のほか西日本の一部でも、巨大な木材を用いた大型建物の発見があり、なかには縄文時代中期にまで遡る建造物も報告されている。

新潟県糸魚川市寺地《てらじ》遺跡では、4隅に石棒を立てた一辺が35メートル前後の方形配石遺構の中央に、直径60センチの太さのクリの丸太材4本をそのまま使って立てた晩期の方形木柱列を検出している。柱の下端から20センチの位置に一周する溝が刻まれていて、運搬牽引用の縄を掛ける細工であることがわかる。また金沢市チカモリ遺跡では直径約90センチのクリの巨木を縦に半截した材10本を、直径約7メートルの真円形の円周上にめぐらした環状木柱列とさ

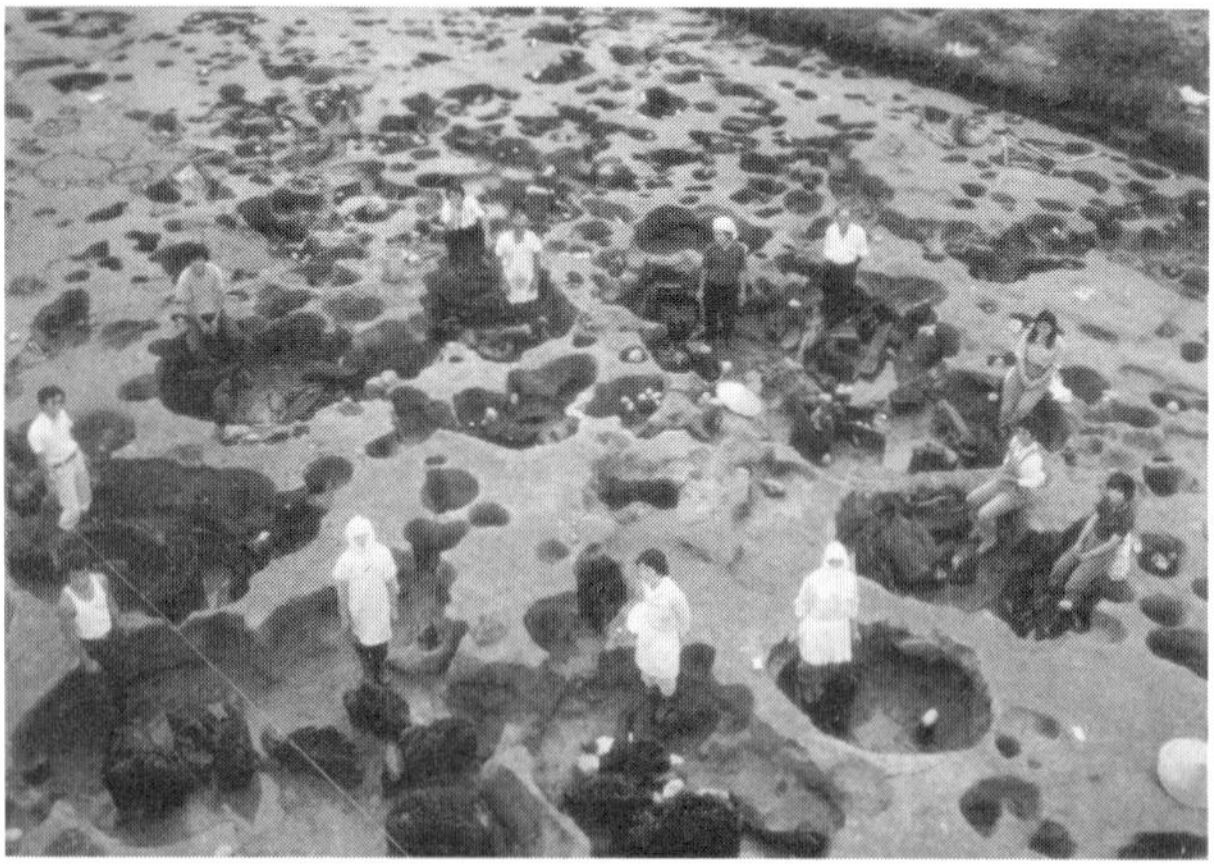

チカモリ遺跡の環状柱列　人物のいる柱穴に太いクリの柱根が残っていた（金沢市提供）

れる構造物を検出している。丸太の芯を外した半截材の外側を遺構の内側に向けて立て、柱の下端表面には寺地遺跡同様の、牽引用のロープを結ぶ溝をつくり出している。この構造物はほぼ同じ場所に6回ほど立て替えしたことや、遺跡の中心部からはほかにも複数の環状木柱列の存在も確かめられている。石川県では同様の構造を持った遺構が金沢市米泉《よないずみ》遺跡や、能登町真脇遺跡でも発見されている。

大規模な集落を誇る青森市三内丸山遺跡では、集落の北西域においてクリの巨木を柱とした中期後半の建築物が発見され、柱穴の底には巨大な柱根部分だけが腐食を免れ現存していた。直径が約1メートルもある太いクリ材の柱6本を立てたこの建物は、ほかに例を見ない柱間が4・2メートルもある巨大な規模の構造物である。検出された柱堀方の大きさについては、柱の根切りや落とし込み技術など、建築技術上の未解決な謎や屋根のない復元建物についての疑問もあるが、これほどの労働力を投下する構造物の造営を必要とした縄文社会の、非日常世界とその特殊性にあらためて驚かされる。こういった集落のいわばシンボリックなモニュメントともいえる構造物を必要としたこと、また幾多の材木のなかからクリ材を選択して実現していることも、地域と時代を越えて貫

三内丸山遺跡の復元されたクリ材を使った大型掘立柱建築物（著者撮影）

かれた縄文社会の理念のようなものの存在を感じる。

磨製石斧の威力

ここまで見てくると、縄文人にとってクリの木は、特別の木という意識があったように思えてくる。さて建築物を中心にクリ材を有効に使った縄文時代には、まだ金属器は存在しない。当然だが材木の伐採と加工には磨製石斧が使われた。蛇紋岩や粘板岩など堅くて緻密で、かつ粘りのある岩石が石斧の素材として選ばれ、刃先は砥石によって鋭く磨かれた。石斧に適した石材が採取できる付近には、富山県朝日町の境《さかい》A遺跡に代表されるような、磨製石斧を専門に製作する集落もあらわれ、石斧の製作工程も明らかにされている。

木製の柄に取り付けて使用された石斧は、腕の長さに柄の長さを加えた円運動によって、対象物への強い衝撃力を可能にした。鉄斧には及ばないものの、斧として有効な伐採能力や高度な加工機能を発揮した。それは先に見てきたように、各地の遺跡から出土している、多種・多彩な木製品の存在が証明しているところでもある。

縄文時代の磨製石斧を復元して実際の立木を伐採する実験が、宮城県大崎市にある東北大学川渡《かわたび》農場で行われた。磨製石斧と鉄斧を使って、立木を伐採した際の仕事量が報告されている。直径20チセン前後のコナラを伐採した場合、石斧は鉄斧の約３倍の時間を要し、直径30チセン前後のコナラでは約３・９倍の時間を必要とした。立木の太さが増すほど鉄斧との伐採に要する時間差が広がっている。これは石斧で伐採する場合は、刃先を木の表面に対して相当斜めに打ち込む必要があり、結果的に伐採部の木の除去量が多くなるためである。同じように磨製石斧を使う弥生時代には、より重量と厚みのある太型蛤刃石斧《ふとがたはまぐりば》があるが、縄文時代の磨製石斧はあまり厚みが備わっていないため、伐採部を広げることが難しく、特に組織の堅い樹種の伐採には時間を要する結果となる。

クリと石斧の相性

鉄斧と違って石斧は木材の繊維を断ち切りにくいため、樹種の違いによって伐採に要する時間に大きな差が生じる。伐採に際して石斧を振り下ろす回数を、同じ目通りの立木で樹種別に比較すると、クリを基準にしてコナラは1・5倍、サクラは1・7倍の回数が必要とされた。振り下ろす回数が多いということは、すなわちクリに較べてほかの材は伐採までより労働量が多いことを意味する。

樹木を伐採した磨製石斧の刃を顕微鏡下で観察すると、対象物との接触によってできる使用痕と呼ぶ微細な傷が、その刃先に残っていることが確認できる。実験でクリ材を伐採した石斧の刃先にもこの使用痕が観察できたが、刃線自体の摩耗や剥離はあまり進行していない。一方でコナラ属、カエデ属、サクラ属などを、クリと同じ回数斧を振るって伐採すると、刃先が部分的に剥離し刃線が丸みを帯びたように摩耗することがあった。クリは成長が早くほかの広葉の雑木種より組織が柔らかいことに起因するのだろう。この実験の結果、クリは樹木のなかでは、最も磨製石斧で伐採効率が良い樹種であることが明らかになった。縄文時代に建築材としてクリが多く利用されるのは、石斧を用いた伐採・加工と相性がよく、扱いやすい樹種であることも関係しているといえそうだ。

4　建築資材の需要

潟湖から姿を現した建物群

新潟県の蒲原平野の一部には低湿地が広がっていて、北部の一角には平安時代に地盤沈下によって形成された塩津潟《しおづがた》が存在する。その潟湖の底から縄文時代晩期終末の集落跡が姿を現した。1999年に発見された青田遺跡である。低湿地という環境の下にあったこの遺跡では、建築物をはじめとした木製遺物が腐植せずに遺存していたおかげで、当時の木材利用の実態を解き明かすことができた。

遺跡の中央を流れる河川の両岸に沿うように、約200メートルにわたって多数の柱が発見された建物群の情報は貴重である。建物は竪穴住居ではなく、おもに主柱6本を基本として、平面が亀甲形を呈した掘立柱建物が大多数を占める。建物の総数は確実に認定できるものだけでも58棟におよび、遺存していた柱は総数458本に上る。

建物の柱とともに出土した縄文土器の型式に加え、柱から得られた年輪年代測定の結果によると、

青田遺跡の掘立柱建物の柱の出土状況
（新潟県教育委員会提供）

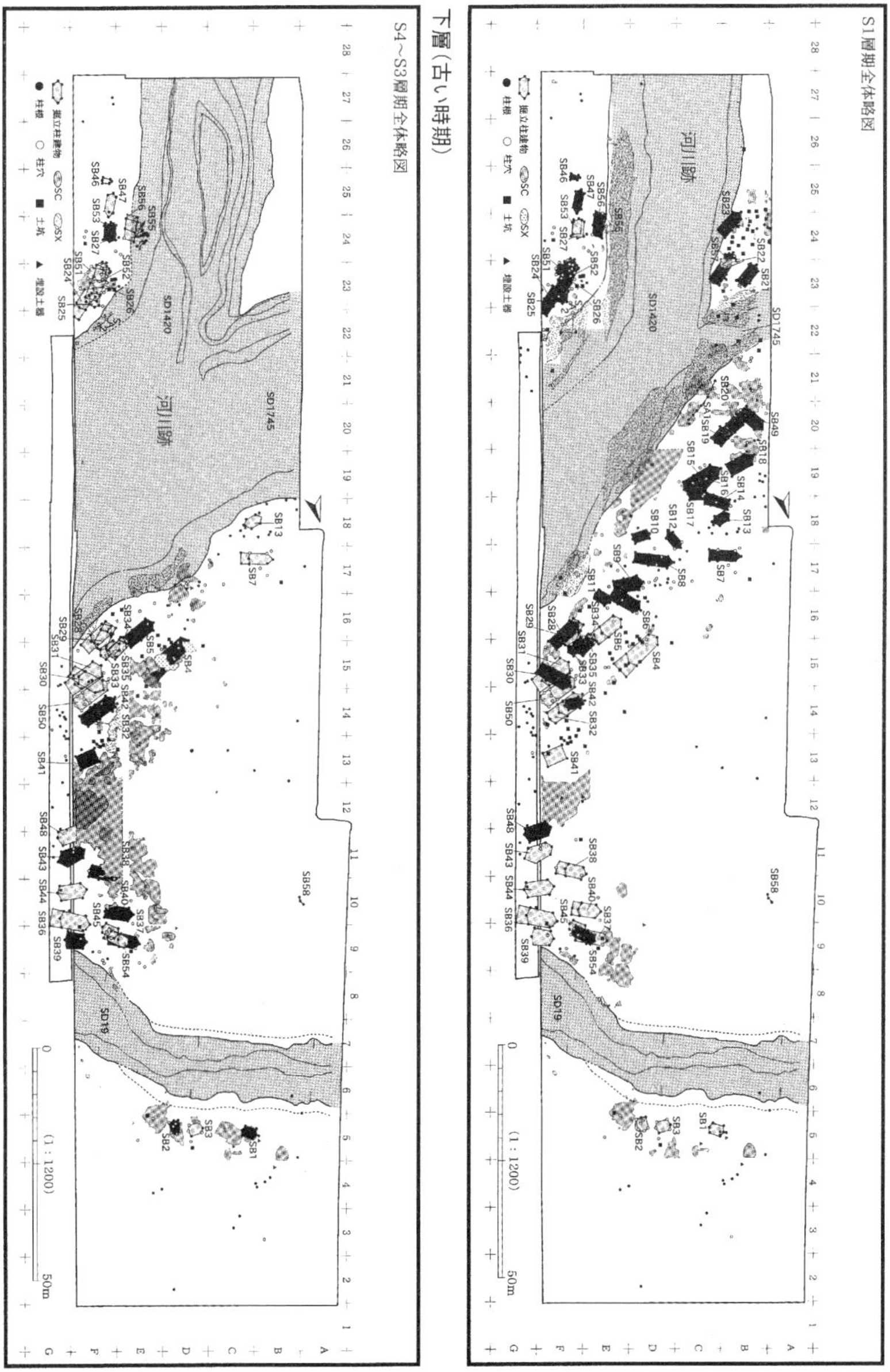

青田ムラの変遷（●色の建物がほぼ同時に建てられたもの）

青田遺跡で発見された掘立柱建物群（国立歴史民俗博物館 2005『水辺と森の縄文人』より）

掘立柱建物群は下層と上層とする時期の異なる2群に区分できるという。下層（縄文晩期終末の古い時期）は18棟の建物で構成され、そのうちのグループ1とされた建物群は、19年間に13棟が建てられた。上層（縄文晩期終末の新しい時期）は37棟で構成され、そのうちのグループ3の建物群は、9年間に11棟が建てられていたと判断されている。

柱材の選択

これらの建物の柱に使われた樹種が同定されていて、全体ではクリが34・7％、クヌギ節20・7％、コナラ節17・3％、ヤマグワ9・5％などの割合となっている。それぞれの樹種の柱直径の平均値をみるとクリが21・6センチ、クヌギ節が12・0センチ、コナラ節が14・4センチ、ヤマグワが16・3センチとなり、より太い柱にはクリ材を用いたことがわかる。柱の太さは建物の規模と相関関係にあることも明らかにされていて、大型建物の柱はおもにクリ材を用い、中型建物にはクリ、クヌギ節、コナラ節、ヤマグワを用い、小型建物にはクヌギ節を用いるという選択があった。さらに造営時期の異なる下層と上層の建物群で樹種選択の傾向をみると、下層の掘立柱建物にはコナラ節が最も多く使われていて、ほかの材の利用は低調であった。しかし上層ではクリとクヌギ節の柱がほかの材を圧倒し、下層と較べると用材の選択が一変している。

川岸で確認できた上層遺構面では、大粒のものを含むクリの果皮が、28、000点あまり廃棄された状態で検出されている。また上層の遺構内土壌から検出されるクリの花粉量が、それ以前の下層と比較して著しく増加していたことが明らかになった。この結果は集落周辺では下層から上層へ移行する短い期間に、クリの生育にとって良い環境が実現されたことを意味し、付近に一定規模のクリ林の存在があったことを示唆している。

植生環境への働きかけ

青田遺跡の上層期における掘立柱建物群に用いられたクリ建材の増加や、同期の多量のクリの果皮の発見などに現れた急激な林相の変容が生じた原因を、自然な環境変化と看做すことは難しい。そこには掘立柱建物の柱材に適したクリ材の需要や、食料として有用なクリの実の確保のため、局地的であったかも知れないが、集落周辺に想定されるクリ林の形成には、このムラを営んだ人々の関与があった可能性を考えないわけにはいかない。

ここで想定されるクリ林は、1章4節で紹介した、奈良県観音寺本馬遺跡で発見されたクリの埋没林が参考になろう。木材の消費地である青田遺跡の建物群と、生産地ともいえる観音寺本馬遺跡の埋没クリ林から得られた情報は、当時の人々の森林資源との関わりを知る手掛かりになる。樹木の成育と環境、樹種それぞれの特性と用途など、知識を得て技術に磨きをかけるなかで、森林資源をいかに有効に活用するか知恵を絞った結果、自然環境の一角に手を加えることも選択肢とした。彼らは自然の再生産と資源の収奪の狭間で、どのように折り合いをつけようとしていたのだろうか。

2節　漆工の造形と美

1　精彩を放つ漆器

多彩な漆製品

これまでに縄文時代の遺跡から発見された器物の全容がわかる漆製品は限られている。しかし漆の断片資料は決して少なくなく、当時漆製品は私たちが想像するよりかなり広く利用されていたと見たほうがよいだろう。漆製品の胎《たい》（器物本体）については土器もあるが、むしろ木や編み物など有機質でできたものが多いため、埋蔵環境によっては胎が朽ちてしまい漆膜だけしか残存せず、全体がわからないものも数多く、発掘調査などでも見逃されがちだったことも否めない。ただ古くから東日本を中心にした縄文時代の遺跡からは、漆製の優品が出土しているほか、近年は製品だけでなく、漆の生産や技術に関する情報も得られ、あらためて縄文漆が見直されようとしている。山形県押出《おんだし》遺跡や福井県鳥浜貝塚の出土品のほか、新潟県青田遺跡や東京都下宅部《しもやけべ》遺跡の漆関係資料などは、縄文時代の漆の技術水準の高さを証明している。

漆の効果

漆は器物の仕上がりを際立たせるだけでなく、遮水塗料や接着剤として、また抗菌・防虫効果などもあるほか、漆製品は湿気や酸アルカリにも強い性質を持っている。この技術を獲得していた縄文時代には、その効果が発揮できる多様なケースで、漆が普及していたことは間違いないだろう。また赤と黒の漆で文様を塗り分けた木器や土器のほか、赤漆塗りの櫛などの漆芸品は、当時の様々な工芸製品のなかでもひときわ精彩を放ち、縄文人の優れた造形や色彩のセンスの良さを感じさせる。ほかにも木粉や鉱物由来のパテ材を使って造形の幅を広げるなど漆を自在に扱えたことは、縄文時代の様々な特徴ある技術のなかでも、とりわけ高く評価できるものといえる。

2　縄文漆器の美

漆を駆使した飾り弓

先ずは縄文の代表的な漆製品のいくつかを紹介しよう。さいたま市寿能《じゅのう》遺跡は大宮大地を上尾市付近から川口市まで、およそ15キロわたって開析する芝川が形成した低地の西縁沖積地に立地する。ここでは加曽利B式の7点と、安行式の2点の縄文後期の漆塗櫛とともに、数点の飾り弓が出土している。弓は本体の要所を鉱物質の粉を混ぜ込んだ漆で盛り上げる一方、下塗りと接着を兼ねた生漆を塗って糸を巻き付け、その上にクロメ（漆製品の製作工程の項で解説）という技術を用いて、塗料としたベンガラ漆を上塗りする。この緻密で均一な塗装漆液は発色効果も優れ、弓自体の価値を高めている。

糸玉の謎

飾り弓は新潟県青田遺跡からも要所に糸を巻き、全体に黒漆を丁寧に塗った製品が出土しているが、ここでは縄文晩期終末の製品である、糸玉《いとだま》と呼ばれる紐を巧みに結んだ漆糸に注目してみたい。赤漆で塗り重ねた苧麻《ちょま》製の糸（紐状）を数十本束ねて、ふた瘤状に結んだ状態の見事な出来映えの糸玉である。この糸玉が顕微鏡下で構造が観察されていて、糸に直接赤漆を塗ったものと、糸に生漆を塗った後に赤漆を3層重ねて塗ったものがあるが、結ばれた糸玉の上から漆を塗った形跡はなく、そうであれば塗布後も暫く柔軟性を保っている間に結んだことになる。漆は乾燥すれば硬くなるため、それまでに形が決まっていなければならない。しかし漆を塗布した糸や紐が乾燥するまでに、自在に扱うことは至難というほかない。いまだ解明されていない縄文漆の技術のひとつと言っても良い。縄文の糸玉の出土例は決して多くないが、その結ばれた形状を見ると、単にバラバラにならないよう結んで片付けておいたものとは思えない。恐らく糸玉は結

青田遺跡から出土した糸玉
（小川忠博氏撮影、新潟県埋教育委員会提供）

んで纏めた形状や結び方に決まりがあったとみるべきで、糸玉が分布する縄文社会のなかで共有されている重要な意味が、形や結び方に表現されていると考えられる。だからこそ現代でも解明の難しいほどの漆の特別の技術を開発する必然性があったのだろう。

漆塗り器の美

北海道八雲町野田生《のだおい》1遺跡は内浦湾に面した海岸段丘上に立地する縄文後期の集落遺跡で、竪穴住居のほかに墓地にともなうとされる配石遺構が検出されている。その中の1軒の竪穴住居の床から赤漆塗縄文土器が出土している。土器は器形が達磨形を呈した珍しい注口土器であるが、文様などの特徴から東北地方南部一帯に分布する後期後半の土器の影響を強く受けているとみてよい。土器の高さは約31センチあり、頂部に孔が空く突起飾りと円環と橋状の突起を配置し、胴部は弧線文を細い隆線で描くほか、何カ所かに貼り瘤などを配して装飾性にも富んでいる。土器の全面に水銀朱を使った赤漆が塗られていることからみて、ハレの場などで使われるなど特別に扱われていたのだろう

野田生1遺跡から出土した赤漆塗注口土器（北海道八雲町教育委員会提供）

新潟県分谷地《わけやち》A遺跡は胎内市を流れる胎内川左岸の、標高100メートル前後の段丘上に立地している縄文後期前半から中葉の遺

跡である。その段丘下段からは住居、墓、廃棄場など南三十《みなみさんじゅう》稲葉《いなば》式の段階に属する遺構が発見されている。湿潤な埋蔵環境の下にあったため櫛、糸玉、漆塗用具など多数の漆に関係した資料が劣化を免れて遺存していた。なかでも赤と黒のペアとみられる2点の漆塗木製水差は特筆するに値する逸品といえる。これはヤマザクラ材を刳り貫いて製作した木胎漆容器で、どちらも均整がとれた美しい曲線をなす造形が素晴らしい。高さ15㌢の黒っぽい色調の水差は、丸底風にみえる小さい平底で片口がつき、彫刻を施した把手を備えた完成品で、全面に素漆を1度だけ塗って仕上げている。中にはクルミの殻の細片や、ニワトコなど十数種の種子類が詰まった状態で出土した。一方高さ25㌢の朱漆塗水差も平底で片口がつくが、こちらは口縁より上方に突き出した把手を備えている。外面は鮮やかな赤色だが、内面は黒ずんだ赤色を呈している。1度目に木炭を混ぜた漆を塗り、その上に辰砂を顔料とした赤漆を2度塗り、都合3度に分けて漆を塗った入念なつくりの漆器である

分谷地A遺跡から出土した漆塗木製水差㊤と朱漆塗木製水差㊦（胎内市教育委員会提供）

現在の輪島塗　分谷地遺跡の漆塗木製水差のデザインから発想（輪島屋善仁制作）

この2点は漆の塗りの技術も素晴らしいが、胎である木工技術の高さにも目を向ける必要がある。ともに横木取りで一木を刳り貫いて製作し、器の壁は極限まで薄く仕上げ、軽くて扱いやすくしている。どちらも表面はトクサなどを使って丁寧で平滑に仕上げ、完成度の高い漆器の胎であることに注目したい。特に精巧に製作されたこういった漆塗りの刳物は、すでに鳥浜貝塚など縄文前期の遺跡からも出土しているが、普段に使用した器物とは考え難く、非日常の機会などで用いられた特別の容器とみるのが相応しい。分谷地A遺跡からは優れた製品だけでなく、漆液採集用の土器や、漆塗りのパレットなど漆生産や漆器製作に関わる遺物が出土していて、この漆塗木製水差もこの地で製作した可能性が高い。

なお現在の老舗の輪島塗の工房では、縄文人の美的感覚に触発されたのか、分谷地A遺跡の水差のデザインをアレンジした鳥形水差しを製品化している。

籃胎漆器と編組技術

犀川などがつくる金沢平野に形成された微高地の末端に立地する金沢市中屋《なかや》サワ遺跡では、縄文晩期の河川跡が発見されて、その中から遺跡の最盛期にあたる中屋式を中心とした時期の、木器や漆製品が多数出土している。なかでも漆製品には握り部に幾重にも糸を巻き付けて幾何学紋様を表現した赤漆塗飾り弓、樹皮巻黒漆塗飾り弓、赤漆塗腕輪状木製品、赤漆塗竪櫛、同笄《こうがい》、漆塗木製容器などがあり、種類も豊富で多彩な内容を誇る。

数ある漆製品のなかで特に注目したい籃胎《らんたい》漆器がある。口縁部が外側に反るように広がり全体が鉢形を呈した器で、底部から体部を網代《あじろ》状に編み、口縁部は笊《ざる》目編みで始末するなど、精緻に編まれたタケザルを芯にする。薄さと軽さに加え、丈夫で水漏れしない容器として、高度な編組技術と漆工技術とを組み合わせた製品で、全体像が判明する保存状態の良好な籃胎漆器の優品といえる。

この中屋サワ遺跡の籃胎漆器にみられるような縄文時代の高い編物技術の存在は、縄文土器の底の網代編みの圧痕にみることができるほか、立体物のカゴやザルなどの現物資料も出土していて、当時の技術の水準も明らかになってきた。後に紹介する東京都東村山市下宅部《しもやけべ》遺跡では、編みカゴの50点前後の断片が出土し、保存状態が良かったことからカゴ全体の復元も試みられている。素材は現在も武蔵野台地に自生するアズマネザサを用いた精巧な製品で、食用の堅果など様々な物資の運搬や貯蔵用具などとしても重宝したことだろう。

編物と漆の相性

籃胎漆器に関連して編物の技術について触れておこう。網代編みは縄文草創期にはすでに獲得されていた編みの技術であるが、カゴやザルについては、近年佐賀市の東名《ひがしみょう》遺跡で縄文時代早期終末頃の貝塚が発見されたが、そこでは保存状態の良いカゴ状の編組製品が多数出土して注目された。素材として竹類が使われているのではとみられていたが、実際に材質を調べると、家具材に用いられるこ

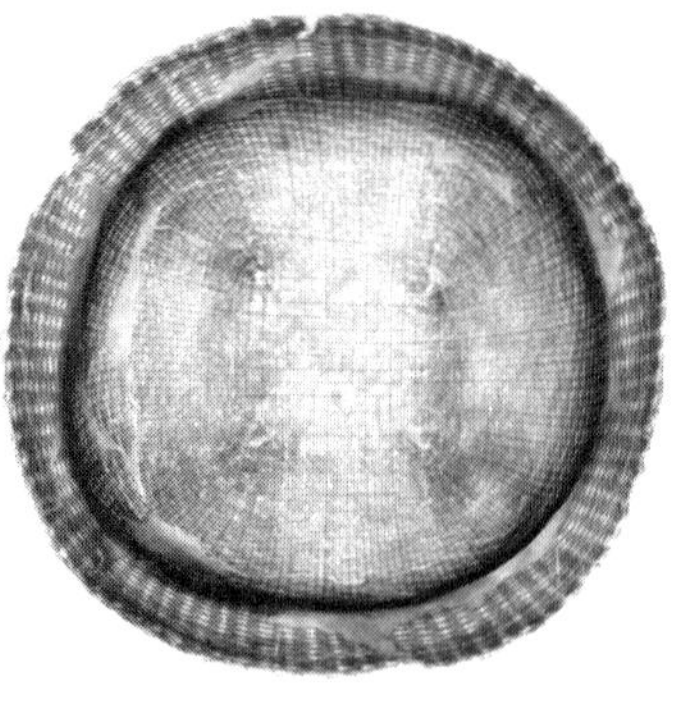

中屋サワ遺跡から出土した籃胎漆器㊧とそのX線写真㊨（所蔵：金沢市）

とがあるムクロジが多く利用されていたほか、イヌビワなども使われていた。そのなかの全容がわかるカゴの観察によれば、原材を板目に裂いた、200本前後のヘギ材を用いて編み上げていたことがわかった。

出土品や編物痕から明らかにされた編み方を見てみよう。縄文時代の編物には縦材と横材を一本おきに編み込むザル編み、四つ目編み、六ッ目編みなどと、縦材と横材のどちらかまたは両方が、他方を二本以上おきに編み込むものとに区分できる。明治期の人類学者坪井正五郎はそれぞれを「簡単網代編み」と「平等筋違縞網代編み」と呼んだ。ほかにも芯となる材に別の材を巻き付けるように編む、巻き網と呼ばれるものもある。因みにこの編物の構造である縦材と横材の編み込み方は3本超え、2本潜り、右1本送りのように、「超え」、「潜り」、「送り」を用いて表現される。

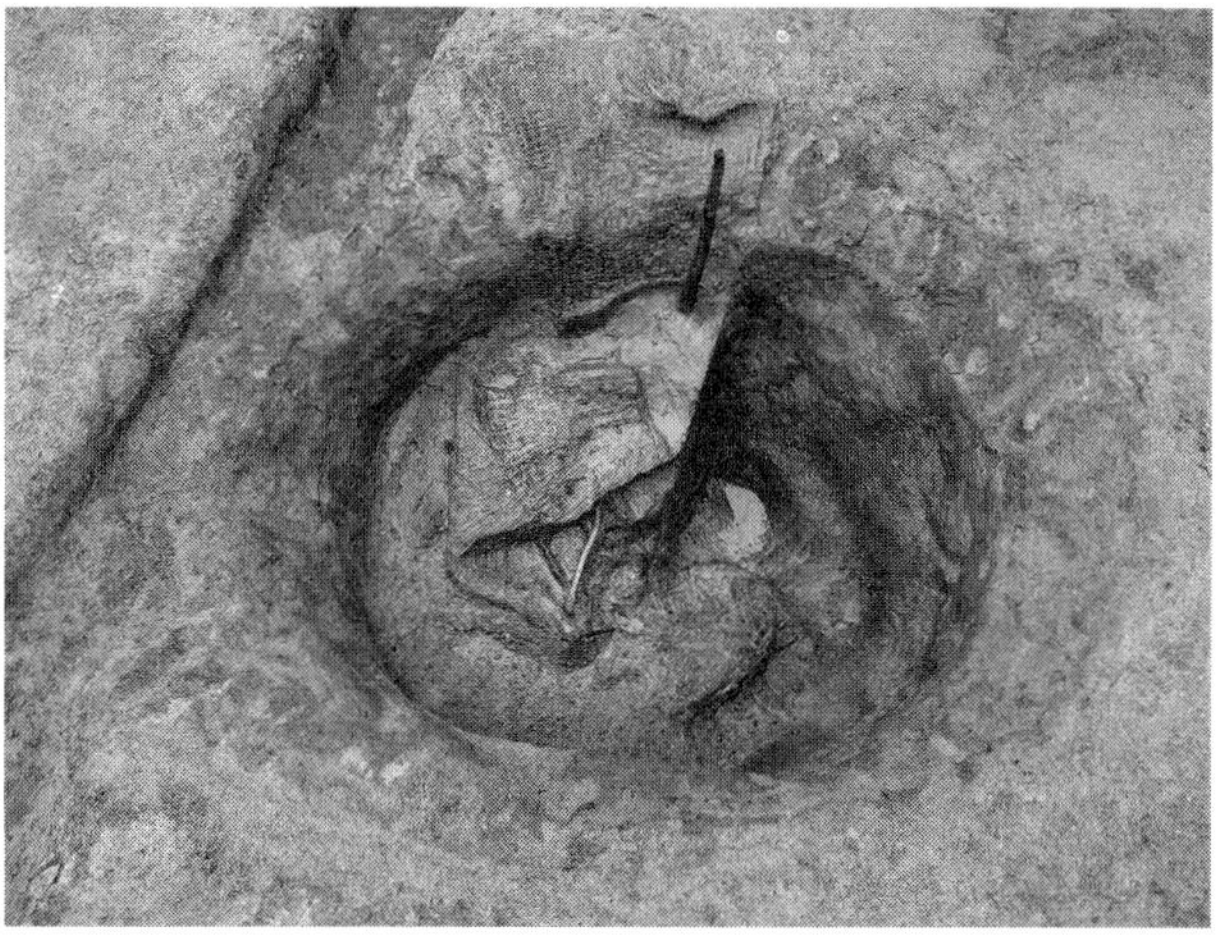

東名遺跡の貯蔵穴から出土したカゴ㊤と出土状態㊦
（佐賀市教育委員会提供）

藍胎漆器は縄文時代晩期に発達した代表的な漆製品だが、従前は東北地方を中心とした亀ヶ岡文化に特徴的な漆技術といわれてきた。しかし近年になって関東地方や北陸地方の遺跡からも高い技術による漆製品が出土しており、この時期には普遍的な技術として各地に広まっていたとみてよい。漆器の胎として使われる縄文時代の編物の多様な構造・組織の存在は、様々な器物への適応が可能であったことの証ともいえ、編物の高い技術が出来映えの素晴らしい藍胎漆器の完成度の高さを保障したともいえよう。

3　縄文漆の技術

漆工のムラ

ここまで紹介した縄文時代の漆製品を見ると、随所に漆の扱いに長けた技術者の存在が浮かび上がってくるが、工芸的にも技術的にも優れた漆製品はどのような工程で製作したのだろうか。ひとつのムラに遺された漆関係の一連の資料が、製作の現場の実態を教えてくれる。

東京都東村山市にある下宅部《しもやけべ》遺跡は柳瀬川上流域に広がる狭山丘陵の縁辺が、低地に接続する場所に立地する遺跡で、縄文後期から晩期に低地を流れていた河道の周辺に展開していた。都営団地の建設にともなって発掘調査が実施され、遺跡からは集石、配石、焼土、埋甕、トチの果皮塚、木道、粘土採掘土坑などのほか、河道跡には木材を組み合わせた水場施設や、護岸や施設の足場などに用いられた杭群などの遺構が見つかっている。遺跡のなかでも湿潤な環境にあった場所からは弓、木製皿、杓子柄、石斧柄未製品、網代、大型加工材、丸木舟、漆製品など、土器や石器以外の遺物の割合も多く、なかでも木製品を中心とした有機質遺物が良く保存されていた。特にここで取り上げる後期中葉から後半の漆関連遺物によって、縄文時代の漆の生産と利用の有様が具体的に明らかにされている。

漆製品からみてみよう。弓は合計35点出土しているが、そのうち10点の弓は漆を塗った飾り弓と呼ばれる装飾性の強い弓であるが、もちろん実用にも耐える弓である。全体を赤漆塗りして要所に樹皮を巻くほか、紐ないし細い縄を巻いた装飾帯を配したものなどがある。紐や縄は螺旋状に巻く個所と鋸歯状に巻く個所とを区別し、それを赤漆と黒漆を塗り分けて、装飾効果をもたせた工夫がみられる。弓以外の漆製品には、漆塗土器や漆塗木製品のほか、漆液で補修された注口土器や、いわゆる曲物《まげもの》と呼ばれる容器に使われた黒漆塗りの樹皮も出土していて、漆器利用の広がりが窺える。

漆掻きの証拠

河道に設けられた水場の施設や、護岸やその維持のためだろうか、河道一帯からは漆の木杭が多数発見されている。腐りにくい漆材の性質を考慮して、湿潤な場所で木杭としての利用を考えたのだろう。その漆の木杭をよく観察すると、70本のうち44本に、杭長に直交して一周す

下宅部遺跡で出土した漆掻きの傷を残した漆の杭㊧とその拡大写真㊨
（東村山ふるさと歴史館提供）

る複数の傷があり、そこに黒く滲んだ樹液が僅かに付着したまま残っていた。ほかの樹種の木杭には同様の痕跡がないため、それが漆液を採取するための、漆掻きの際に付けられた傷痕と判断できた。漆木の多くは一定の大きさになったら萌芽更新《ほうがこうしん》として幹を伐採してしまい、切り株から生えてくる蘖《ひこばえ》を育てることで、漆液の永続的な採集を維持する。木杭は樹液を充分に採取した後の萌芽更新や、幹や枝などを間伐した材を使っていたようで、漆の材としての性質や漆林の管理なども充分踏まえた利用であったことがわかる。

漆工に関わる道具類も出土している。漆の樹液を採取するための漆掻き工具、漆液貯蔵用の土器、漆液を塗布する際に用いたとみられる、上部が破損した土器底部を再利用した容器、同じく塗布用パレットとして使った土器片や貝殻などがある。漆関連遺物としてほかにも遺跡からは、磨り面が赤色を呈した石皿と磨石が出土しており、これらは赤色顔料を漆液に直接混ぜ込むため、素材を細かく粉砕する道

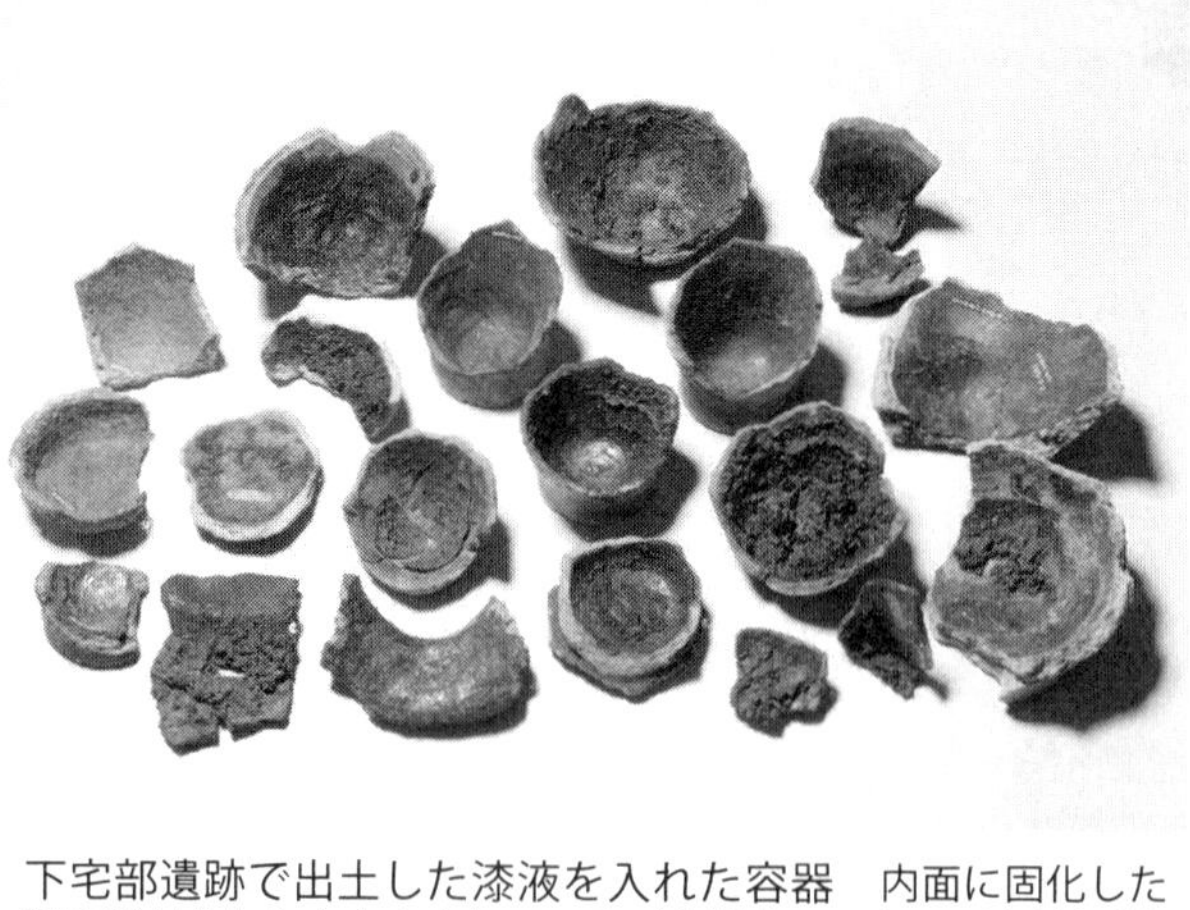

下宅部遺跡で出土した漆液を入れた容器　内面に固化した漆液が付着したまま出土している（東村山ふるさと歴史館提供）

具として使われていた。こういった出土品を考慮すると、本遺跡を遺した集団はこの地で、漆の採取から漆製品を製作するための諸々の作業を担い、製品完成までの一貫した生産を行っていたことが明らかである。

漆製品の製作工程

下宅部遺跡と同様に漆製品の製作が行われていた新潟県青田遺跡では、得られた漆関連の出土品を元に、漆の採取から製品への塗装にいたる縄文時代の漆生産と漆工技術の諸工程を推定し、全容の復元が試みられている。類似する遺跡の資料も併せて、順に工程を追ってみたい。

漆工にとって漆木の管理は重要で、野生の漆から採取する程度では恒常的な漆利用は困難である。漆工作業が行われていた証拠が存在する遺跡は限られることから、特定の集団が専業的に行っていたと考えると、管理された漆林は不可欠であったはず。漆林は集落の近くにあって、日当たり、水はけ、風通しの良い場所を選び、充分な成育環境の下で経営したことが想定できる。下宅部遺跡ではウルシ材が多数見つかっており、建築材に限るとその数はクリ材に次いで多く利用されていたことから、やはり付近に漆林の存在を推定したい。

現代の漆液の採取は初夏から晩秋にかけての時期に行われており、樹齢が10年前後までの漆木から漆掻きによって採取し、その後は伐採されて蘖の成長を待つが、先に見た下宅部遺跡で再利用された漆掻き痕跡がある漆杭には、それ以上の樹齢のものも含まれていた。ただし10年を大幅に超える漆木はほとんどなく、樹液生成の特性を把握して、適切な伐採管理をしていた可能性は高い。

漆液の精製については、木から掻いたままの荒味《あらみ》漆を、布で漉して生《き》漆を得る。新潟県胎内市野地遺跡からは晩期前半の編布（アンギン）を使った漆漉し布が出土している。さらに加熱と攪拌を繰り返すナヤシ、ないしクロメと呼ばれる技術によって、水分を2～3％まで減じ、扱いやすい漆液に精製するという工程を踏むことになる。

精製した漆液に顔料を混ぜ込む色漆の技術にも注目できる。黒漆には炭粉を用い、赤漆には漆液に充分馴染むように、石皿や磨石を利用し徹底して粉末精製した辰砂やベンガラを用いる。

漆の塗装には植物繊維や獣毛などで作った刷毛状の工具を用いたと考えられ、漆器本体である胎へ丁寧に塗られた。顕微鏡による漆膜の断面観察では、この塗装は複数回下塗りを繰り返す例も多くみられる。塗装は時間を置いた後に、顔料濃度を高くした漆を上塗りして仕上げていたようだ。

4　漆文化の来歴

遡る漆の起源

函館市の北東約25キロの太平洋岸に面した段丘上に立地する、国史跡に指定された垣ノ島《かきのしま》遺跡は、垣ノ島川を挟んで両岸の垣ノ島Aと垣ノ島B遺跡と呼ばれる2つの遺跡からなる。発掘調査で縄文中期終末につくられた、幅約１６０メートル《メートル》にもおよぶ、国内でも最大級の規模を誇る盛土遺構が発見されて話題となった。また縄文後期の鮮やかな赤漆塗り注口土器や、縄文早期の珍しい幼児や子供の足形をスタンプした土版などが出土したことでも知られている。

この遺跡の成立は縄文時代早期前半頃にまで遡り、垣ノ島B遺跡では竪穴住居5基、土坑墓12基、続く早期後半の土坑墓38基などが発見されている。なかでも物見台《ものみだい》式土器の併行期とされる長さ約1・4メートル、幅約1・2メートル、深さ0・6メートルの規模の土坑墓からは、屈葬された埋葬者とともに副葬された、漆の編物でつくられた装飾品が出土し、ひときわ異彩を放つ。それは赤漆を塗った苧麻《ちょま》の細い糸を素材とした編物で、漆の乾燥後に編んでいることが明らかで、決してできあがった編布に塗装したものではない。先に紹介した青田遺跡の晩期の糸玉の漆技術に通ずるが、この漆塗編物の時期が早期中葉から後半であることに驚く。装飾品は埋葬者の頭部、肩部、腕部、腰部に掛けられたような状態で出土していたことから、頭飾り、肩掛けないし肩飾り、腕輪、腰飾りからなるトータルに構成された装身具と考えられる。垣ノ島Ｂ遺跡の漆製品の発見は、日本列島の漆文化が縄文時代早期にまで遡ることを確実にした。

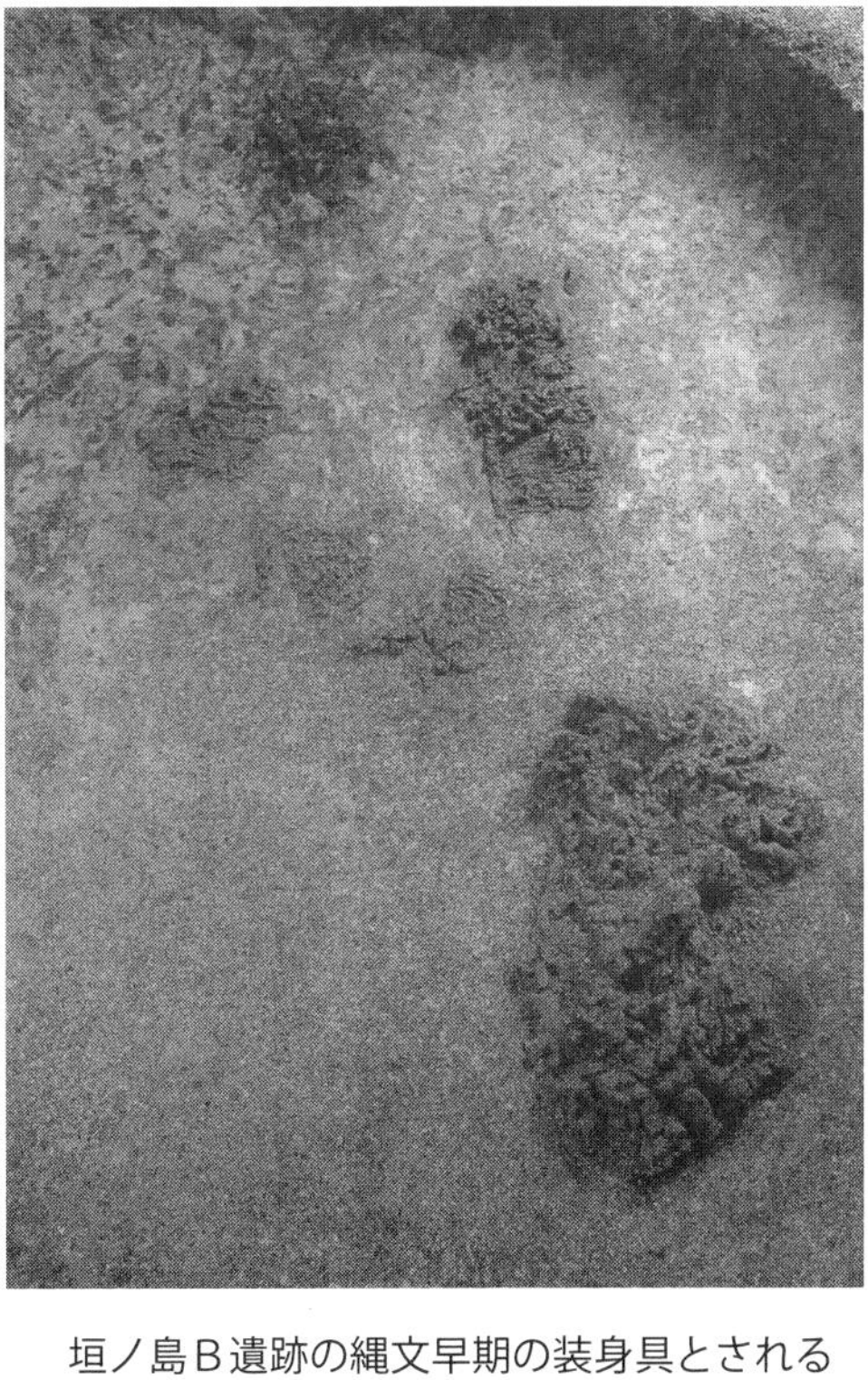

垣ノ島Ｂ遺跡の縄文早期の装身具とされる漆塗編物（函館市教育委員会提供）

ところで先にも紹介した福井県鳥浜貝塚からは、角状突起を作り出した鮮やかな赤漆塗櫛や、赤漆と黒漆を塗り分けた精巧な容器など多彩な漆製品が出土して、早くから縄文前期に獲得されていた漆工文化の先進性が周知されていた。実はその鳥浜貝塚では貝塚が形成される以前、縄文草創期後半の多縄文土器の段階の文化層から、1点の漆の木が出土している。この漆木は加工された箇所がない自然木で、人間の関与があったか否かは不明だが、垣ノ島Ｂ遺跡の縄文早期の漆塗り編物より時期的にはさらに遡る。日本列島ではこれまでのところ最古の漆木資料であることに違いはない。

漆文化の出自を探る

亀ヶ岡文化の遺跡から出土する漆製品に代表されるように、縄文時代にみられる漆工技術は高く評価されてきたが、従来から漆文化の発祥は中国大陸にあって、その影響を受けて日本列島に定着していったと考えられてきた。中国古代の漆工技術は湖南省長沙馬王堆《まおうたい》漢墓や、湖北省曽侯乙《そこうおつ》墓に代表されるように、特に江南地方を中心に幾多の豊富な漆工品が出土していて、長江流域には伝統的に高度な漆の文化が醸成されてきた。この地域の漆文化の起源は新石器時代に遡り、これまで浙江省河姆渡《かぼと》遺跡から出土した漆塗容器類が年代的には最も古い資料とされてきた。しかし近年河姆渡に先行する同省田螺山《でんらさん》遺跡からは、丁寧に重ね塗りして仕上げられた円筒形漆器が出土しているほか、さらに最近になって丸木舟が出土したことでも知られた杭州市湘湖南岸に所在する跨湖橋《ここきょう》遺跡からは、田螺山の漆器より１、０００年ほど遡る、河姆渡文化でも古い段階の漆塗弓が発見された。しかしこの弓に塗布された漆技術は、原始的な段階の漆製品とは考え難く、当地における漆利用の起源はさらに遡る可能性がある。

　転じて日本列島でも同じように、先の縄文早期の垣ノ島Ｂ遺跡で出土した精製漆は、細かい漆漉し編布によらなければ生成が難しく、また混ぜ込むベンガラ顔料の精製も技術的に優れていて、漆工技術としては決して低い段階ではなかったと考えられる。近年俄に主張されている、日本列島の漆工の起源がさらに遡るという根拠はそんなところにもある。

　さらにそれを後押しするように、この垣ノ島Ｂ遺跡の漆製品と、先に紹介した鳥浜遺跡の縄文草創期に遡る漆木の遺伝子調査が実施され、これらの漆は中国湖南省や河北省の新石器時代の遺跡で得られた漆木のＤＮＡとは異なる日本列島の固有種で、大陸の漆とは別系統の可能性が高いとされたのである。

漆文化の成立基盤

漆文化の列島での起源を問題にするとき、漆の自生の問題や漆工技術の系統とは別に、当時の生活や生業体系にも目を向けて考える必要があるだろう。先の下宅部遺跡で出土した漆関連資料をもとに、漆の木杭に残された漆掻きの痕跡や、漆液の採取実験などによる復元研究をみてみよう。漆容器として使われた土器のなかで、漆液が最も多く入った痕跡を残すものは約１《リットル》もある。これだけの漆液を得るためには、自生している野生の漆だけで賄うことは難しい。一定の漆塗りの作業を継続して維持することや、高い技術の継承は、安定した漆液の生産がなくては叶わないため、管理された漆林の存在が不可欠になる。同じ漆の利用といっても、漆器の塗料としての技術と、接着剤としての漆の利用とは分けて考えるべきだろうが、とりわけ高度な漆の技術を伝え継ぐには、漆を採取する漆木の管理や漆液の保管など、漆にはほかの技術にはない特有の問題がある。したがってこれらの技術を受け継ぐには、少なくとも年間を通じて安定した定住生活がその前提になると考えられる。漆技術の起源が列島

二戸市浄法寺町の漆林における漆掻きの様子

にあって、それが縄文時代の始原段階まで遡ることを想定するには、草創期の段階の住居や集落のありようなど、生活や行動様式とも整合した解釈が求められる。

なお後続する弥生時代における漆技術との関係も重要な課題だが、今のところ縄文漆の命脈について充分に明らかにされているとは言い難い。弥生時代の漆製品は縄文時代に比べると貧弱さが否めない感がある。比較的資料が纏まっている松江市タテチョウ遺跡では、弥生中期の漆塗櫛や漆塗土器が出土しているが、櫛は多数出土しているが装飾性に乏しい簡素な作りのものが多く、下地のない単層漆が圧倒的に多く、下塗りしていていものでも、精製が不十分な漆が使われている。また漆液に混ぜ込んだ顔料は粒度の選別や顔料の精製が不十分で、技術の稚拙さや胎の造形が見劣りするといえるだろう。例えば縄文漆に獲得されていたクロメの技術などは、弥生時代には直接継承されなかったのではないだろうか。弥生時代の漆塗りの利用は特別な器物に限られる傾向があり、日常品への広がりが乏しい点にも縄文漆との隔たりが感じられる。

漆文化の特質

本節で紹介した縄文時代の漆製品を観察してあらためて感じるのは、現代の工芸品に見紛うほどの素晴らしい装飾性と造形美を備えた創造性であり、加えてそれを可能にした漆を自在に操る高度な技術が獲得されていたことである。しかもそこには当時の職人の手慣れた仕事が透けて見える。漆製品には木胎、籃胎、樹皮胎、土器胎など多様な胎があり、それぞれに適った塗布技術が発揮され、何れも漆製品として極められた感がある。これは漆の技術水準の高さはもちろんだが、器物本体である生地製作技術もまた優れているからにほかならず、漆製品の見事さは縄文文化の総合的な工芸技術水準がいかに高かったかを証明したものといえる。

　このような縄文の漆文化の特徴は、原料である漆の木の育成・管理、漆液と、漆に馴染む顔料の精製技術の継承、胎との相性などに見ることができ、それは特殊な技術を着実に継承することが可能な環境と、安定した定住集団の存在によってはじめてなし得た技術であると考えている。

　縄文時代の人々が漆の有用な性質を見いだした背景には、彼らが周辺に存在する資源の活用に目を配っていたからであろう。そこには不要な資源などないと考えていたようにも思え、特にかぶれの問題がある漆などはその代表的なものかも知れない。かつて東北歴史博物館長を務めた進藤秋輝は、縄文人と漆の関わりについて、「子供の頃山漆にかぶれる経験を持っている人も少なくないだろう。縄文人も漆の威力に畏怖して、漆製品に「破邪の神」が宿っていると信じていたに違いない」と語っている。

第4章

定住する狩猟採集文化の特質

1節　黒潮をこえた縄文の丸木舟

1　舞鶴湾に係留されていた丸木舟

京都府の北端に位置する舞鶴市は、日本海に接続する東西に分かれた良港をもつ。この舞鶴湾には大浦半島が東側から突き出すようにのび、狭い湾口部をつくりだしている。１９９７年発電所の建設にともない大浦半島の湾内側にある浦入《うらにゅう》遺跡の発掘調査が行われ、そこから縄文時代の一隻の丸木舟が発見された。付近から丸木舟よりやや後の時期のものとされる、桟橋あるいは係留のための施設の一部とみられる杭も見つかっている。同時に出土した遺物や出土層位から、この丸木舟は縄文時代前期の中頃に作られたと判断された。

丸木舟は腐朽してすでに失われた部分があり、全体の法量は不明だが幅が約１００㌢、長さは残存部が約４６０㌢、船底の厚さが７㌢である。したがって直径が１００㌢を超える巨木を半截して内側を刳り抜き、外を削って製作したと推定できる。残存状態から推定して復元すると、全長は８００～９００㌢ほどの大型の丸木舟と考えられる。また舷側も30㌢ほどあって比較的高く、横波にも対処できる形態で、外洋に漕ぎ出すことが可能な丸木舟と見てよいだろう。浦入遺跡からはこの丸木舟とともに、石鏃など剥片石器の材料である黒曜石が見つかっており、この丸木舟に積み込んで産地である隠岐島から持ち帰ったのだろうかと想像してみたくなる。

縄文時代の遺跡からは移動手段や物資の運搬具として、また当時盛んだった漁労活動に使われるなど、さまざまな経済活動に大きな役割を果たしたことが想像される丸木舟が出土している。しかし木造であることと、大型遺物であるため完全な形で出土することはほとんどなく、丸木舟の構造や法量など全容を明らかにするにはやや手強い資料でもある。ただこれまで全国各地から出土している縄文時代に属する丸木舟については、最新の集計データこそ持ち合わせていないものの、不時発見などで詳細の明らかでない例も含めると200隻あまりにのぼることもあって、この時代の丸木舟の特性などは概ね把握できる。

浦入遺跡から出土した丸木舟（公益社団法人　京都府埋蔵文化財調査研究センター提供）

2　縄文時代の丸木舟

丸木舟の形態

ここではまず縄文時代の丸木舟の形態的特徴から紹介しよう。基本的に単材刳り舟である丸木舟には、船底が平坦な形状のものもあるが、丸太を半截した形態を生かした鰹節形と呼称されるものが多数を占めている。船底が平坦な丸木舟は船体の形態と合わせて、湖や潟のほか河川の下流域など出土した遺跡周辺の環境から考えると、比較的穏やかな内水域で利用されたようだ。丸木舟の舷側の高さを問題にした中原斉は、舷側の高さが20センチ以上の丸木舟は外洋航行用とみなし、それ以下の舟は内水域航行用として使われたと推定している。このように縄文時代の丸木舟の船体の形態の差が用途の違いに関係することが考えられる。

丸木舟の大きさ

丸木舟の法量については、全形がわかる資料は極めて少ないため、船体の全長の違いを比較して、丸木舟の消長や利用を考えることは難しい面があることを前提に話を進めたい。これまでに発見された最も長大な例は、滋賀県近江八幡市元水茎《もとすいけい》遺跡出土の丸木舟で８３５センチ、ついで同遺跡から８２０センチを測る別の丸木舟が出土している。どちらも時期は後期中葉とされていて、破片から同様の長さがあると推定できる資料はほかにもあるが、全長が確認できる８００センチを超える丸木舟は、現在この２例に限られる。また全長が７００センチを越えるものに範囲を広げても、先の元水茎の例も含めて５隻に過ぎない。それに対して全長の短い例としては、同じく後期とされる岐阜県谷汲村末福《すえさき》遺跡出土の丸木舟があるが、これは全長が２５９センチしかなく最も短い例である。このように全長には長短のひらきがあるが、丸木舟全長の比較グラフを見ると、４５０センチから６５０センチに集中していることがわかり、その数は30例中の21例、全体の７割がこの範囲にあることから、縄文時代の丸木舟の標準的なサイズと考えてよいだろう。

　次に船体の幅が確認できるものは35例ある。冒頭に紹介した浦入遺跡と、元水茎遺跡の丸木舟がほぼ

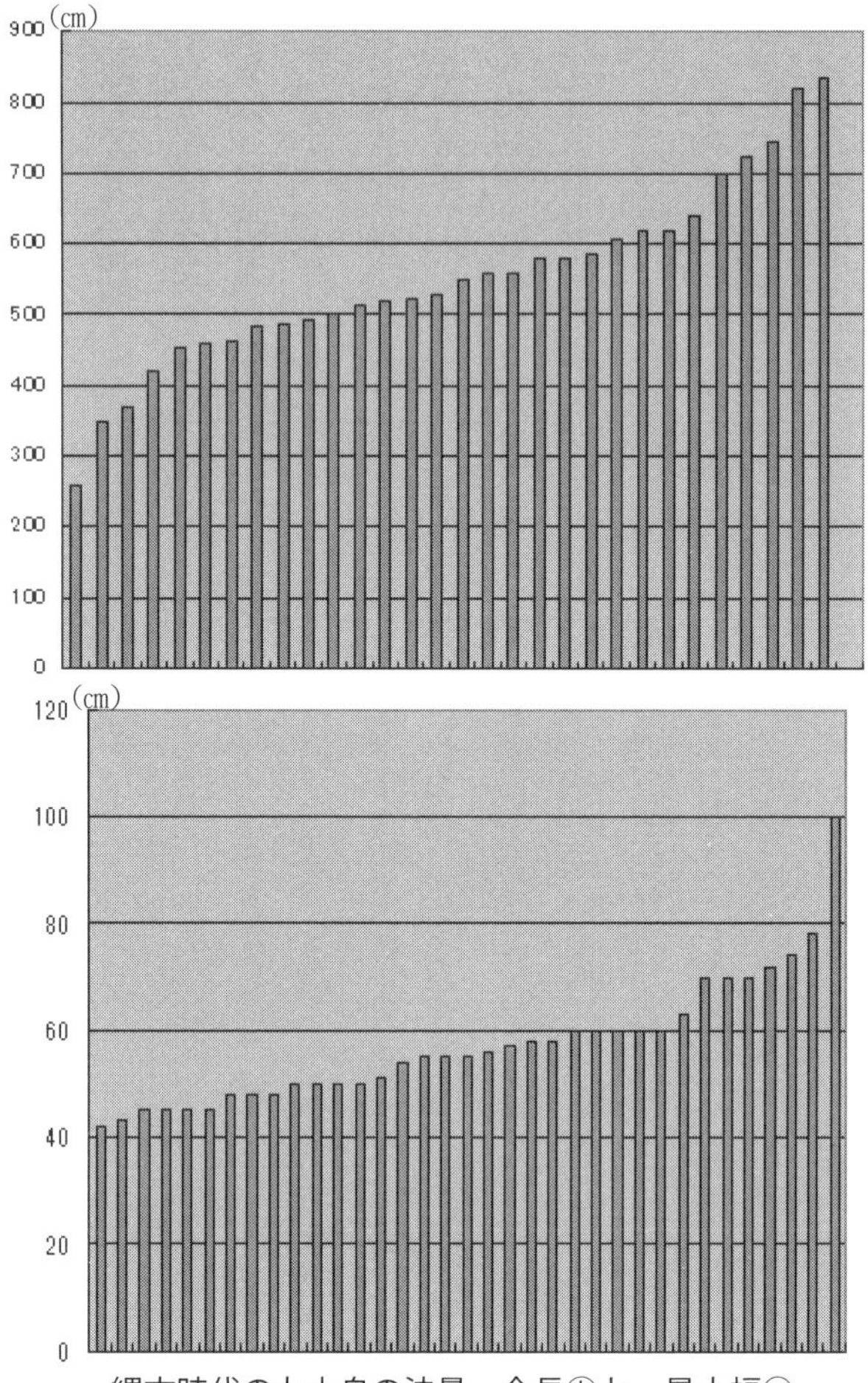

縄文時代の丸木舟の法量　全長㊤と、最大幅㊦
（松田真一2003「物流を促した縄文時代の丸木舟」『初期古墳と大和の考古学』学生社より）

１００㌢ありこれらが最大で、逆に最も幅が狭い例は千葉県八日市場市の大境遺跡の42㌢である。１００㌢前後の幅がある２例は突出しており、当時としては特別の丸木舟と認識されていただろう。それを除くと大境遺跡例を含めて約８割にあたる28例が42㌢から63㌢の範囲にあり、標準的な法量だったといえる。これらとはやや開きがある幅が70から80㌢の６例は、船体の幅で見る限り大型の丸木舟に分類できる。

このように丸木舟の法量の統計を分析すると、ある程度規格を意識して製作していたことが明らかである。丸木舟の法量はどのような要素で決まるのだろうか。これには丸木舟の所属する時期と関係するとした見解があるが、出土数が増加する後期の丸木舟に大型と小型が入り混じっていることや、２０１４年に発見された千葉県市川市雷下《かみなりした》遺跡の丸木舟は、早期に遡る最も古い時期の一例だが、全長は７２０チセン以上もあり、長大な船体も早い時期から存在していて、時期と船体の長さや幅との間に有意な関係は見出せない。法量は多分に航行する水域環境に関係すると考えたいが、奄美大島の民族事例を調査した横田洋三は、海洋型と河川型の舟の法量はあまり違いがないという。縄文時代に遡って同様のことが言えるのか検証する必要がある。

丸木舟の法量は製作された時期や、舟が利用される水域環境が深く関与しているようには考えられないが、日本列島における丸木舟の出土地域と何らかの関係があるのか検討してみた。船体の全長が５００チセン以上の舟は20例あるが、うち13例が西日本で出土している。西日本では出土数の多い琵琶湖周辺や日本海側地域の舟の全長みると、全長が５００チセンに満たない例は、僅かに松原内湖の１隻に限られているだけで、それ以外はすべて５００チセン以上である。一方東日本では全長５００チセンを超える丸木舟は７隻あるものの、全長が５００チセンに満たない舟の数のほうが多く、全国で５００チセン未満の丸木舟は10例存在するが、うち９例が東日本で出土している。このように西日本の丸木舟が法量で東日本を上回ることが明らかである。

列島の東西で丸木舟の大きさに違いがあるのには、何か理由があるのだろうか。ここからは主に東日本と西日本という地域を意識して、その用材に注目してみた。

3　丸木舟と船材

東西の丸木舟

縄文時代に丸木舟の材として用いられる樹種の選択には、時期とともに地域による違いが関係していることが考えられるので、その辺の事情を詳しく紹介してみよう。船材の樹種が判明しているのは、詳細がある程度明らかになっている丸木舟全体の半数ほどである。そこで地域を西日本と東日本に分けて、それぞれの地域における丸木舟に用いられた船材の樹種について傾向を探ってみる。まず鍵になりそうな船材であるスギ材の使用例をみると、全資料を通してスギは15例あり、全船材中最も多く使用されている樹種である。日本海側地域および琵琶湖周辺を中心に西日本では、モミやカシなどを用いた2、3の僅かな例を除くと、スギ材一色と言ってもいいほどほかの材を圧倒している。スギ材を用いた例がこれまで一切確認されていない東日本とは全く対照的である。西日本では松江市橋縄手遺跡、福井県三方町鳥浜遺跡、浦入遺跡など前期に遡る例から、滋賀県彦根市松原内湖遺跡や三方町ユリ遺跡例など晩期に至るまで、時期を越えて一貫してスギが用いられている。

一方スギ材が使われない東日本では、イヌガヤも含めたカヤが最も多く13例、次にクリ材が続き7例が知られている。このほかにはマツ、ケヤキ、ムクノキ、トネリコ属、ハリギリ、ニレ属などが使われている。東西で同じ樹種がみられるのは、少数例のマツがある程度で、歴然とした用材の違いが認められる。また東日本では用材の時期的な選択変化が窺える。出土数が多い関東地方の事例をみると、早期の雷下《かみなりした》遺跡のほか、前期の加茂遺跡、中期の中里遺跡や千葉県島遺跡などはいずれもムクノキが選ばれているが、後期以降になると船材は一変して、カヤとクリ材が大半を占めるようになる。製作地周辺の植生環境の変化が用材の変更を余儀なくさせた可能性が高いと考えられるが、後期になって出現する船体の横梁帯のような、丸木舟の構造の変化など製作上の問題が関係するのかも知れない。また縄文時代のほかの木製品の製作をみると、特定の製品を専業的に生産していた集団の存在も想定されており、地域の舟作りの伝統などが関与していた可能性も捨てきれない。

ここまで丸木舟に用いられた樹種について概観したが、現在までの丸木舟の出土地には極端な偏りがあるため、空白地における今後の発見事例を待たなければならないが、現資料にもとづいたこのような日本列島東西の用材の違いは大局的には変わらないだろう。特に西日本の日本海側や琵琶湖周辺で出土する丸木舟に、圧倒的にスギが選択されていることは、真っ直ぐにかつ太く成長するスギ材の特徴と、水漏れしにくく加工も比較的容易であるという船材として適した性質が関係していると考えられる。ではこの地域がスギを容易に利用できる環境下にあったのか、当時の西日本における森林相を考えるうえで参考となるデータをみてみよう。

スギ林の北上と船材

西日本でもとりわけ日本海側の縄文時代の植生環境については、丹後半島大フケ湿原堆積物から得られた花粉データが明らかにしている。近畿地方北部の森林相の変遷を追うと、およそ15,000年前（放射性炭素年代測定による）以前の極寒の最終氷期には、ツガ属、モミ属、マツ属などマツ科針葉樹に覆われ、それに広葉樹のカバノキ属などが加わる林相であった。その後12,000年前頃から、次第にブナがマツ科針葉樹にとって替わる。さらにそれから2,000年を経過した頃から、スギが急速に進出したことが読み取れる。恐らくこのスギ材が丸木舟製作の適材として利用できることを、西日本の縄文人が見逃さ

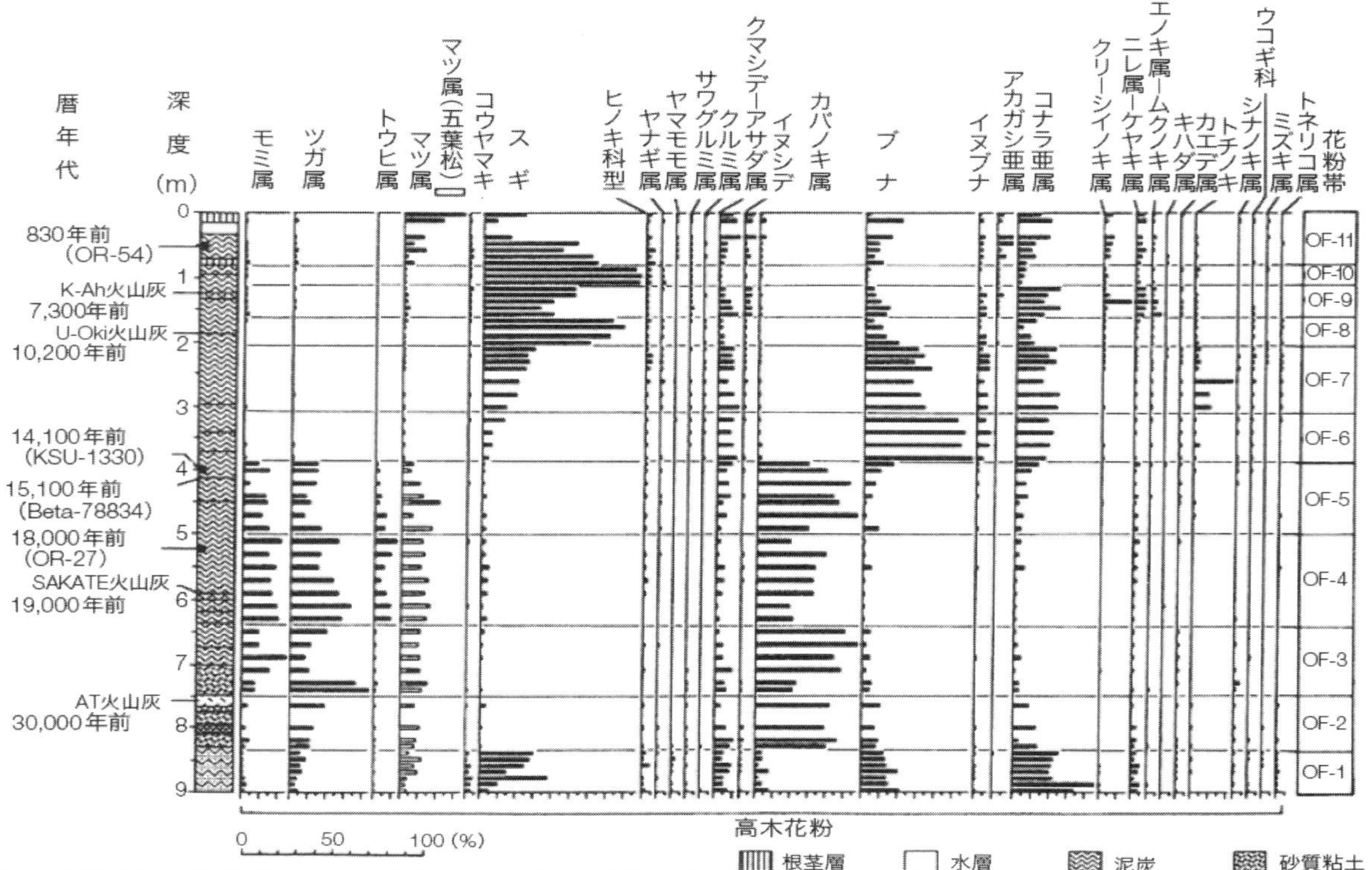

縄文時代の植生環境がわかる京都府大フケ湿原の花粉分析データ（高原光ほか 1999「丹後半島大フケ湿原周辺における最終氷期以降における植生変遷」『日本花粉学会会誌 45』より）

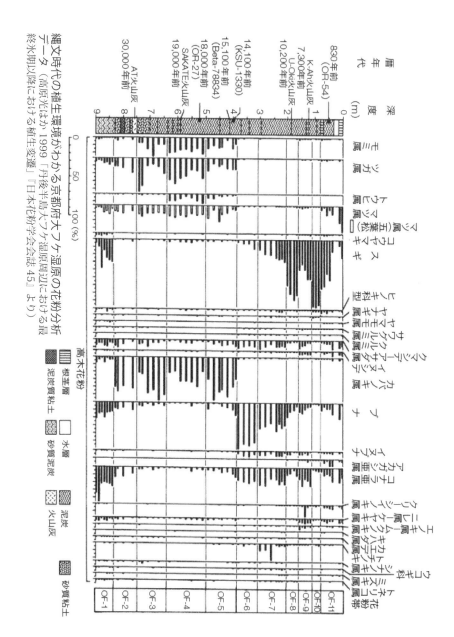

なかったのだろう。

藤田富士夫は佐渡島の南端、小木半島の標高175メートルの最高所に立地する長者ケ平遺跡を、そこで見つかった配石遺構や焼土塊と、大量に出土した磨石などの石器組成の特徴などを根拠として、縄文時代中期の丸木舟の製造所ではないかと推定している。藤田によれば佐渡には樹高30メートルにも及ぶ巨大なスギの御神木がある神社や、直径が5メートルを超えるスギの切り株などが残された場所があるという。かの著名な民俗学者柳田国男は佐渡の両津で調査を行い、佐渡はスギが豊かに育つ環境にあり、「大スギ」や「焼船」など、かつてそのスギを利用して船が製作されていたことを物語る地名が残っているといっている。

佐渡島ではまだ縄文時代の丸木舟こそ発見されてはいないが、ここで触れた大フケ湿原の花粉分析の結果が明らかにしているように、温暖化が進む環境変化の中でスギ林が日本海側を北上するように植生域を拡大したことは見逃せない。当時船材として恰好のスギの存在に目をつけ、縄文時代以降歴史時代に到るまで西日本では舟の適材として伝統的に利用し続けたとする見解は当を得たものといえる。

佐渡市下黒山の稲荷神社の大杉（佐渡市提供）

ムクノキからカヤノキへ

東日本に目を転じると、早期の丸木舟が出土した雷下遺跡が所在する千葉県市川市国分谷支谷で、縄文時代の植生環境がわかる大型植物遺体のデータが得られている。早期にはムクノキや、コナラが優先する落葉広葉樹の林が広がり、続く前期から後期もコナラが優先した林が広がっているほか、クリやトチノキも多く分布している環境にあった。晩期にはクリとトチノキはやや減少するものの、コナラの森林が維持されていたという調査結果が報告されている。

東日本ではコナラをはじめとした落葉広葉樹が主体の森林環境のなかで、船材として利用できる樹種を選択したと考えられる。早期の雷下遺跡では周辺の森林で得やすく、成長が早くかつ太くて大木になるムクノキが選ばれたのも頷ける。続く前期や中期にもムクノキの丸木舟が存在するが、耐久性に劣る性質のためだろうか、後期以降にムクノキが利用された例は今のところ確認されていない。千葉県鎌ヶ谷市大柏川低地では前期から後期の間の堆積物中にクリの花粉が、樹木花粉の3割近くを占めているという分析報告があり、房総半島北部ではクリ材が利用しやすい環境にあったようだ。南借当《みなみかりあて》遺跡、宮田下遺跡、矢摺《やすり》泥炭遺跡など千葉県の遺跡から出土したクリ材を用いた丸木舟は、そのような森林資源を活用したのだろう。

あらためて東日本出土の船材の樹種を調べてみると、カヤ材が最も多く利用されていることに気が付く。埼玉県の後期以降の丸木舟には、緻密で水湿に強いカヤ材を使ったものが多い。さいたま市の妙行寺金毘羅堂境内には、天然記念物に指定された「与野の大カヤ」と呼ばれる幹周り7メートルを超える大木があるが、ムクノキやケヤキなど落葉樹の林の中にも、常緑針葉樹のカヤやモミが自生しており、船材に適していることを見抜いて利用したと思われる。丸木舟が出土したそれぞれの地域の当時の局所的な森林環境はわからないが、後期以降にクリやカヤなどが船材として選ばれた背景には、周辺で得られる森林資源のなかから、経験的に得た樹種の性質を十分考慮し、適材を選択していたと考えられる。

4　丸木舟の消長

丸木舟の出現

これまでに発見された縄文時代の丸木舟は、湖畔や河畔のほか海岸などから出土したものが多い。当時使用されていた場所に係留されていた場合や、岸辺に放置されたものなどが発見されたとみている。あらためて列島の丸木舟の出土地をみると、後述するように琵琶湖周辺や千葉県とその周辺の湖沼や湿潤な場所に偏在していることは、丸木舟の埋没環境が大いに影響していることは事実だろう。但し縄文時代の丸木舟が発見される場所や環境は、舟が利用された実態の一面も表わしている。本節でも触れるように、列島の周囲に広がる大海に漕ぎ出すことももちろんあっただろうが、日常的には内水域や海浜の沿岸部の移動や、物資の運搬などの目的で頻繁に利用されたことが反映していると考えてよい。

近年の資料集成をもとにすると、出現期の丸木舟を手始めに、その後の消長についても概観することが可能である。唯一縄文時代早期に遡る雷下貝塚出土の丸木舟は、長さ720チセン以上、幅50チセンで、幅は平均的だが全長は平均値より長い。注目されるのは木取りで、船体の各部の横断面の観察では、ムクノキの原木を木目（年輪）に沿って円弧形状に加工している点である。この丸木舟は単純な形態とはいえ、木取りと加工の巧みさは、その後の丸木舟に引き継がれる技術的に完成され段階にあるといえ、その起源がさ

縄文時代の丸木舟一覧

都道府県	出土市町村	遺跡名/出土地	時期	長さ	幅	深さ	形態/構造など	樹種
北海道	石狩市	紅葉山	中期末	45	22		破片	
青森県	野辺地町	向井	前期末～中期初	35	32		破片	ハリギリ
福島県	新地町	双子	後期	243	63			マツ
福島県	新地町	双子	後期	370	30			マツ
栃木県	栃木市	西山田	後期	669			製作途中	ニレ属
埼玉県	さいたま市	寿能	中期後半	235	45		破片	トネリコ属
埼玉県	さいたま市	膝子	後期末～晩期初	700	50	25	鰹節形	クリ
埼玉県	さいたま市	膝子	後期末～晩期初					クリ
埼玉県	伊奈町	伊奈氏屋敷跡	後期末～晩期初	370	60	8		ケヤキ
埼玉県	伊奈町	伊奈氏屋敷跡	後期末～晩期初	485	55	20		カヤ
埼玉県	伊奈町	伊奈氏屋敷跡	後期末～晩期初					カヤ
埼玉県	川口市	赤山陣屋跡	晩期					
埼玉県	川越市	中老袋	後期	549	60	35	鰹節形	カヤ
埼玉県	北本市	高尾荒川河床	縄文時代?	462	50			
埼玉県	北本市	高尾荒川河床	縄文時代?	452	55			
千葉県	千葉市	落合(検見川畑町)	後期	620	43		鰹節形	カヤ
千葉県	千葉市	落合(検見川畑町)	後期	580	48	44	鰹節形	カヤ
千葉県	千葉市	落合(検見川畑町)	後期	348	52			カヤ
千葉県	市川市	雷下	早期	720	50			ムクノキ
千葉県	多古町	ゴーブケ沼	晩期?	513	50	25	鰹節形	
千葉県	多古町	中城下	縄晩期～弥前期初					カヤ
千葉県	多古町	船越丸山						カヤ
千葉県	多古町	南借当						クリ
千葉県	多古町	南借当		490	78	39		クリ
千葉県	多古町	島(栗山川遺跡群)	中期	745	70	15		ムクノキ
千葉県	匝瑳市	大境26-363		419	42	25	鰹節形・横梁帯	
千葉県	匝瑳市	大境26-39	後期	347	42	21	鰹節形・横梁帯	
千葉県	匝瑳市	大境26-59(残ツ沼)	後期	484	55	22	鰹節形・横梁帯	カヤ
千葉県	匝瑳市	旧新田324	後期				破片	カヤ
千葉県	匝瑳市	旧新田453-1①		345	58	20	横梁帯	カヤ
千葉県	匝瑳市	旧新田453-1②					破片	
千葉県	匝瑳市	旧新田453-324・325		416	40			
千葉県	匝瑳市	宮田下	後期					クリ
千葉県	匝瑳市	矢摺	後期	317	45	18		クリ
千葉県	匝瑳市	米倉長割堀		421	45	20	鰹節形・横梁帯	カヤ
千葉県	横芝光町	高谷川B	後期(加曽利B)	459	70	33	鰹節形	クリ
千葉県	横芝光町	高谷川G		260	45	22		
千葉県	南房総市	加茂	前期(諸磯)	480	60	15		ムクノキ
東京都	北区	中里	中期初頭	579	72	42	鰹節形	ムクノキ
東京都	北区	袋低地	後期				破片	トネリコ属
東京都	北区	袋低地	後期				破片	ケヤキ
東京都	北区	袋低地	後期				破片	トネリコ属
東京都	東村山市	下宅部	後期				未成品?	ケヤキ
神奈川県	横須賀市	伝福寺裏	前期末	285	40			イヌガヤ
新潟県	新発田市	青田	晩期	540	80	13	平底	トチ
石川県	七尾市	三室トクサ遺跡	中期					
福井県	若狭町	鳥浜	前期	608	63	20	鰹節形	スギ
福井県	若狭町	鳥浜	前期末以降	347	48		横梁帯	スギ
福井県	若狭町	ユリ	後期前半	522	56	10	鰹節形・横梁帯・平底	スギ
福井県	若狭町	ユリ	中期末					スギ

福井県	若狭町	ユリ	後期					ｽｷﾞ
福井県	若狭町	ユリ	晩期					ｽｷﾞ
岐阜県	揖斐川町	末福	後期	**259**	**45**	**18**	鰹節形	ｸｽ?
岐阜県	揖斐川町	末福	後期	*350*	*43*	*23*		
愛知県	愛西市		晩期				複材くり舟？	
静岡県	静岡市	神明原・元宮川遺跡	晩期	**670**	**65**	*30*	鰹節形	ｸｽﾉｷ
静岡県		大谷川	晩期					
滋賀県	大津市	大津錦織	晩期					ｶｼ
滋賀県	近江八幡市	長命寺湖底	晩期後半	**620**	**60**	**15**	折衷型？	ｽｷﾞ
滋賀県	近江八幡市	長命寺湖底	晩期後半				破片·横梁帯	
滋賀県	近江八幡市	元水茎	後期(彦崎KⅡ)	**820**	**100**	**55**	横梁帯	
滋賀県	近江八幡市	元水茎	後期(彦崎KⅡ)	**835**	**60**	**15**		
滋賀県	近江八幡市	元水茎	後期(彦崎KⅡ)	**560**	**45**	**13**		
滋賀県	近江八幡市	元水茎	後期(彦崎KⅡ)	**560**	**58**		横梁帯	
滋賀県	近江八幡市	元水茎	後期(彦崎KⅡ)	*175*			破片	
滋賀県	湖北町	尾上浜	後期～晩期	**520**	**54**	**30**	鰹節形	ﾓﾐ属
滋賀県	彦根市	松原内湖	晩期	**587**	**48**	**16**	鰹節形	ｽｷﾞ
滋賀県	彦根市	松原内湖	後期	**500**	**45**	**7**		ｽｷﾞ
滋賀県	彦根市	松原内湖	後期以前	*161*	*37*	*4*	破片	
滋賀県	彦根市	松原内湖	後期～晩期	*335*	*36*	*5*		
滋賀県	彦根市	松原内湖	晩期	**491**	**50**	**18**		
滋賀県	彦根市	松原内湖	後期～晩期	*187*	*41*	*11*	破片	
滋賀県	彦根市	松原内湖	後期～晩期	*174*	*38*	*11*	破片	
滋賀県	彦根市	松原内湖	後期以前	*300*	*30*		破片	
滋賀県	彦根市	松原内湖		*504*	*72*		未製品	ﾔﾏｻﾞｸﾗ
滋賀県	米原市	入江内湖	中期末～後期初					
滋賀県	米原市	入江内湖	中期末～後期初	**527**	**51**	**21**	鰹節形	
滋賀県	米原市	入江内湖	中期末～後期初	*359*	*48*	*10*		
京都府	舞鶴市	浦入	前期中葉	*460*	*100*			ｽｷﾞ
京都府	向日市	森本	後期					
京都府	向日市	東土川西	晩期	*370*				
京都府		和束川底	後期	*370*				
兵庫県	淡路市	佃	後期				木道に転用	ｸｽ
鳥取県	鳥取市	桂見	後期中葉	**724**	**74**	**35**	鰹節形	ｽｷﾞ
鳥取県	鳥取市	桂見	後期中葉	**641**	**70**	*10*	折衷形	ｽｷﾞ
鳥取県	鳥取市	東桂見	後期	*105*	*50*		破片	ｽｷﾞ
鳥取県	福部村	栗谷	後期	*300*	*90*			
鳥取県	北条市	島	晩期？	*66*	*55*	*20*	破片·鰹節形？	
鳥取県	米子市	井手膀	後期～晩期	*124*	*14*		破片·鰹節形？	
島根県	松江市	橋縄手(島根大学構内)	前期初頭	*604*	**57**		鰹節形	ｽｷﾞ
島根県	出雲市	三田谷Ⅰ	後期前半	*560*	**60**	**14**	鰹節形	ｽｷﾞ
島根県	鹿島町	佐太講武貝塚	晩期	*115*			破片·鰹節形？	ﾏﾂ科
島根県	益田市	沖手	後期末～晩期初？	**530**	**55**	**12**		
長崎県	諫早市	伊木力	早期末～前期初	*650*	*76*			広葉樹 ｾﾝﾀﾞﾝ?
沖縄県		前原	貝塚時代前期				破片	

1. 丸木舟の時期・法量・形態・用材などについてある程度情報が得られる事例に限った。
2. 法量について、太字は本来の形状を留めているものの計測値。斜字は欠損部があるため現存部分の計測値を示している。

らに遡る可能性を示唆しているようだ。雷下貝塚例は積極的な漁労活動が顕現する時期とは整合するが、各地の遺跡から出土する特定の資源や物資の移動の実態を見る限り、それ以前にも移動・運搬具として丸木舟が存在していたと考える方が無理がないとも思える。

物資の流通と丸木舟

長崎県伊木力《いきりき》遺跡出土の丸木舟は、前期初頭ないし早期終末に遡るとされる。船材は広葉樹を用いているが、残念ながら舷側、舳先、船尾などを欠いて船体の全容は詳らかにし得ない。同様に前期に属する丸木舟はほかにムクノキ製の千葉県南房総市加茂遺跡、イヌガヤ製の横須賀市伝福寺裏遺跡、以下いずれもスギ材の鳥浜貝塚、浦入遺跡、橋縄手遺跡の丸木舟がある。船体の本来の形状がわかる部分を留めていた浦入遺跡例は、船底がやや平坦なつくりになっているものの横断面は半円形に近く、幅が約１００㌢《センチ》、高さもあって重厚な船体という印象がある。

続く中期には石狩市紅葉山遺跡やさいたま市寿能《じゅのう》遺跡のほか、東京都北区中里遺跡や米原市入江内湖《いりえないこ》遺跡など6例が知られているに過ぎない。出土数も前期とさほど変わらず少ないこともあって、この間の船体の形態的特徴や、その変化を把握するには至っていない。

出土例が急増するのは後期に入ってからで、後期に属する丸木舟が37例、晩期が11例で、ほかに後期ないし晩期とされている舟が10例に及ぶ。後期以降の遺跡数全体の増加を勘案しても、丸木舟の出土数が目だって多くなることが明らかである。後期に入ると丸木舟の構造や用材が変化する。具体的には後期になって船体には造り出しの横梁帯が設けられるように構造の一部が変わるが、これは船体の強度や船内の仕切りなどが関係すると考えられる。ただし横梁帯出現の経緯や仕切られた空間の利用のほか、力学的に船体強度に効果があるのかなどの研究には接していない。

さて縄文時代後期に丸木舟の出土例が急増する事実は、その需要が以前より確実に高まったと見ることが妥当だ。地域によっていくらか違いがあるだろうが、各地で後期を境に生業活動の場が沖積地を中心とした場へ移行し、集落の立地や活動の場が低地を指向する傾向は明らかで、これが丸木舟の需要増大に関与していることは想像に難くない。また丸木舟が受け持つ重要な役割のひとつである漁労活動とも関係があると考えられるが、漁労活動が特に活発であった東北太平洋側から関東地方や、瀬戸内から北部九州地域においては、埋没環境に恵まれないこともあるが、漁労具と丸木舟の密接な関係を示す良好な資料は、残念ながらこれまでほとんど得られていない。

丸木舟はまた当時の物資の流通とも深く関わっていたはずで、運搬具としての利便性を生かした遠隔地や離島などとの往来や物資の移動は、丸木舟による運搬無くしては果しえなかった。物資運搬にともなう丸木舟の需要の高まりや、製作上の変化が顕現化する背景には、当時の物資の流通のしくみや地域間交流の活発化など、社会構造の変化が関係したことが考えられる。丸木舟利用の実態を解明するためには、丸木舟だけでなく櫂などの推進具や、舟を操作する綱や縄なども含めた総合的な研究視点も必要となる。また近年朝鮮半島や中国大陸の新石器時代の遺跡において、丸木舟の発見の報に接することも少なくない。縄文文化の領域や大陸との時期比定の課題などがあるなか、東アジア的視野で対象資料を検討することも重要である。

5　孤島へ渡る

八丈島の縄文遺跡

八丈島は近世に伊豆七島と呼ばれていた頃の最南端の島で、東京都心からは南に約３００キロも離れた位置にあり、まさに太平洋上に浮かぶ孤島といってよい。島は富士火山帯に属す火山島で、有史以来何度も噴火記録のある八丈富士と通称される西山と、有史以前まで噴火活動が盛んだった三原山と呼ばれる東山の二峰の火山が聳える。島全体がやや変形した瓢箪のような形を呈し、面積は約70平方キロでほぼ山手線の内側に匹敵する広さがある。

島の南西部に位置する樫立地区の南側は切り立った海岸線をつくるが、かつてその崖上には大海原に臨むように八丈温泉ホテルが建てられていた。１９７７年そのホテルでプールの拡張工事が行われた際、工事現場の一角から先史時代のものと思われる遺物が出土したため、都教育委員会の文化財保護部局に報告された。工事によって出土した遺物のなかの土器は、まぎれもない縄文土器で、前期終末から中期初頭の時期であることが判明した。このような大海のいわば孤島から、本土で出土するのと同じ特徴をもった縄文土器や石器などが発見されたのである。

倉輪遺跡の遠景（八丈町教育委員会提供）

新たに発見されたこの遺跡は倉輪《くらわ》遺跡と命名され、三原山から延びる山麓末端の崖上に立地し、およそ２０００平方メートル《メートル》の範囲に遺物が分布していることも確認された。これまでに実施された発掘調査で倉輪遺跡からは、本土の同時期の遺跡と同様の平面が円形を呈した竪穴住居6基、土坑12基、炉5基のほか、伊豆諸島で唯一縄文人骨が出土した墓2基などの遺構が発見されていて、八丈島が縄文文化の範疇にあったことをあらためて認識させることとなった。

実は八丈島では倉輪遺跡の発見より15年前に、湯浜遺跡という縄文時代の遺跡の存在が知られてはいたが、本遺跡の発掘調査では初めて島の縄文遺跡の実態を知る多くの成果が挙げられた。

倉輪遺跡の出土品から

八丈島の三原山は縄文時代前期に大噴火があったとされる。倉輪遺跡でヒトの営みが始まったのはその噴火が終わった後と考えられたが、実はその後も三原山は数度の噴火を繰り返しており、倉輪遺跡の住人が火山による被害を被っていた可能性がある。現在八丈島は暖地性のシダ植物が繁茂する常緑広葉樹主体の林相が広がっているが、倉輪遺跡からはイチイ科、ヒノキ科、スギ科などの花粉や、スダジイの子葉などが出土していて、当時の森林環境の一端が窺える。

発掘調査で出土した土器や石器類などの縄文時代の遺物を詳しく見ると、まず充実した縄文土器の内容が目を惹く。縄文前期終末から中期初頭に編年される十三菩提《じゅうさんぼだい》式、踊場《おどりば》式、五領ケ台《ごりょうがだい》式といった関東系の土器が約38％を占めて当地と

倉輪遺跡から出土した縄文土器　五領ヶ台式土器
（八丈町教育委員会提供）

の文化的繋がりを示唆する。それ以外に近畿系の土器が20%、東海系が1%など太平洋に面した広い地域の同時期の土器が出土している。ここから出土した縄文土器型式の連続性と、同時期の広域性が読み取れる内容は、この島と本土との間の不断の連絡があったことを示す物証といえる。

石製品にも注目されるものが出土している。「の」字状石製品という名称をもつ南海産の巻貝として知られるイモガイを模したとする意見があるもので、それを硬質の石材でつくった縄文前期に盛行する特徴的な装飾品である。「の」字状石製品に加えて琥珀製勾玉や小玉などの石製品も出土している。いずれもこの時期の本土の遺跡で出土する石製品と同質・同形で共通する。

倉輪遺跡から出土した縄文土器
踊場式土器㊤、十三菩提式土器㊥、近畿地方系統の土器㊦（八丈町教育委員会提供）

工具が中心となる石器には石鏃、石斧、石錐、石匙、削器、砥石、磨石、石皿などがあり、これらも本土の同時期の縄文遺跡で出土する石器の組成と、ほとんど同じ内容といって良い。石鏃をはじめとした剝片石器の石材には、同じ伊豆諸島の神津島《こうづじま》で産する黒曜石が使われ、磨製石斧には地元産の玄武岩を用いているが、石斧にはこれ以外に本土で産出する緑色片岩系石材を素材とした製品も出土している。

なお先に紹介した本遺跡から出土した縄文土器をもとに集落の消長を考えると、およそ土器型式にして2型式の間繁栄した後は消息を絶っており、末裔の本島における詳しい動向はこれまでのところわかっていない。

島の環境と入植

本遺跡から出土した資料には、土器や石器などのほかに、島の資源に関わる出土品も多く、なかでも捕獲された動物遺存体が生業活動の詳細を語ってくれる。サメ、エイ、フグ、ウツボ、バンドウイルカなど魚類骨や海生の哺乳類骨は、海に囲まれた島の環境が反映された動物食料残渣である。ほかにもアオウミガメやアホウドリなど爬虫類や鳥類も出土していて、豊富な資源を対象とした狩猟活動が窺える。

出上哺乳類のなかの陸獣にはイヌがあるが、このほかにも八丈島には本来生息していないイノシシの骨が発見されている。恐らく猟犬として飼い馴らしたイヌを連れ、加えて丸木舟でも運搬が可能なイノシシの幼獣を携え、八丈島に到達したと思われる。この遺跡で発見されたイノシシの骨の量は、本土の同時代の遺跡から出土する量と比較して遜色がないどころか、単位面積当たりに換算するとむしろ多いという。この事実は、八丈島は限られた面積の島ではあるが、イノシシの成育に適した環境であったことを示しているだけでなく、陸獣に恵まれない孤島にイノシシの幼獣を本土から持ち込み、人工的に飼育し繁殖させ安定した動物蛋白を得ることを念頭に置いた、周到な食料戦略があったとする意見もある。

サメの歯の装飾品

倉輪遺跡の出土品のなかに漁労具の代表格でもある釣針がある。面積当たりに換算するときわめて多くの釣針が出土しているのは、島の周辺海域の環境はもとより、遺跡から出土した多種の魚類遺存体の存在とも符合する。釣針の法量をみると魚種に適合するように、およそ4つの大きさに分類できる。またチモトに突起をつくり、釣糸の結縛を確実にするため複雑な形状に工夫されているほか、軸と鈎先に返しをつけて、獲物の逸脱を防ぐ独特の構造のものがある。実はこのタイプの釣針は、倉輪遺跡と同時期である中期初頭前後の関東地方の遺跡からは出土せず、遅れて中期終末になって三浦半島や東京湾沿岸の貝塚などから出土する。したがってこの特徴をもった釣針は、八丈島はじめ南部伊豆諸島で考案された可能性が高く、その後本土に渡って同種の釣針が定着していったとする見方が有力である。

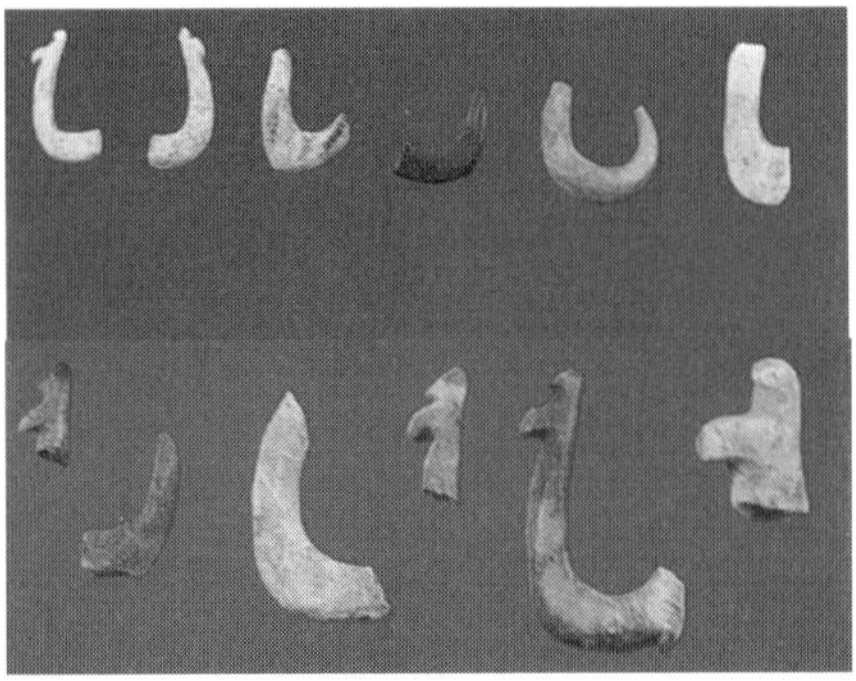

倉輪遺跡から出土した釣針
（八丈町教育委員会提供）

ここで本遺跡の出土品として特に取り上げたいのは、珍しいサメの歯が50点あまりも出土していることである。八丈島の周辺の海には現在でもネズミザメ、ツマグロザメ、イタチザメ、ホオジロザメなどサメ類が多く生息していて、実際にサメによる漁業被害も多く報告されている海域である。多数のサメの歯が出土していることは、果敢にサメ漁に挑んでいたことの証でもある。実は倉輪遺跡からはこのサメの歯に穿孔した装飾品も出土している。海に生息する生物のなかでも最も恐れられるサメを仕留めた、その勇敢さと知恵を象徴する意味をもった特別の装身具であったと考えられる。サメ歯装身具は宮城県田柄《たがら》貝塚をはじめ、岩手県中沢浜《なかざわはま》貝塚など海浜地域の遺跡ばかりか、長野県湯倉《ゆぐら》洞窟遺跡など、中部から東北地方の内陸部の遺跡からも出土している。興味あるのは縄文時代にはこのサメの歯をそっくりに真似た石製のほか骨角牙製や土製の装飾品が存在しており、内陸地の遺跡や周辺の海域にサメが生息しない地域などでは、とりわけ嘱望された希少な装身具であったようだ。各地の縄文遺跡から出土するサメの遺存体の調査によれば、サメ漁は縄文時代早期にまで遡るとされる。やがて本土では容易には得難いそのサメの歯に目を付け、紐通しの孔を穿ち歯根部に巧みな加工を施し、価値ある装飾品として扱われるようになる。サメの歯装飾品については第三紀に絶滅した巨大サメの化石歯を加工したとする考えも示されていて、縄文時代に生息したサメとは関りがないとする見解もあるが、サメが多く生息しサメ漁が盛んだった八丈島に住む人々の関与がなかったとはいえないだろう。

倉輪遺跡の出土品を通して見ると、八丈島を含む伊豆諸島と本土との連絡は決して特別の機会でもなく、また偶然の孤島への漂着でもないことが

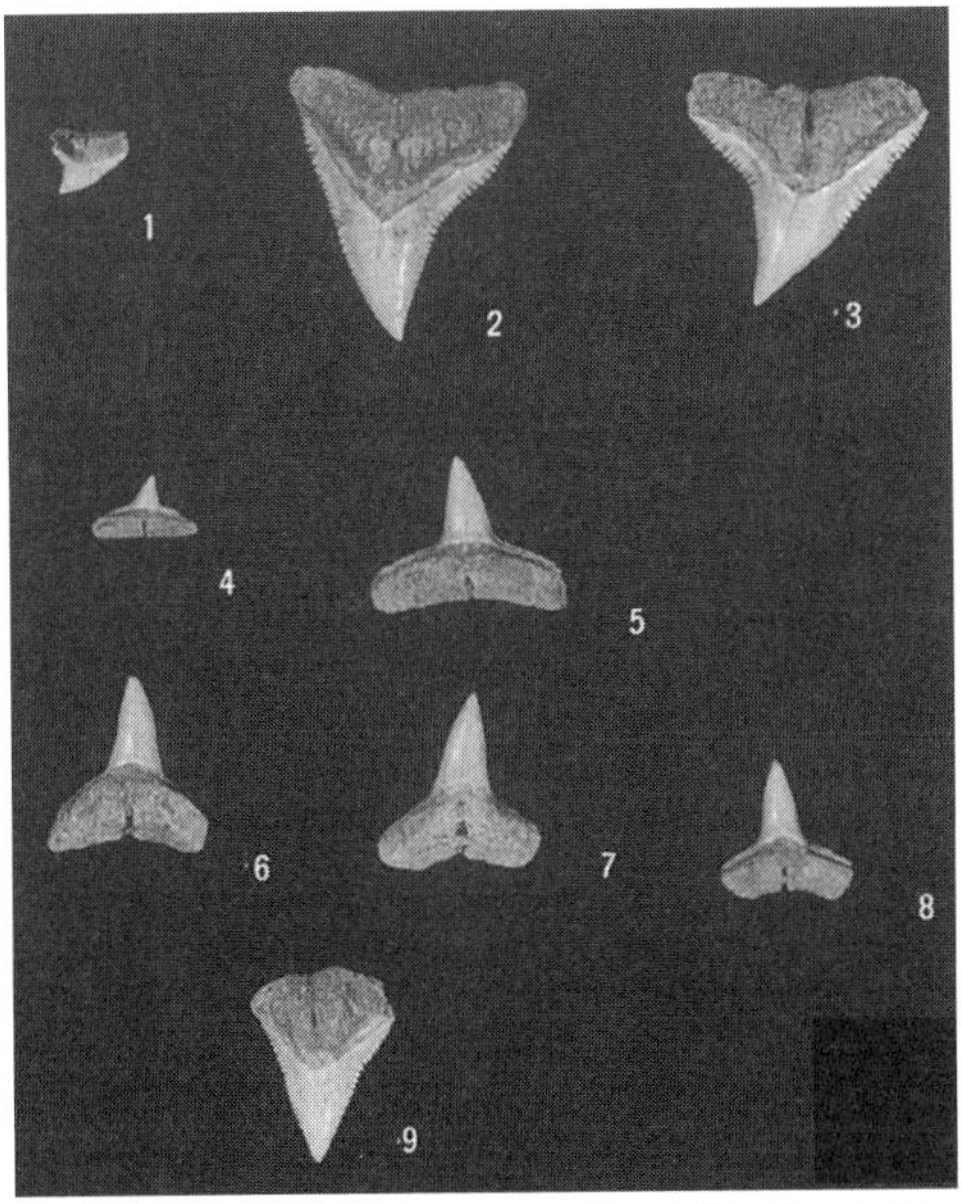

倉輪遺跡から出土したツマグロ（サメ）の歯

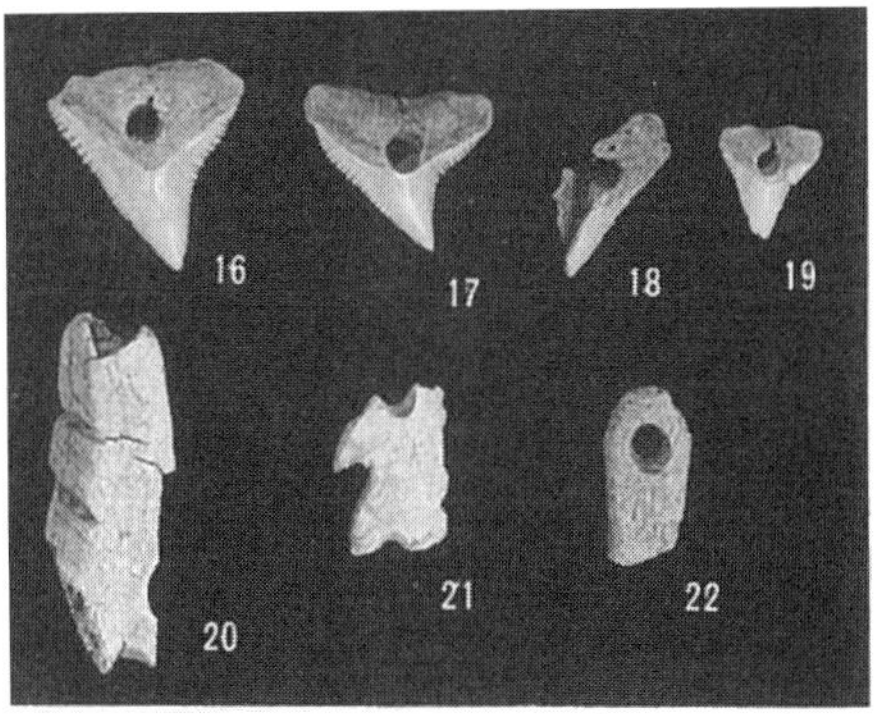

倉輪遺跡から出土したツマグロ（サメ）のサメ歯装飾品（16~19）と骨針頂部（20~22）
（いずれも八丈町教育委員会提供）

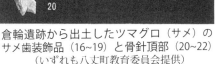

わかる。本遺跡から出土した前期終末から中期初頭にかけての土器の様相と連続性をはじめ、そのほか相互に共通する出土品からみても、本土との頻繁な往来があったことは明らかである。また本土からの島嶼部への一方向の物資や情報の動きだけでなく、逆方向の文化の伝播や影響があったことも先に取り上げた通りである。

周到な丸木舟による航海

倉輪遺跡に集落を構えて生活した人々の足跡は、丸木舟にオール一本で太平洋の荒波や航路上を横切る黒潮をも乗り越え、八丈島に到達したことを証明している。丸木舟による八丈島への渡航は、度胸のある人物が挑んだものでもなく、また洋上で操舵不能となった末に漂着した結果でもない。縄文人が漁労活動や物資の運搬のなかで培った経験の末に獲得した、高い航海技術を駆使して果たすことが可能になった外洋航海の旅である。不慮の事故や事態に遭遇したことがなかったとはいえないが、確実に島に到達できる周到な計画による航行であたったことだけは間違いないだろう。その後も、本土からの物資を島に

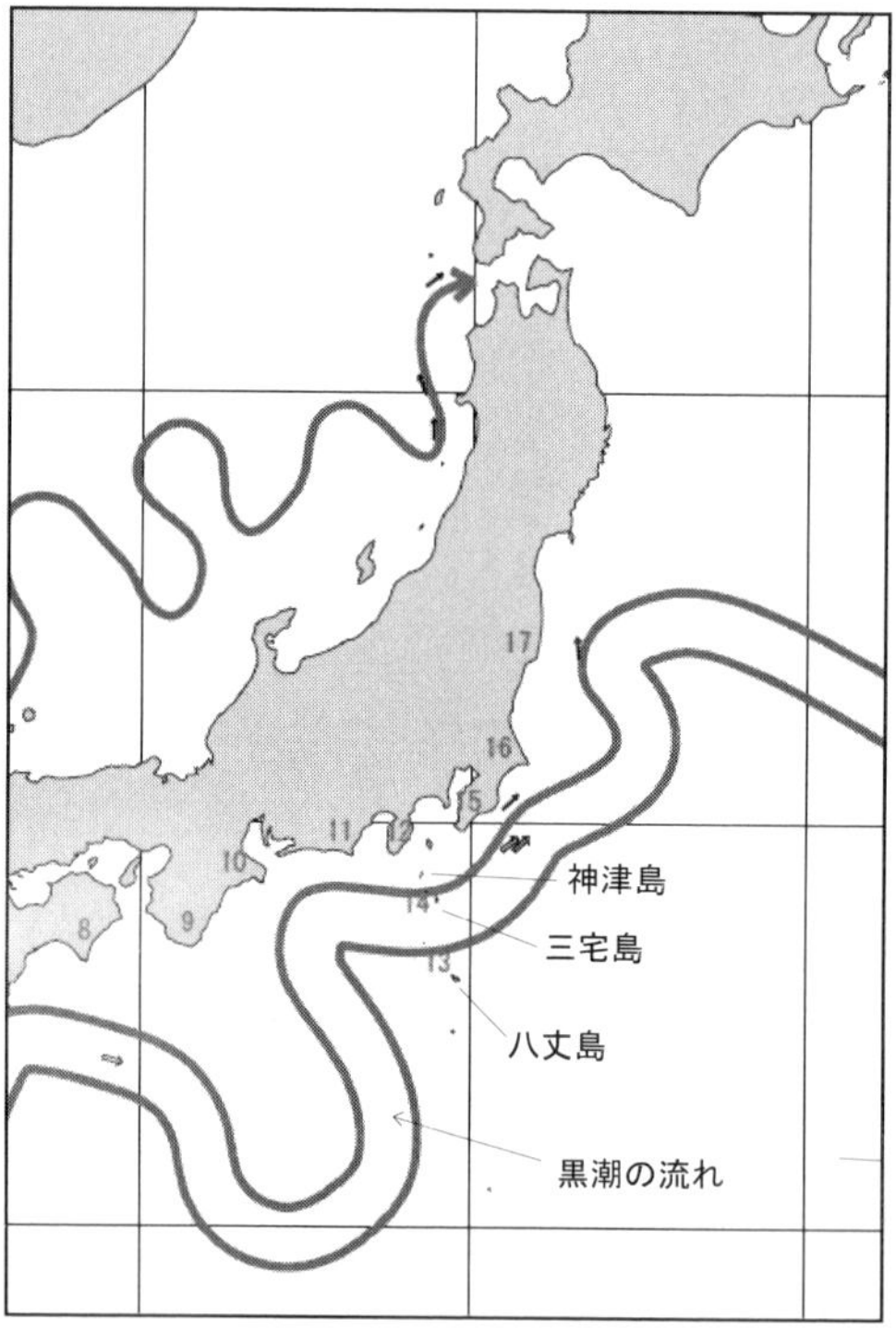

黒潮の流れと八丈島（海上保安庁海洋速報令和元年6月7日第102号に加筆）

継続して持ち込んでいる事実が、本土やほかの伊豆諸島との不断の交流を証明している。

縄文人と海とのかかわりは、神奈川県夏島《なつしま》貝塚や岡山県黄島《きじま》貝塚などに代表される縄文時代早期にまで遡る。地球が温暖化した新たな水域環境の下で、海の資源に目を向けその獲得を狙った彼らは、海の気象、潮の満ち引き、海流の動き、海の生物の生態や習性など多くの知識と経験を積み重ねていった。それを怠れば自身の生死をも左右することになりかねないなか、大海原を越えた孤島への航行も、その延長として可能にしたのであり、失敗することのない確実な渡島計画を実行にうつし、八丈島まで到達したのだろう。倉輪遺跡から出土した縄文土器やサメの装身具を見ると、困難を乗り越えて渡島を成し遂げた縄文人の得意そうな顔が浮かんでくる。

2節　縄文の特産品と広域流通

1　貝製装飾品を生産した北端の島

最果ての縄文遺跡

北海道の最北端である稚内の西方沖日本海上には対照的な姿のふたつの島が浮かぶ。富士山のような山容の利尻山が聳える利尻島と、その北西に位置し、起伏のない平坦な地形をなす礼文島である。ここで取り上げる礼文島は稚内から西方約60キロの距離にある離島で、フェリーを利用すると２時間ほどで渡ることができる。礼文島は南北約30キロ、東西約８キロ、面積82平方キロメートルを有する列島最北端の島で、約３００種の高山植物が自生し花の島とも呼ばれ、観光地としても良く知られている。花といえばかの一ノ谷の合戦で、熊谷直実に討ち取られた平敦盛が身につけた母衣《ほろ》に因んで、袋状の花弁に似たラン科の植物が、レブンアツモリソウと命名されている。礼文島にだけ成育し希少野生生物にも指定されている。

ところでこの花の島の北端には、注目すべき縄文遺跡が立地しているので紹介したい。

装身具を身につけた被葬者

船泊《ふなどまり》遺跡と命名されているこの遺跡の存在は、すでに明治時代から知られていたが、１９４９年北海道大学によって発掘調査が行われ、発見された縄文時代の墓地にはほぼ完全な状態の埋葬人骨が存在することが明らかになり、本遺跡の重要性が認識されるところとなった。遺跡は島北部の船泊湾と南東側にある淡水の久種《くしゅ》湖との間に形成された、高さが約10メートルの砂丘の西端付近に立地し、縄文時代後期前半から後期中葉にかけて栄えた遺跡である。

１９９８年からは本格的な発掘調査が実施され、これまでに竪穴住居19基、屋外地床炉29基、集石炉58基などからなる居住地域の状況がわかってきた。これらの遺構とともに24基にものぼる土坑墓が検出され、そこから合計27体の人骨が発見されるなど、埋葬の場の広がりも明らかにしている。土坑墓内の人骨はいずれも四肢を折るようにした、いわゆる屈葬の姿勢で埋葬されていた。なお墓地から出土した27体の人骨については、形質人類学的な見地から調査が行われ、出自に関する系統的な研究結果がある。それによると埋葬された人骨はいずれも北海道や本州の縄文人の特徴を備えており、より北方系の民族が渡島してきた可能性はないという。

船泊遺跡の遠景　遺跡は手前の建物背後の草地一帯
（北海道礼文町教育委員会提供）

ここで特に問題としたいのが、埋葬された遺体が身に着けていた装身具である。それは数多くの貝で製作した平玉を、連珠のように連ねた頸輪、腕輪、腰輪、足輪で、今日風にいえば差し詰めネックレス・ブレスレット・ウエストリング・アンクレットに当たり、まさに満身を装身具で飾っていたことになる。

屈葬されていた被葬者が身につけた装身具の装着状態を具体的にみると、最も出土数の多い輪状に連ねて用いられる貝製平玉には、精製品と粗製品とがあるが、精製品の連には粗製品は混じらず、両者を混在して同じ連には使うことはない。平玉には直径によって大小の規格があり、頸や腕など装着する部位に適った大きさの直径の平玉を用いて連としている。また腕輪や足輪にように左右に振り分けて装う装身具は、左右の対を意識してほぼ同じような平玉で構成される連を使っている。これら装身具の性差による扱いについては、装着部位や装着方法によって男女を区別した様子はない。縄文時代の装身具は男女で区別されることが多いことを考えると、ここでの装身方法は縄文時代の通例には則っていないことになり、地域的な特徴と考えてよいのだろう。

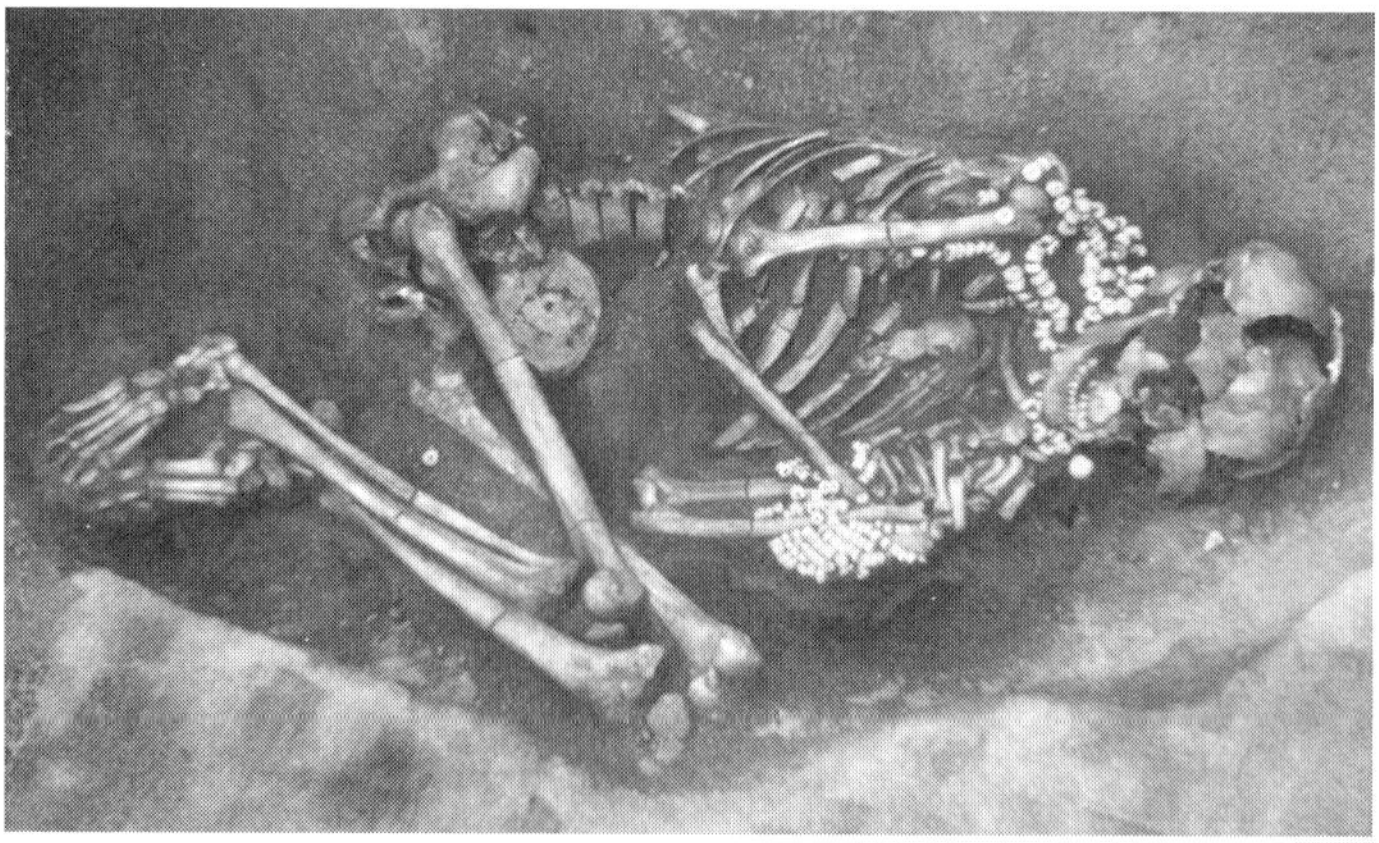

貝製装身具を身につけた土坑墓の被葬者
（北海道礼文町教育委員会提供）

ビノスガイと瑪瑙

遺跡が存在する砂丘一帯では、以前からこれら装身具として用いられた材料の貝が散乱しているほか、それを加工した未成品や、破損品の破片なども多数見つかっていた。したがってこの集落で実際に貝製品の製作を行っていたことは確実で、発掘調査では貝を玉に加工したとみられる作業場が6カ所で発見されている。貝製の装身具には後述するように数種類の製品があるが、なかでも最も多く出土しているのは直径が1～1・5チセン程度の大きさの平玉で、島の海岸で採集できるビノスガイという肉厚の二枚貝を加工した玉である。平玉以外の各種玉類の破片とともに、ビノスガイなどの貝に、孔をあけるためのドリルとして使われた、長さが1～2チセンほどの瑪瑙製の石錐《せきすい》が大量に出土しているほか、材料のビノスガイを纏めて保管した遺構も検出されている。本遺跡の盛期である縄文時代後期前半には、北海道から東北地方を中心に瑪瑙を材料とした石錐が分布しており、同様の穿孔技術の広がりが認識されている。ここで使われている瑪瑙は島内に産出し、玉の材料であるビノスガイとともに、遺跡周辺や島の西海岸には無尽蔵に存在する。このような玉生産に関わる資源に恵まれた好条件の下で、平玉を中心にした貝製装身具製作が行われたことが明らかになっている。。

夥しい数の貝製品

発掘調査で出土した未完成品を手掛かりにして、復元された平玉の製作工程は次のように推定されている。まず第1段階は敲石によってビノスガイを打割し、ほぼ目的大の平板状の素材を作り出す。次の第2段階はその素材の側辺を押圧交互剥離によって整形し、粗いながら丸い形に整える。第3段階は瑪瑙製の石錐で平玉の中心に両側から穿孔してほぼ平玉の形態を整える。この穿孔工程で多くの失敗した破片が生じている。最後の第4段階では周縁の凹凸を砥石で研磨して整った円板形に完成させる。恐らく研磨を最後に行うのは、穿孔の際の破損リスクが多いことを考慮した手順なのだろう。遺跡からは先に触れた瑪瑙製石錐の成品、未完成品、欠損品、使用済み品など合わせて3万点あまり、瑪瑙の石核が500点も出土している。

平玉以外の貝製品には、同じビノスガイ製の管玉、タマキガイやカガミガイ製の両端に切り込みの入った花弁形貝製品、穿孔のあるものとないものの区別があるカガミガイ製の工字形貝製品、これら以外にアワビ、ホタテガイ、タマキガイ、イモガイ、タカラガイ、マクラガイ製など多種類の貝を用いて様々な形に仕上げた垂飾などがあって、まさに貝細工の宝飾店といったところだ。遺跡からこれまでの発掘調査で出土した貝製品は、未完成品や貝刃なども併せると総数約17、300点にもおよび、その内訳は平玉の完成品5、967点、未完成品8、479点、未分類1、247点の合計15、689点、花弁形貝製品296点、工字形貝製品3点、管玉83点、垂飾92点である。このように玉類は単純な円板形のものと、意匠を凝らした形態のものとがあるが、目的とする玉の種類と貝種や、それぞれの玉の形と大きさなどについては、デザインや法量の規格の統一が図られており、その決まりに則って製作されていたようだ。

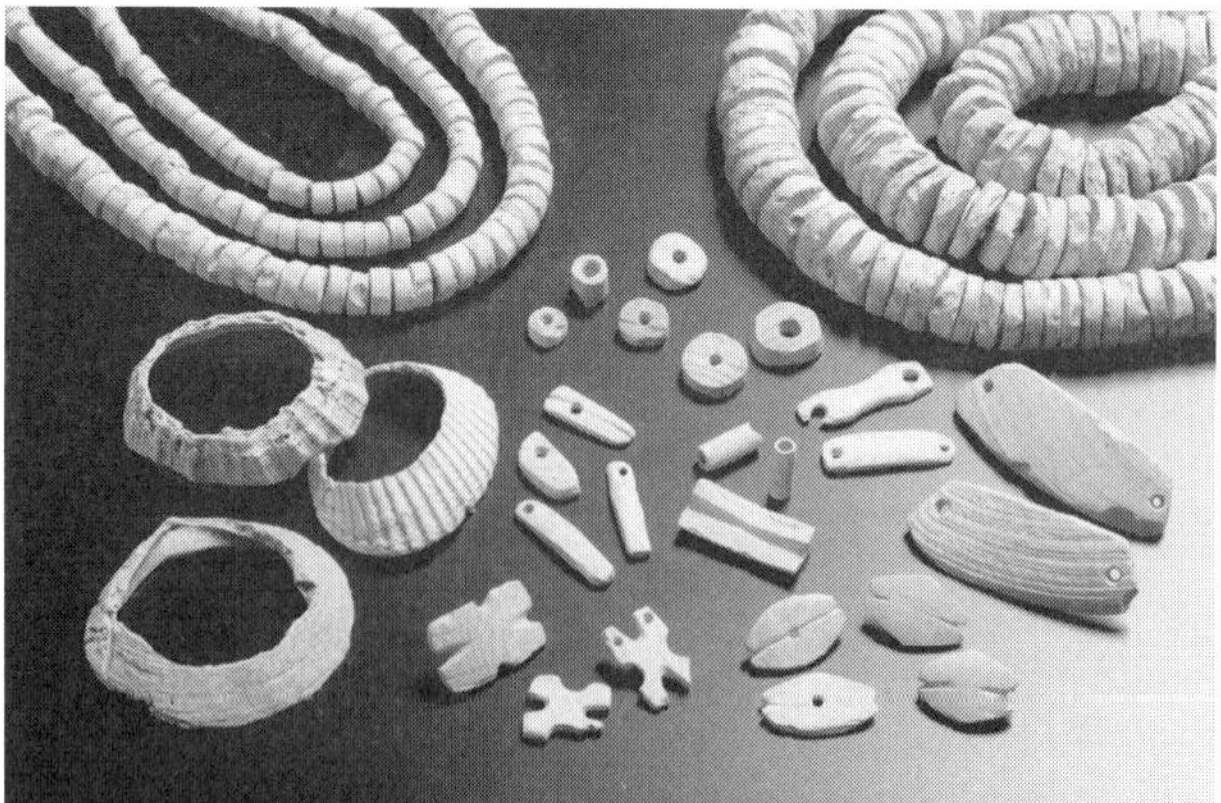

船泊遺跡で製作された各種の貝製装身具
（佐藤雅彦氏撮影、礼文町教育委員会提供）

平玉の広域流通と対価の希少品

船泊遺跡で出土した装身具関係の資料から考えられる玉類の生産の意義は、大量に出土した工具や破損品の数にみられる専業的な生産の実態に加えて、優れたデザインと丁寧に製作された完成品からみて、交易物資として高い価値をもっていたことにあるのだろう。出土したなかの主たる製品である貝製平玉に酷似した装身具は、サハリンやはるかシベリアのバイカル湖の周辺の遺跡でも発見されている。それらは今のところ船泊の製品との関係は明らかでないが、このような貝製の平玉などの共通する装飾品が、交易品として極東の地域からシベリア一帯の広域に流通していた可能性がありそうだ。同種の玉類に共通の価値を認める、ユーラシア東北部の文化圏が形成されていたことがわかる意味は小さくない。

船泊の縄文集落ではいわばこの地の特産品として、貝製品を生産していたわけだが、その一方で本遺跡には北海道本土からだけでなくさらに遠隔地から、入手が容易ではない希少な物資が持ち込まれている。その代表ともいえるのが、後に詳しく触れる翡翠製の大珠と呼ばれる豪華なペンダントである。縄文時代の翡翠はほぼ一元的に、新潟県西部産のものが各地に供給されているが、長さ約8㌢の立派な大珠がはるばる最果ての地ともいえる礼文島まで達していた。ほかにもサハリン産の可能性が高いとされる石錘を固定するための接着剤などとして用いられた天然アスファルトや、南方海域産のタカラガイの装飾品とイモガイのペンダント、マクラガイのブレスレット、北海道には生息しないイノシシの牙など、いずれも容易には得られない珍しい遠隔地産の希少物資や奢侈《しゃし》品である。このような貴重な品々を離島の住人が手に入れることができたのは、ここで大量に製作していたビノスガイ製の平玉がもつ価値が関係していたに違いない。

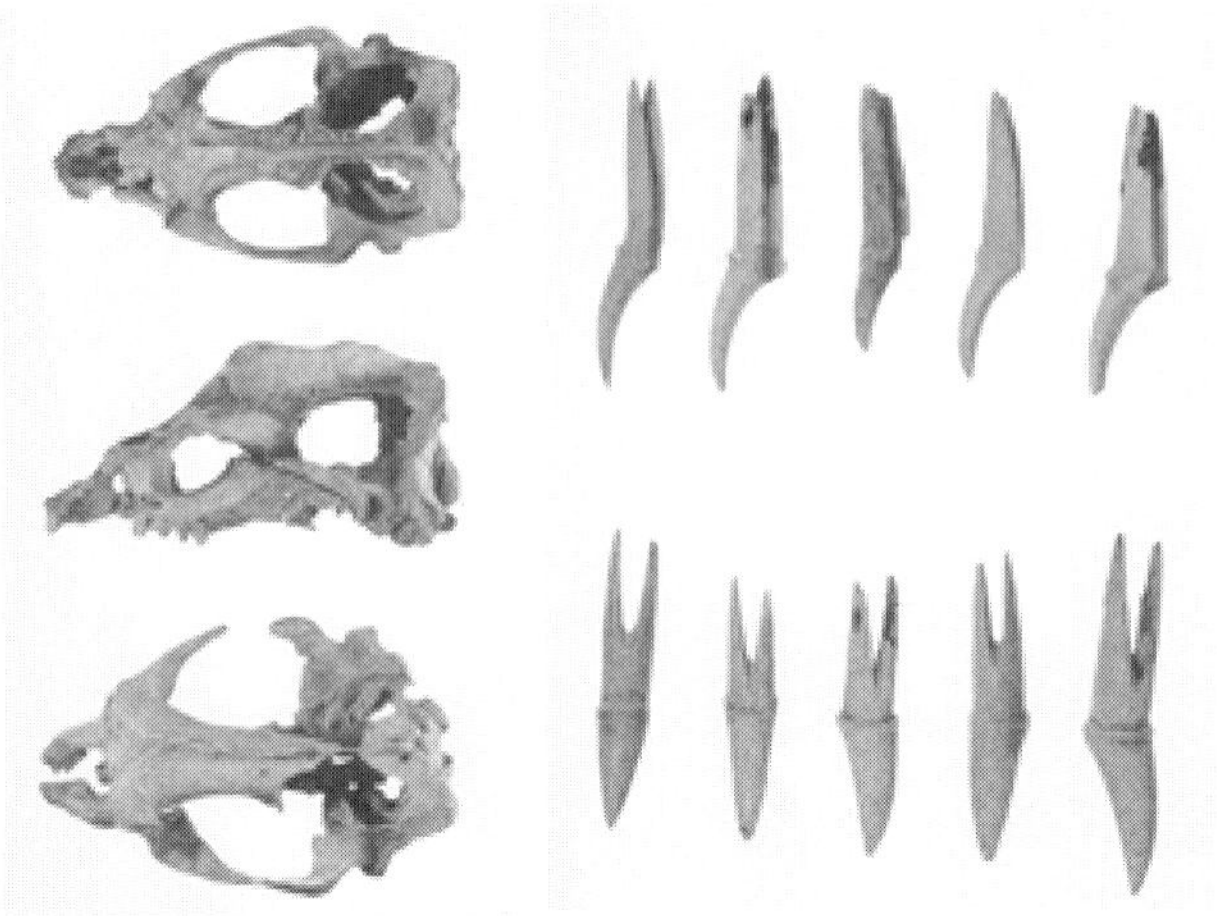

船泊遺跡から出土したトドとアシカの海獣遺存体㊧と漁労用の銛㊨（北海道礼文町教育委員会提供）

船泊の住人の足跡

このように船泊遺跡は玉造り生産がとりわけ注目されるが、遺跡からは周辺海域で捕獲したと思われるトドとアシカの遺存体と、それら海獣類を捕獲するため、その海獣骨で製作した漁労用の銛が多数出土していて、この地で生活を営んだ人々によって盛んに行われた漁労活動の証拠も得られている。ただ同じ海獣類であって当然捕獲対象になって良いはずの、アザラシの遺存体は遺跡からほとんど出土していない。アザラシは種類にもよるが、冬季に北海道の近海にまで回遊してくるので、この島でも捕獲が可能な海獣の一種である。ところがその一方で夏に礼文島に渡ってくるアホウドリの遺存体が多量に出土していて、労働に季節的な偏りのあることが読み取れる。この状況をみると、1年を通して船泊の集落で生活していた実態がないと考えるのが無理がない。したがってふだんは北海道に集落を構えていた本土人が、毎年春になると貝製装身具の製作を主な目的として礼文島に渡り、そこで貴重な食材であるトドやアシカ猟を行ったというわけだ。本土から日本海の荒波を乗り越えてこの離島まで渡り、ビノスガイの玉つくりを行った背景には、礼文島産の平玉をはじめとする貝製装身具が、奢侈品として高い価値が認められていて、かつ広域に交易される流通システムが存在していたことがあった。彼らは当時の社会の確実な需要を見込んで、玉つくりに精を出していたのである。

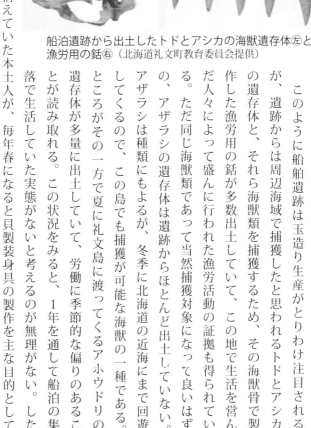

2　神秘な翡翠の大珠

縄文装身具の逸品

縄文時代の装身具には頭部を飾る櫛、笄、耳飾などが、上半身前面を飾る頸飾や胸飾が、両腕を飾る腕輪があり、ほかにも指輪、腰飾、足飾などもある。それらは石、骨、牙、角、歯、貝、木、植物の核などが材料として利用されているが、素材のもつ形や色のほか、質感などの特徴を生かした優品も数多い。このように用途も素材も多彩な装身具のなかでも、石を使ったポピュラーなもののひとつが玉類だろう。

石製の玉は縄文時代に先行する後期旧石器時代の細石器文化のなかで出現している。北海道美利河《ぴりか》1遺跡や湯ノ里遺跡の比較的穿孔径の大きい小玉は、被葬者が身に着けていた装身具とみられるが、石材は大陸由来のカンラン岩であった。縄文時代に入ってからも広い意味での石製の玉は、形や石種のほか用途も含めて変化を遂げながらも、この時代の装身具を構成する主要な一角を占めていた。その石製玉のなかにあって、ひときわ美しく存在感を発揮したものといえば、やはり翡翠の大珠をおいて右に出るものはないだろう。山梨県三光遺跡で出土した長さ11・1センチの大珠を見ると、色合いも素晴らしいし、垂飾品として全体の形状やバランスも良く、現代のわれわれをも魅了するに充分な、宝飾品としての価値をもっている。

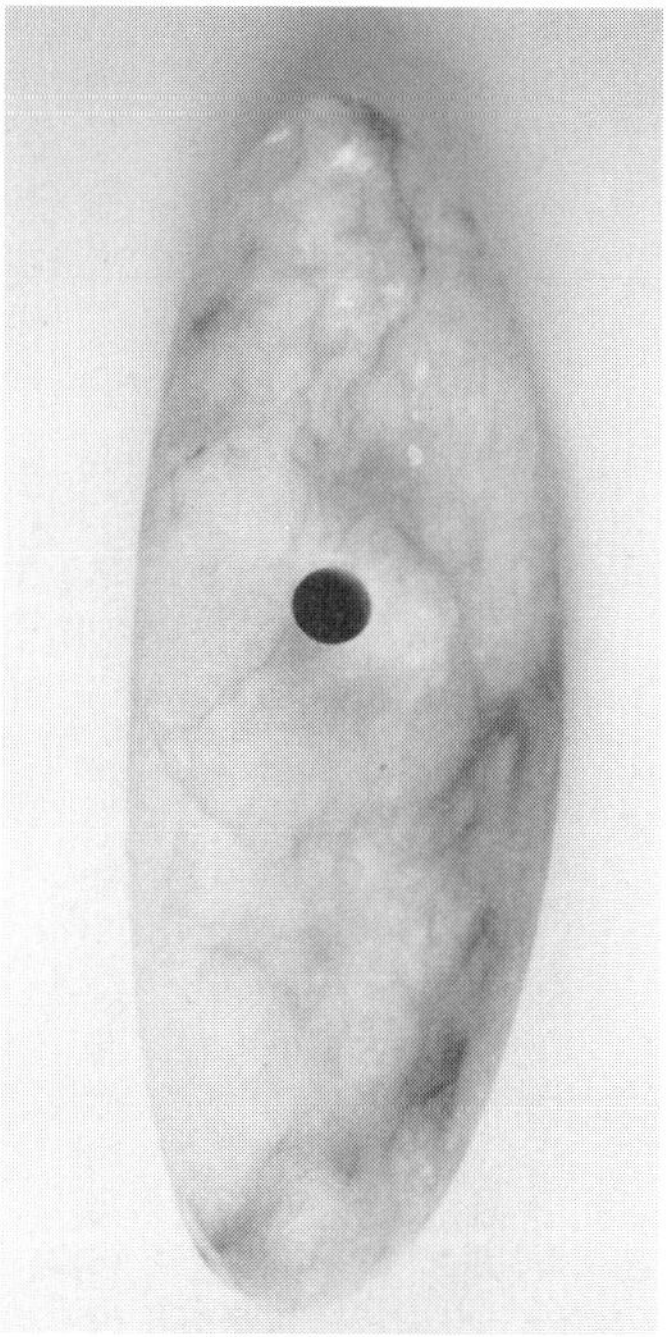
三光遺跡出土の翡翠大珠
（山梨県笛吹市教育委員会所蔵）

地の利を生かした玉生産遺跡

新潟県姫川を遡った支流の小滝川や西側を流れる青海川の流域には、天然記念物に指定されている翡翠の原産地が存在し、その渓谷には数十トンという大きな翡翠の原石もある。姫川と青海川は糸魚川静岡構造線に沿って流れるが、これらの河川が変成岩帯を開析、浸食して流下しているため、翡翠のほかにも滑石や蛇紋岩の産地としても知られている。大珠など縄文時代の翡翠の玉類は、そこから河川によって運ばれ堆積する渓谷で得てもいただろうが、多くは河口に近い下流域や、日本海に流れ出した海岸で翡翠を採集して、大珠など装飾品の素材としていたようだ。新潟と富山の県境付近の宮崎・境海岸はヒスイ海岸とも呼ばれ、波に打ち上げられた翡翠を今でも拾うことができる。しかし海岸で拾える翡翠でも、ほかの石のように円礫状に丸くなっていない個体もあって翡翠の堅さがわかる。

姫川の河口に近い標高90メートル前後の右岸丘陵上には国史跡の新潟県長者ヶ原遺跡が立地している。縄文時代中期をピークに栄えた本遺跡は、竪穴住居、炉、墓坑のほか貯蔵穴などの遺構が、中央の広場を取り巻くように配置された環状集落を形成していた。この遺跡が広く知られているのは、集落の構造が明らかにされたこともあるが、多数の翡翠や蛇紋岩の原石、砂岩の玉砥石を含む様々な砥石、擦り切り用砂岩石器、翡翠のハンマーなど、特定の材料と特別の道具類、およびそれによってつくり出された玉や磨製石斧などと、その未成品が出土品の多くを占めていたからである。こういった内容から長者ヶ原集落が、付近に存在するい

小滝川流域の翡翠の原産地

わば岩石鉱山の地の利を生かして、翡翠の玉や蛇紋岩の磨製石斧などを製作した生産遺跡であることが明らかにされている。

大珠の製作工程

大珠として加工される翡翠はとても美しい色合いをもつが、硬度が6・5～7の大変硬い石であるため、永らく装身具などとして用いる場合に必須である、紐通しなどの孔を穿けることが不可能であった。縄文時代中期に玉として利用できるようになる以前は、石斧などを作る際に、原石を割るためのハンマーとして使われていた。翡翠が産出する周辺の縄文遺跡からは石割り用のハンマーとして使ったことを示す、著しい敲打痕跡の残された翡翠が多数出土している。

長者ヶ原遺跡などに残された大珠の製作途中品や破損品などの観察によれば、製作工程はおおむね次のように復元される。最初に原石の周縁を敲打することによって、余分な個所を取り除き、全体の形を概ね整える段階、次に部分的な研磨によって、目的とする大珠の形にほぼ完成させる段階、さらに最も重要な本体への穿孔、最後に仕上げの丁寧な研磨の順序で行われる。着眼すべきは何と言っても穿孔する攻玉技術

長者ヶ原遺跡から出土した大珠(右下)とその未完成品及び翡翠原石（糸魚川市教育委員会提供）

にあり、硬く手強い翡翠の穿孔をいかに克服するかが課題だったことは疑いない。なおすべてではないが大珠は、ほぼ中央に一方向から穿孔するという製作技術が貫徹されていて、それ以前の両面からの穿孔技術とは基本的に異なっている。孔には繊細な線状痕が明瞭に残されており、この硬い石材である翡翠に用いた穿孔具には一般的な棒錐ではなく、管骨や篠竹のような中空の管状の錐を使ったことが想像される。長者ヶ原遺跡からは従来の棒錐である石の錐が出土していないことも、有機質の管錐が使われたことを傍証している。

　筆者は奈良県天理市布留《ふる》遺跡から出土した大珠を間近に観察することができた。この大珠は同遺跡の中期終末から後期初頭に営まれた堂垣内《どうがいと》地区における発掘調査で検出された浅い土坑内から発見され、大きさは長さ4・8㌢、幅2・6㌢で側辺の片側が直線的で、他方が膨らみをもつやや不整形な形状である。色調は大半が不透明な白色を呈しているが、片端付近に鮮やかな緑色がかった部分があって、まさに翡翠の特徴であるカワセミ色を呈した製品である。大珠には長軸方向に穿孔するものや、複数の穿孔があるものも存在するが、この大珠はほかの多くの大珠同様ほぼ本体の中ほどに、直径8ミリの見事に貫通した小孔があるが、実はそのすぐ脇に穿孔途中で放棄した孔痕がもうひとつ存在している。未貫通のその孔の中心には明瞭なへそ状の突起があって、工具の先端の形状が確認でき、穿孔に使われた工具が管錐であったことの証拠といえる。恐らく硬質な石材を穿孔するためには棒錐ではかなわず、自然素材のなかから用途に適った管錐を用意し、研磨剤として石英

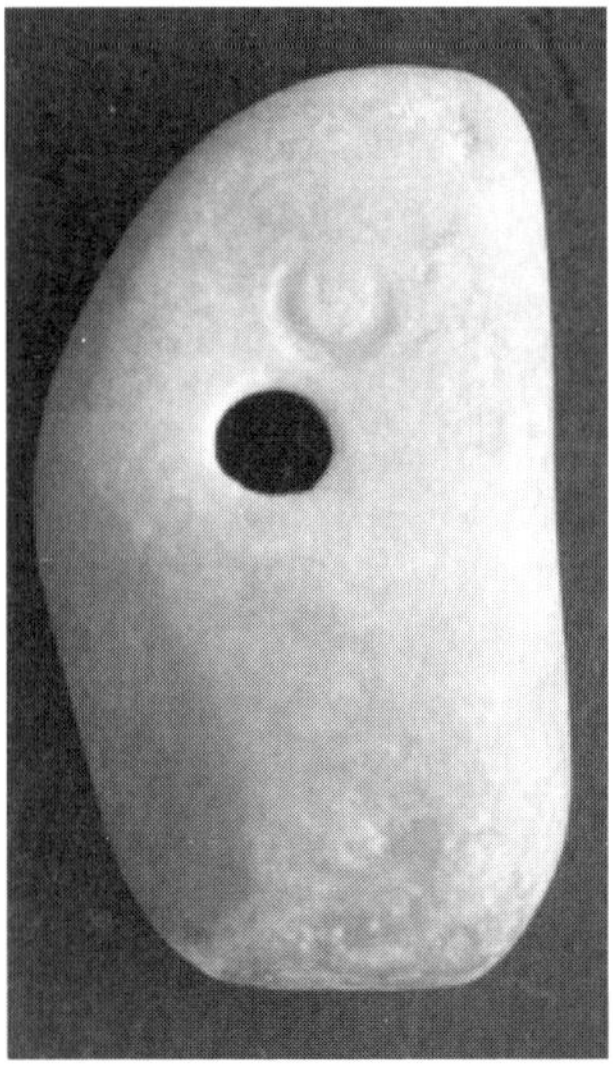

布留遺跡出土の大珠　中央の孔と脇にある穿孔途中の孔
（埋蔵文化財天理教調査団提供）

粒などを使用したと思われ、かつその管錐には目詰まりを防ぐため、研磨屑を外に排出する工夫がされていたと想像される。

攻玉技術の伝統

先の長者ヶ原遺跡の玉作りに話を戻そう。実はこの遺跡では翡翠製品を作り始めるより遙か以前の、早期終末ごろから前期終末まで長期に亘り、すでに玉作りをやっていたことがわかっている。そこでは一貫して翡翠より軟質で加工が容易な滑石や蠟石などの石材を用いた玉生産を行っていた。特に翡翠製大珠の生産を始める直前の前期終末には、蛇紋岩を素材として大珠と形態が酷似した大型垂飾品がつくられていた。また長者ヶ原遺跡に限らず周辺の早期や前期の遺跡でも、滑石製の玦状耳飾などの装飾品類や、蛇紋岩製の磨製石斧の製作が行われ、加工技術として敲打や研磨のほか擦切による石材分割技法も獲得されていて、この地域は石材の加工に関する技術を伝統的に受け継いでいたのである。

ところが中期に入るとまもなく長者ヶ原遺跡で翡翠の玉を扱うようになる。見栄えのする大型の垂飾品であっても蛇紋岩では飽きたらず、それをより美しい翡翠で実現したいという欲求が、硬い翡翠にも対処が可能な新たな管錐による穿孔技術の開発に向かわせたのだろう。ところでこの新たな穿孔技術はいつ獲得されたのだろう。これまで各地で出土している翡翠製大珠を調べてみると、山梨県北杜市天神遺跡の墓から前期後半の諸磯《もろいそ》C式土器とともに発見された大珠があり、いまのところ最も古い例であり、長者ヶ原遺跡における大珠の生産開始時期より先行していることになる。また翡翠の原石が直接手に入れられる場所ではないが、新潟県柏崎市に所在する大宮遺跡という前期後半の遺跡からは、翡翠を分割してさらに表面を研磨した製品が発見されている。時期は諸磯B式とされていて、製品として加工された翡翠の最古の例といえる。遠からず長者ヶ原遺跡のような翡翠の原産地遺跡で、大珠生産の始まりの証拠が探しあてられ、出現時の製作に関わる情報が得られることになるだろう。

翡翠製大珠は前期後半に出現し中期に大型化し全盛を迎え、中期終末以降は小型化し後期に降っても命脈を保つ資料があるものの、ほとんど姿を消してしまう。特に大型化した大珠のなかには、胸を飾るペンダントとしては大きすぎ、また重すぎる個体も存在していて、装身具としてよりも威信財としての役割を持っていたと考える研究者もいる。大珠の形態についても一様ではなく、大型の鰹節形を典型とするものの、緒締形や石斧形のほか不正形な大珠も出現し、嗜好によるバラエティーなのか、それぞれが意味をもつものなのか未解明の問題も残されている。

大珠の分布

ここで翡翠製大珠が出土している日本列島の地理的分布を概観してみると、先ず完成品の大珠は意外と少なく、いまだ全国で３００点に満たない数しか出土していない。そのなかで大型品についてみると、長さ約16㌢をはかる立派な大珠が氷見市朝日貝塚から出土しているように、原産地に近い遺跡では大型品が多い傾向はある。しかし原産地から遠く離れた東関東や、東北南部にも大型品が運ばれていて、大珠の詳しい情報と現物を手に入れる手段があった。実は完成された大珠だけでなく、翡翠の原石も遠隔地にまで運ばれていた。長野県中部や新潟県東部にある遺跡で出土した翡翠も、原産地へ直接採りにきたとは考えにくいが、遠くは東関東の千葉県からも出土していて、未加工の翡翠原石が流通していた実態がある。

大珠が集中して出土する場所をあらためてみると、当然かもしれないが、上越地方から富山平野と周辺の北陸地方、および飛騨地方を中心とした中部地方西部は原産地に近いことから特に分布密度が高い。以遠で集中する地域として、長野県では伊那や松本平と諏訪盆地一帯で出土数が目立って多い。また東京湾沿岸や東関東なども遠隔地でありながら、かなり密に分布する地域といえる。なかでも茨城県の那珂川流域にある常陸大宮市坪井上遺跡では8個の大珠が出土していて、生産遺跡以外では遠隔地であるにも拘らず、1遺跡として最多の数を誇る。同遺跡からは新潟魚沼地域の馬高《うまたか》式土器の完形品が出土していて、大珠の流通や分配が拠点を経由して行われた可能性を示唆していて、交易のしくみを考える上でも重要である。さらに詳しく分布を見ると、長野県北信地域やそれに続く信濃川流域や、新潟県下越地域は翡翠原産地に近いにも関わらず意外といえるほど少なく、大珠の広がりや分布の濃薄は原産地や生産遺跡からの距離とは必ずしも整合せず、流通の実態は同心円状に広がっていたとはいえないこともわかる。分布域の外縁に注意すると、北端は本節でも取り上げた最北の礼文島船泊遺跡にまで達している。全体を眺めると翡翠大珠は北海道を含む東日本に濃密な分布域を形成していて、近畿地方を含む西日本にも散見されるが、縄文時代の東高西低型の代表的遺物といえるだろう。

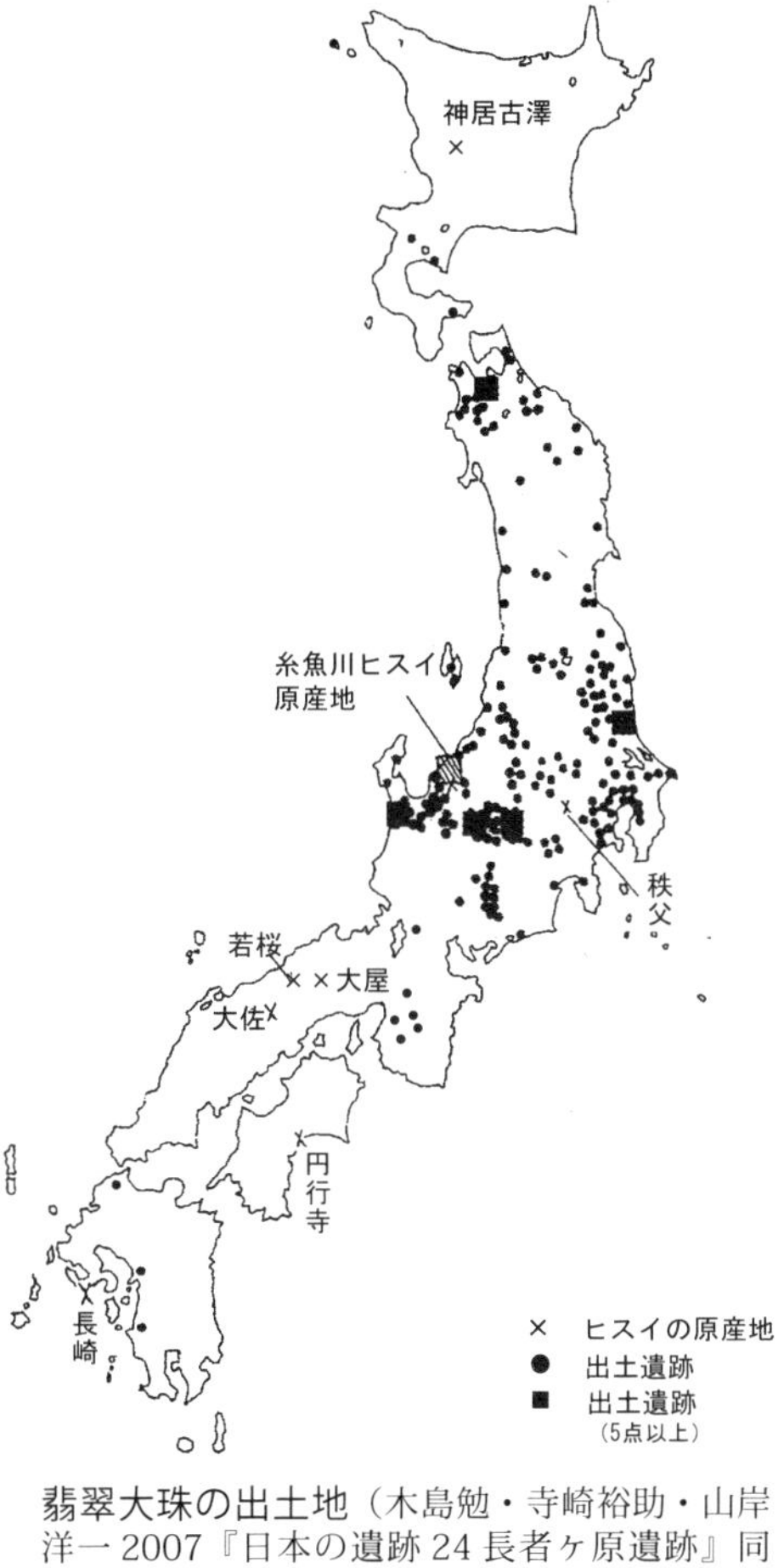

翡翠大珠の出土地（木島勉・寺崎裕助・山岸洋一 2007『日本の遺跡 24 長者ヶ原遺跡』同成社に一部加筆）

大珠の役割

発掘調査で確認された大珠の出土状況を遺構の種類からみると、竪穴住居などの遺構から出土する場合もあるがそれは例外的で、墓坑と考えられる埋葬施設から出土する事例が圧倒的に多い。生前身につけていた装飾品を、死後もそのまま遺体とともに副葬したのである。このことは大珠の限られた出土例から鑑みても、所有者が集団のなかでも何らかの特別な地位や、能力をもっていた人物だからこそ入手でき、身につけることが可能だったと推測できる。そういう意味では装身具の一種であった大珠が大型化した理由には、実用より儀器としての性格を帯びることで、所有者の象徴としての意味をもつことになったとする意見は説得的である。

また大珠を生産し流通させた側にとっては、別の意図があったという興味深い見解がある。先にも述べたが翡翠の原産地は蛇紋岩の分布地域と重なり、縄文中期にはそれらの資源を利用した大珠と磨製石斧が同一遺跡で生産している場合が少なくなく、かつその製作技術も関連し共通する部分が多い。紋岩製磨製石斧の流通範囲については、充分に追跡調査が行き届いていない現状はあるが、概ねその広がりは大珠のように遠距離までは達していないが、大珠の濃密な分布範囲に重なっている。両者のこのような傾向から、翡翠製大珠は蛇紋岩製磨製石斧の流通のため、その交易のシンボリックな役割を果たしたとみて、大珠の生産集団にとっての実利的な恩恵は、蛇紋岩製石斧の普及であり、言い換えれば大珠は磨製石斧の販路の拡大という役割を担っていたというのだ。

ただ当時の列島を行き渡った情報の内容が相当豊富で精度が高かったことは、広域に動く考古資料を通して明らかで、交易網も我々の想像以上に各地域にまで深く入り込んでいたと考えられる。蛇紋岩はそれ以外に用いられた石材と比較して、磨製石斧の石材としてより優れた性質をもっていて、蛇紋岩製磨製石斧はそれだけで十分普及する特産物であったと思われる。ほかのものでは替えがたい意義をもつ翡翠大珠が、蛇紋岩磨製石斧の普及を促す役割を果たすことが生産の主たる目的とは考え難く、また日常生活道具の磨製石斧と、威信財や儀器としての性格をもつ翡翠大珠に対する消費者側の需要が一致していたのかどうも定かではない。威信財として社会的な特別の役割をもつ翡翠大珠の入手には、生産道具とは別の力学が働いていたとみた方がよいだろう。

大珠出現の意義

縄文時代を代表する装身具のひとつである北陸産の翡翠大珠は、原石の産地が限定的で希少性があり、文字通りカワセミの美しさに似たその独特の色合いや磨かれた光沢はまさに縄文の珠玉と呼ぶに相応しい。加えて盛期の大珠の存在感のある形と大きさはそれまでの装身具とは異なり、当時はほかのものでは替え難い高い価値と評価を得ていたと思われる。

ただ大珠が特別の装身具として嘱望された理由はそれだけではない。翡翠はおおよそ縄文時代に玉として用いた石材のなかでは、特に硬度が高く靭性が強いため、加工しようにも手強く、縄文時代前期までの優れた攻玉技術をもってしても容易に玉製品として扱えなかった。ところが翡翠の原産地に居を構えた集団は、前期の終末前後に至ってこの石の硬さを克服する優れた穿孔・研磨方法を編み出した。それまで伝統的に様々な石材を扱い、石製品を生産していた彼らにとっても、さらに攻玉技術の高みを拓いた画期であったといえる。この新たな技術開発の象徴こそが翡翠大珠であり、特別の装身具として扱われた大きな理由がここにある。

厳しい自然環境のなかで生き抜かなければならなかった当時、集団を率いる立場の人物に成員たちは人知では切り開くことのできない困難を克服する願いを託した。その特定の人物には相応のシンボリックな威信財が必要であり、「不可能を可能にした」新たな技術の象徴ともいうべき翡翠大珠は、まさに恰好の威信材としての存在価値をもっていたのだろう。

3　辰砂鉱山の開発と朱の生産

伊勢の白粉《おしろい》

縄文時代には儀礼などで用いる特別の器や呪術具が普及するが、こういった道具のほかに墓で死者の埋葬に際して赤色の顔料を用いることもよく知られている。「漆工の造形と美」の項でも紹介したように、漆液に混ぜ込んだ赤色の顔料は鮮やかに漆器をひきたて、その価値を高める効果があった。赤という色彩は彼らにとって特別の意味があったといえる。

縄文時代に使われた赤色顔料には、酸化第二鉄に由来するベンガラと、辰砂《しんしゃ》を原料とした水銀朱との2種があるが、より鮮やかな赤色の色彩を放つ水銀朱は、ベンガラより顔料として高い価値があったと考えられるが、水銀朱の利用はベンガラからかなり遅れ、縄文時代も後期になってようやく始まる。

辰砂の産地は日本列島の各地に存在しているが、その中でも紀伊半島から四国に続く中央構造線の周辺に集中している水銀鉱脈はよく知られている。『続日本紀』文武紀には伊勢国など五国から朱砂や水銀が献納されたという記載があり、『延喜式』にも伊勢国から内蔵寮《くらりょう》や典薬寮《てんやくりょう》へ水銀が貢納されている。また『今昔物語』には伊勢国飯高郡の下人が郡司の命で水銀を採掘したことや、水銀を扱う伊勢の商人の記事などがみられ、古くから辰砂が伊勢国の産物であったことが文献から窺える。特に鎌倉時代から近代にかけて伊勢は水銀の産地として広く知れわたり、なかでも旧勢和村丹生《にう》鉱山産出の辰砂を原料に、射和《いざわ》一帯では軽粉業が発展した。当地で生産された白粉は上質品とされて、「伊勢の白粉」と呼ばれ江戸時代には伊勢参詣の土産として名声を博した。

手に入れた遠来の品々

近年この中央構造線に沿って分布する水銀鉱山の開発の歴史が、縄文時代にまで遡ることがわかってきた。この地域に所在する遺跡の発掘調査の成果から、縄文時代の辰砂の採掘と生産の始まりを紐解いてみよう。

三重県度会町森添《もりぞえ》遺跡は県中部を流域として、伊勢市北部で伊勢湾に流れる宮川中流域の右岸段丘上に立地する。遺跡は縄文時代後期後半から晩期前半に隆盛期をむかえ、流域でも下流の伊勢市佐八藤波《そうちふじなみ》遺跡とともに、この時期の中核的な集落遺跡である。１９８６年～１９８７年にかけて実施された発掘調査で、宮川に沿った自然堤防上で縄文時代の３期の文化層が確認され、特に本遺跡の最も繁栄した時期に形成された６～９層から、竪穴住居９基、配石遺構５基、土坑14基、焼土４基などの遺構を検出した。竪穴住居はほぼ円形のタイプが多く、直径４㍍前後の規模のものと、５・５㍍前後のやや規模の大きい住居とがあって、住居の規模にかかわらず石囲炉や焼土坑などを備えていた。配石遺構は長さ10～20㌢程度の川原礫を集めたもので、規模の大きな配石遺構は被熱痕跡がない２００個程の礫からなっていた。いずれの配石でも石の下から土坑などは発見されていない。

この遺跡の性格を出土品から探ってみたい。縄文土器からみた遺跡の出現は中期前半にまで遡るが、土器の多くは元住吉山《もとすみよしやま》Ⅰ式、同Ⅱ式、宮滝式、滋賀里《しがさと》Ⅰ式、同Ⅱ式、Ⅲａ式など後期後半から晩期前半に属するものが圧倒的多数を占めていて、この時期を中心に長期に亘って営まれた集落といえる。注意したいのはこれら地元の縄文土器に加えて、当地以外の地方の特徴をもつ土器が相当数出土していることである。弧線連結文や入組帯状文をもつ瘤付土器に代表される東北地方の新地《しんち》式や、沈線を施す波状口縁で、縦瘤《たてこぶ》や玉抱《たまいだ》き三叉文に特徴がある北陸地方の八日市新保《ようかいちしんぼ》Ⅱ式のほか、中部や関東地方の特徴をもつ土器などもあり、本遺跡が近畿東部に立地しているとはいえ、東日本に系統が辿れる土器の出土数は伊勢では抜きん出ている。

森添遺跡から出土した他地域系統の縄文土器
（三重県度会町教育委員会提供）

土製品には土偶10数点、耳飾9点、土製丸玉2点、同勾玉1点などがある。耳飾には鼓形と環状およびブリッジを備える形態があり、特に径の大きい環状耳飾は東日本からの影響だろう。これらの土製品のなかに赤い顔料を塗ったものの多いことが指摘できる。

石器は石鏃、削器、石匙、石錐、磨製石斧、打製石斧、石錘など当期に通有の器種が揃っているほか、堅果類の粉砕具とされる磨石、台石、石皿も出土しているが、この3種については別の用途があり後に述

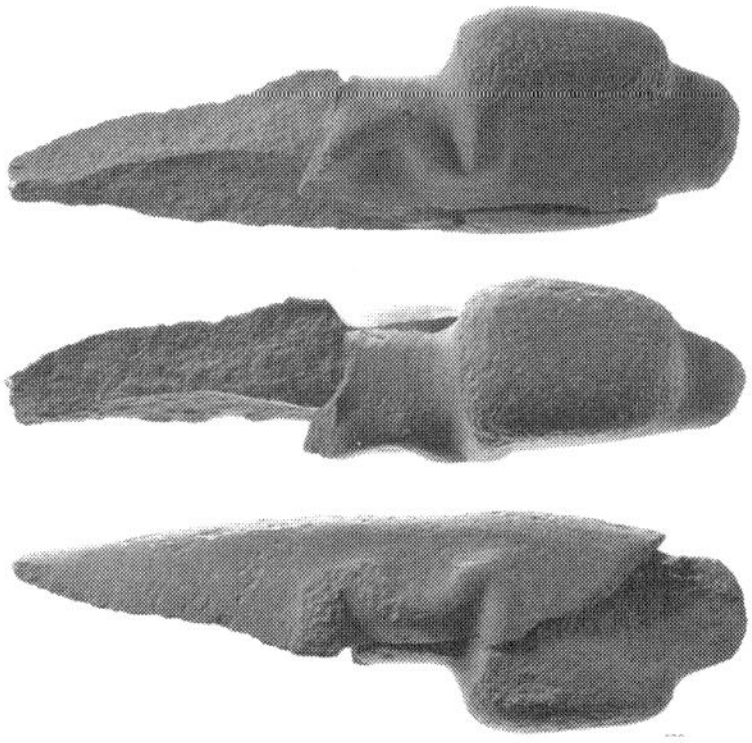

森添遺跡から出土した御物石器
上から正面、上面、裏面の写真
（三重県度会町教育委員会提供）

べる。石器以外の石製品には石剣、石刀、精製石棒などあわせて24点、粗製石棒32点、石冠3点、御物石器1点など呪術具とされるものが際立つ。石剣の一部には基部に格子文や綾杉文、平行斜線文などを入念に刻んだものがあり、また御物石器は北陸から岐阜一帯に分布する石製品で、縄文時代の特異な呪術具のひとつとされる。森添遺跡の御物石器は大きく欠けてはいるが三重県では唯一の出土品で、この地へ持ち込まれたことには相当の理由があったはずと思われる。

ここに掲げた以外にも広域流通していた出土品には、結晶片岩に類似した緑色岩製の管玉と、硬玉の勾玉と丸玉の玉類がある。前者は原産地こそいまだ特定されていないものの、南九州産の含クロム白雲母片岩と同定され、縄文後期の玉造遺跡である鹿児島県上加世田遺跡で、未成品多数と共に出土している管玉・勾玉・小玉と形態的にも類似している。後者の勾玉と丸玉はもちろん姫川産の翡翠製品である。最後に見逃すことができないのが、これら当地では珍しい考古資料に混じって出土した辰砂鉱石である。

辰砂の発見と朱の生産

出土遺物のなかから辰砂鉱石が発見されたことで、俄かに注目されることになったのは、これを原料とした赤色顔料の生産が関わっていたと考えたからである。石器のなかの磨石、台石、石皿は通常堅果類の殻割や粉砕に利用されるが、ここで出土したこれらの石器を観察すると、赤い顔料が付着したものが33点も確認できた。おそらく辰砂の原石を粉砕し、さらに細かく磨り潰すために用いられたのだろう。一方土器のなかには赤い顔料を表面に塗布されたもの以外に、器の内面や底に顔料が吸着ないし残留したものがあり、破片を含めると実に2、000点を超える。顔料そのものを扱う際に、容器などとして用いられた土器と考えて間違いないだろう。

朱の生産の工程を出土品から探ると、先ず遺跡に持ち込まれた硫黄《いおう》と水銀からなる辰砂鉱石を打割し、さらに粉砕して朱を取り出す。その朱を磨石で台石や石皿の上で細かい粒状に摺潰す。細粒となった朱を水簸による比重選鉱で分別する。物的証拠を欠くものの、すでに煮沸精錬の知識も獲得していたとする意見もある。石皿や磨石に付着した朱だけでなく、土器の口縁部や底部に残留した朱の粒子径を計測すると、いくつかの工程を経て次第に精製度を高めたことが裏付できる。

森添遺跡から出土した赤い顔料が付着する磨石・石皿類
（三重県度会町教育委員会提供）

大規模な配石遺構の出現

三重県には森添遺跡のほかにも、辰砂の精錬を行っていたと考えられる遺跡がある。国史跡に指定されている松阪市天白《てんぱく》遺跡では、縄文時代後期中葉から晩期初頭に営まれた、西日本では珍しい大規模な配石遺構が発見されている。遺跡は雲出《くもず》川の支流が大きく彎曲して流れる左岸に形成された、標高約28メートルの段丘上に立地する。発見された配石遺構の構造をみると、30基の単位配石遺構を中心として、ほかに埋設土器26基や焼土坑35基などからなるが、竪穴住居や掘立柱建物などの遺構は発見されていない。それぞれの単位配石遺構の構造は多様で、円形の外縁に沿って石を巡らすもの、二重に石を巡らすもの、内側にも石を充填するものなどの類型があり、平面形は直径が1㍍から2㍍程度の円形もしくは楕円形を呈しているものが多い。遺跡の全容が明らかからかにされている訳ではないが、未発掘調査域のレーダー探査も行われていて、単位配石遺構が弧状に配置されていた可能性があり、規模の大きな祭祀・儀礼施設の存在が明らかになった。

　出土品にもこの遺跡の特徴が表れており、祭祀に関連する遺構の性格が強く反映された品揃えといってよい。まず土器には皿状、高杯状、釣り手土器、ミニチュア土器など、非日常に使用されたと思われる特殊な器形が揃う。土製品として土偶が総数70点あり県下最多を誇り、分銅形タイプとひとがたタイプがあって、後者は東日本の山形土偶からの影響とみられる。ほかに土製勾玉などの装身具もある。石器や石製品にも同様の特徴があり、珍しい岩偶と岩版があわせて13点、受熱したものを含む石棒63点、石刀を含めた石剣類が11点、独鈷状石製品2点など、当地の一般集落の出土品とは一線を画した特異な組成といえる。

天白遺跡の配石遺構　内部にも石を同心円状に詰めた単位配石遺構（三重県埋蔵文化財センター提供）

　三重県では近畿各地と足並みを揃えるかのように、縄文時代中期終末前後に遺跡数が急増する。中期前半から中葉に隆盛を極めた中部地方の縄文社会が、中期後半になって著しく衰退していく現象と深く関わっており、文化だけでなく人口の西への移動も想定されている。しかし後期中葉まで遺跡数が増加した状態が継続した三重県では、後期後半を迎えると一転して遺跡数が急速に減少するが、一方で規模の大きな遺跡が出現するという質的な変化が同時におこった。実際に主要な河川沿いには2、3個所の大きな集落が存在する傾向があり、天白遺跡の場合は祭祀や儀礼施設を中心とした規模の大きな遺跡のひとつで、地域集落の結集・統合という動きが反映したという解釈が可能かも知れない。

当地域において後期後半の時期に、こういった集落構造の変化があった理由として、朱の生産が関わっているという具体的な指摘がある。その当否は別にして、天白遺跡から出土した土器や石製品などにも、赤色の顔料が塗られたものが数多く存在している。森添遺跡で発見されたような、鉢や皿など土器のほか、磨石や敲石に顔料が付着したものに加えて、ここでも辰砂原石が出土しており、当地で朱の生産が行われていたことは間違いないだろう。

中央構造線の辰砂鉱山

近年三重県では森添遺跡や天白遺跡のほかにも、下沖遺跡、池ノ谷遺跡、新徳寺遺跡など中央構造線に沿った雲出川や櫛田川、および宮川流域の中流域に分布する縄文遺跡で、朱塗り製品だけでなく朱の精製に関わる道具類、および辰砂原石が出土したことが報告されている。ここで紹介した遺跡から出土した朱の精製に関連する遺物の所属時期を勘案すると、鉱山の開発は遅くとも縄文後期中葉頃までには始まっていたと考えてよい。

今日までに縄文時代にこの地域において開発された辰砂の採掘鉱山を特定するまでに到っていないが、

出土した辰砂原石は主に石英片岩を母岩とする中央構造線外帯産、もしくは黒雲母花崗岩や黒雲母石英などが母岩となる内帯産のどちらかと考えられる。ただ辰砂鉱床や鉱山を特定するには、辰砂鉱石に含まれる微量元素や、鉱石の硫黄の同位体比組成の分析をする必要がある。したがって列島でも最も辰砂の産地が集中する中央構造線に沿った地域の鉱山資料の分析に期待がかかるが、現在は阿波水井鉱山の産出辰砂と、大和大沢鉱山・伊勢丹生鉱山の産出辰砂との区別については判定可能だという。鉱山資料の蓄積や分析精度の向上など、今後の研究の成果に期待が寄せられており、縄文遺跡から出土する朱の産地同定が可能になるのも遠い話ではないかも知れない。

赤い顔料の価値

縄文時代には辰砂やベンガラを原料とした赤色顔料が、特別に扱われた土器や藍胎などに漆と混ぜて塗布されるほか、黒色顔料と丁寧に塗り分けられ漆器など、優れ

NO	遺跡名	関連遺物の所属時期	朱付着磨石	朱付着石皿	辰砂原石
1	天白	後期中葉～末葉	◎	○	○
2	下沖	後期中葉～晩期初頭	○		
3	大原堀	晩期初頭～後葉	○	○	
4	磯田畑	晩期			○
5	殿垣内	晩期	○		
6	奥ホリ	後期後半	○		
7	新徳寺	後期前葉			○
8	森荘川浦	後期後半	○		
9	池ノ谷	晩期後葉	○	○	○
10	森添	後期後半～晩期前半	○	○	○

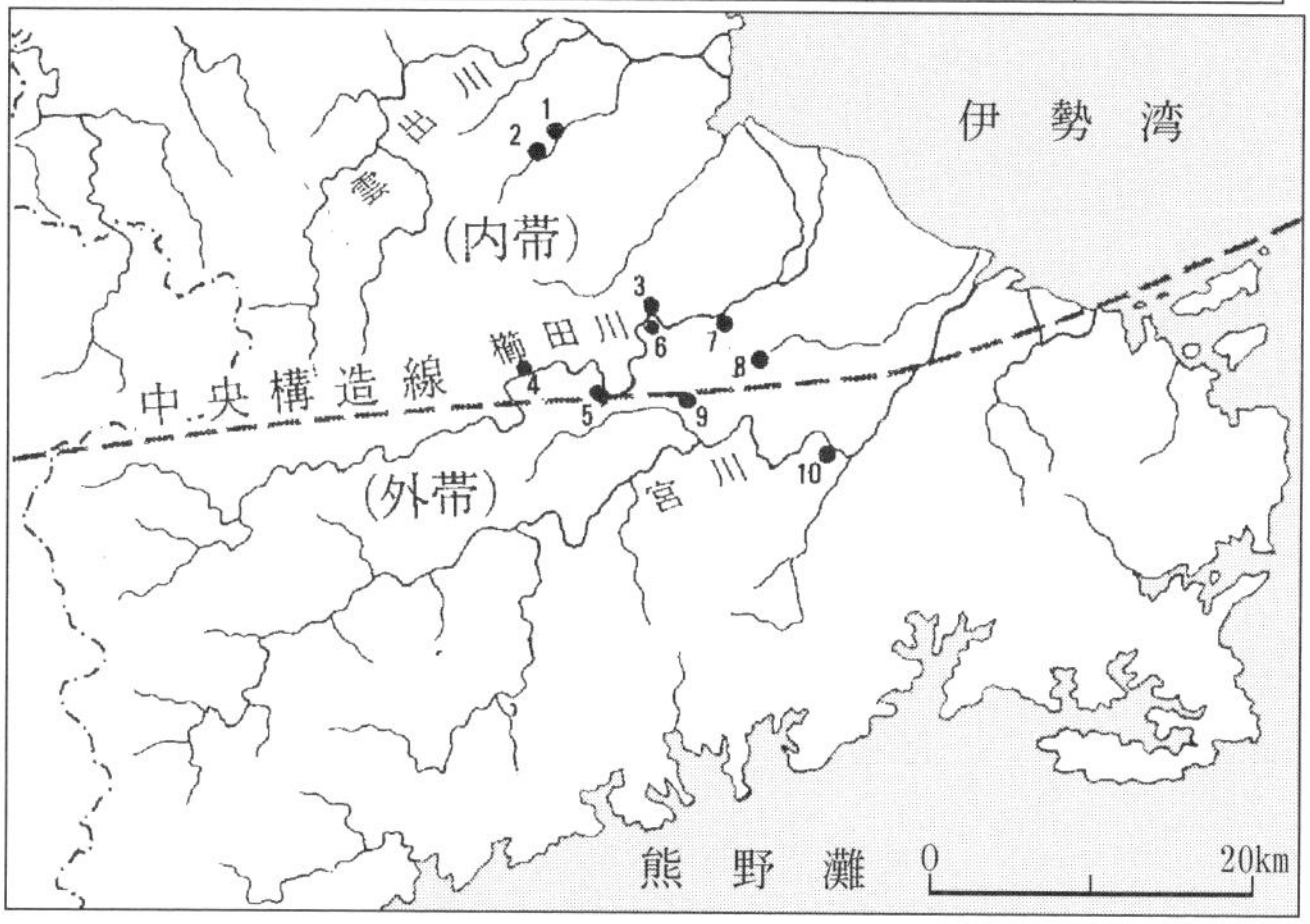

伊勢南部地域における縄文時代の朱の生産遺跡（奥義次ほか 2017『丹生水銀鉱採掘石分布調査報告』より）

た器物としての工芸的価値をより高めた。特に辰砂は良質な鉱石産地がある程度限定される産物であることに加えて、鮮やかさでベンガラに優り、さらに高い精製技術が必要なため、高級な顔料として認識されていたに違いない。

ここまでみてきたように、良質で資源量も豊かな辰砂鉱山を控えたこの地域の集団が、高い価値をもつ朱の生産を担い、広域な朱の流通にも深く関与していたことが想像できる。モノの動きから縄文時代は質の高い情報が行き交っていた社会が想定できるなか、森添遺跡や天白遺跡から出土した多数の東日本系統の土器や、御物石器など遠隔地産の文物を入手することが叶った理由もみえてくる。

3節　縄文定住社会

1　獲物を追う生活からの脱却

旧石器時代の狩猟

日本列島では各地の発掘調査や遺跡踏査などによって、これまでに1万ヶ所を超える旧石器時代の遺跡が見つかっている。ユーラシア大陸の東部に展開した旧石器文化は、気象環境の変動による地理・地形が変化するなかにあっても、これまで幾度も現在の日本列島にまで波及したことが、彼我の石器の比較研究によって明らかにされている。特に一部を除いて、列島に遺された遺跡の大半を占める後期旧石器時代の文化を担った人々は、厳しい氷河期を乗り越えて、地域の石材に適った石器製作の技術も編み出すなど、優れた文化を築きあげていった。

この後期旧石器時代に製作された石器から窺える生業活動の特徴といえば、槍を使った狩猟ということになろう。すなわち遺跡からは多数の石槍が出土し、それを使った狩猟の主な対象はナウマンゾウ、マンモス、ヤベオオツノジカ、ヘラジカなどのゾウやシカに代表される大型動物であった。遺跡に遺された大型動物を狙った石槍を主体とした狩猟具や、その製作工程がわかる石器類の出土状態の分析などを整理してみると、当時の人々の生産活動の具体像が把握できる。

持ち運ばれた石器石材

具体的な事例を大阪府高槻市に所在する郡家今城《ぐんげいましろ》遺跡でみてみよう。同遺跡のなかのC地点では、安山岩の一種であるサヌカイト製の国府型《こうがた》と呼ばれるナイフ形石器が使われた時期に属する、8個所の石器が集中する場所が見つかっている。この集中地点で出土した石器や剥片《はくへん》の分析から、この地点が狩猟具や各種道具類を整えるため石器製作を行ったキャンプの跡と考えられている。同時にここでは人為的に焼いた小礫が集められた炉とみられる遺構も発見されていて、獲物を解体するとともに、調理した場所でもあると判断された。

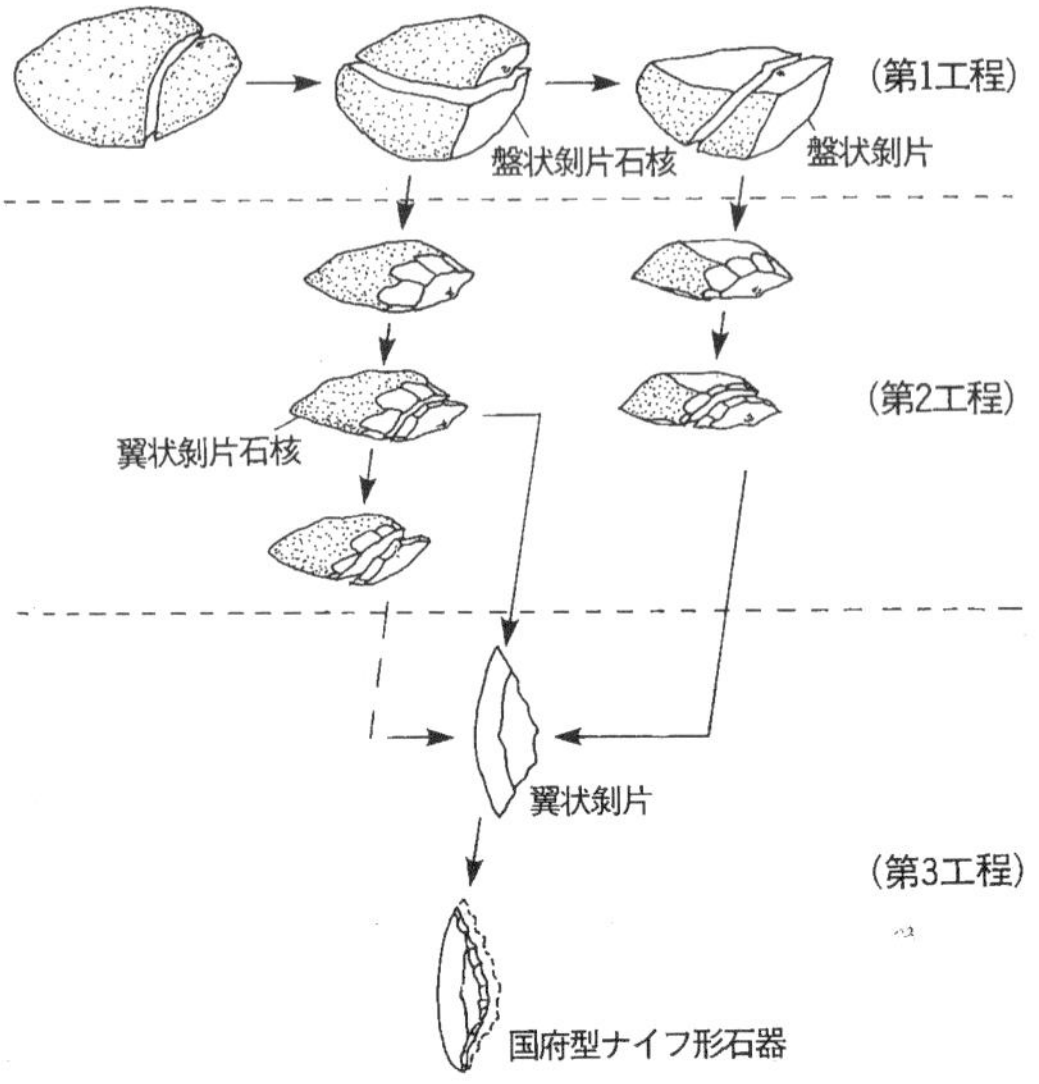

瀬戸内技法による石器製作の模式図（香芝市二上山博物館展示解説「よみがえる二上山の３つの石」より）

遺跡はその背後に、槍などの剥片石器の石材とすることができるチャートを産する丹波帯が存在するが、遺跡から出土する石器の石材にはこのチャートのほか、サヌカイト、硬質頁岩、溶結凝灰岩、流紋岩など当地では産出しない石材も用いている。なかでもナイフ形石器、掻器《そうき》、彫器《ちょうき》、翼状剥片《よくじょうはくへん》、盤状剥片石核《ばんじょうはくへんせっかく》など、国府型ナイフ形石器に代表される、瀬戸内技法《せとうちぎほう》によって製作された石器に占めるサヌカイトの割合は、およそ9割にも及んでいる。

これらが出土した地点における石器の器種や剥片などの組成は、奈良県二上山周辺のサヌカイト原産地の石器製作遺跡とは確かに異なっているものの、本遺跡周辺では得られないサヌカイトが原礫のまま、ないしは盤状剥片石核として持ち込まれ、この遺跡内で瀬戸内技法による石器製作が確実に行われていた。したがって本地点の石器製作者はサヌカイトの石材を持ち歩いて移動していたと考えられている。旧石器時代にはこのように石材の原産地から遠く離れた遺跡でも、原礫や大型の剥片から石器を製作していることが一般的に行われていることからみて、石器材料を抱えて獲物を追って移動し、必要に応じて移動場所で石器製作を行う生活スタイルであったと解釈できる。

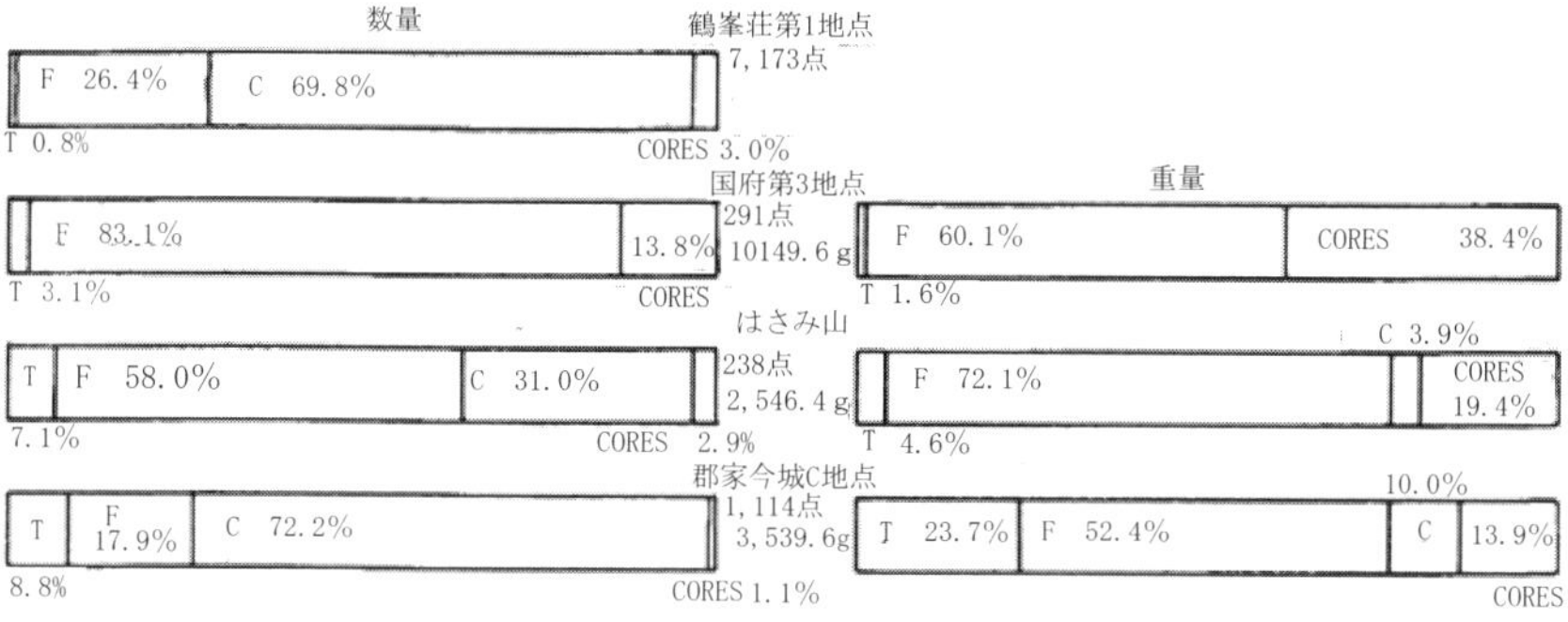

各遺跡の石器組成

左：数量組成　右：重量組成

T（石器）：定型石器と加工痕・使用痕有剥片を含む

F（剥片）：剥片類（郡家今城C地点では3cm以上の剥片）

C（砕片）：砕片類（郡家今城C地点では3cm未満の砕片）

CRORES（石核）：盤状剥片石核・多種目的剥片剥離石核を含む

＊鶴峯荘第1地点では数量組成のみ、多量の砕片を含む

＊国府遺跡では砕片の回収がない

石器組成からみる石材の移動と石器製作（山口卓也 1994「二上山を中心とした石材の獲得」『瀬戸内技法とその時代』中・四国旧石器文化談話会より）

2　住居の出現

ユーラシア各地の旧石器時代住居

このように遺跡に遺された石器製作資料から旧石器時代における人々の行動の一端が明らかにされているが、基本的に獲物を追って移動していた彼らの住まいとは、どういったものだったのだろう。住居といって良いかどうか判然としないが、世界に目をやると１８５万年前ごろとされる、東アフリカタンザニアのオルドバイ渓谷のＤＫ遺跡で、直径が５㍍前後の平面円形のプランをもつ、前期旧石器時代の石囲み遺構が発見されている。これを積極的に評価する立場では、原人段階で寝起きする場所を意識的に作っていたことになるが、極めて例外的な遺構といってよいだろう。

後期旧石器時代にはいるとユーラシア地域で住居跡が確認されるようになる。ウクライナのモロドバ１遺跡やメジン遺跡などでは炉跡や貯蔵穴とともに、マンモスの骨を建材として利用した居住遺構や、半地下式の小屋風の遺構が確認されている。同じくドブラニチェフスカヤ遺跡では３カ所の住居群が発見されている。中央に炉と複数の貯蔵穴を備えた直径４㍍ほどの平地式の円形住居だが、ほかに屋外にも炉跡がみつかっていて、室内の暖房用と屋外の各種作業用炉とに分けて利用していたと推定することができるだろう。

東アジアに目を移すと、シベリアのアンガラ川流域のイルクーツク郊外にあるマリタ遺跡で、段丘の縁辺に建てられた石刃《せきじん》石器群にともなう9基の住居が確認されている。そのなかの1基の住居はトナカイの骨と大型板状石材で組み上げ、トナカイの角で屋根を覆った構造で、炉を備えた一辺が10㍍を超えるかなり規模の大きな半地下式住居である。ほかに炉をもたない平地式の住居や、直径が5㍍に満たない規模の小さい移動式とみられている住居もみつかっている。アルダン川の河岸段丘上にあるウスティ・ティムプトン遺跡では、構造の詳細は不明だが楔形石核《くさびがたせっかく》、植刃《しょくじん》、片刃石斧などの石器が出土した、火事で焼失した住居が見つかっている。沿海州南部のウスチノフカ遺跡では大型石刃から作り出したグレイヴァーや、円盤形石核などが出土するウスチノフカI文化層から、炉をもつ楕円形の半地下式住居が発見されている。隣接する朝鮮半島にあっては、公州市石壮里遺跡で木炭と灰が集積した炉を備え、石が外縁に沿って並ぶ住居の例が報告されていて、これには比較的古い段階の石刃技法がともなっている。

ここで紹介した後期旧石器時代の住居遺構は、それぞれ自然環境や地理的条件も異なるほか、石器に見る文化内容にも違いがある事例が含まれていて一律には評価できないが、遺跡を残した集団が生業活動を行うエリアのなかで、ある程度の期間にわたって、寝起きだけではなく調理や道具作りなどを行う、生活の拠点としての役割を果たしたものだろう。なかでも大地を掘削し、建材を構築するなどの作業に相当な労働力をつぎ込む必要がある住居遺構は、ある程度継続して住まいする屯営的拠点という性格をもっていたようで、石器だけが出土する短期的逗留地との違いがあったと考えられる。

日本列島の旧石器時代住居

日本列島で確認されている旧石器時代の住居の跡として、大地にはっきりとした痕跡を残した事例は発掘調査報告書から拾う限り、いずれも後期旧石器時代に属する数十ヶ所に留まり、遺跡総数に照らしてみると僅少といってよい。北海道北見市中本遺跡では皿状の竪穴住居状の遺構が検出され、遺構内に炉が設けられている。ここでは尖頭器、掻器、彫器などが出土している。神奈川県田名向原《たなむかいはら》遺跡でも同じく炉をもつが、主柱穴と円形にめぐる小穴をもつ平地式住居が検出されている。西日本では広島県西ガガラ遺跡や熊本県下城遺跡で平地式住居が見つかっているが、どちらも炉の存在ははっきりしない。大阪府はさみ山遺跡ではナイフ形石器を出土した浅い掘り込みのある竪穴住居が検出されているほか、細石器がともなう鹿児島県上場《うわば》遺跡では炉を備えた竪穴住居が発見されている。この住居では主柱穴とともに垂木を支えた痕跡が確認でき、伏せ屋根構造の上屋が想定されている。

このように日本列島で確認されている数少ない後期旧石器時代の住居をみると、竪穴の構造をもつものと平地式の両者がある。ただ竪穴構造であっても縄文時代の住居のような、深い掘り込みをもつものは見当たらない。また平面形態、柱穴、炉など、住居跡と認定できる属性についても不揃いで、定形的な住居形態はほとんど見いだせないことから、住居の跡としての認否の判断が難しい場合も少なくない。発見された遺構の現状は、多分に移動を生活の基本としていた旧石器時代の生活スタイルに起因すると考えてよいだろう。

耐久性ある住居の出現

近年縄文時代の始まりの時期である草創期の遺跡からは、竪穴住居をはじめとする住居の跡の発見が相次いでいる。北は青森県から南は鹿児島県まで、2018年現在の集計によれば全国で26遺跡、総数70例ほどの草創期に属する住居が確認されているだけだが、旧石器時代の対遺跡総数で較べると、縄文時代に入ってから住居を営むことが急増したということになる。

発見された草創期のいくつかの住居遺構を見ると、相模原市勝坂遺跡では硬化した床面をもつ10本の柱穴が明確な7×4メートルの楕円形の住居が発見されていて、礫で組んだ炉を備えている。ここでは無文土器とともに、細石刃石核《さいせきじんせっかく》と尖頭器が出土している。豊橋市西側北《にしがわきた》遺跡では押圧縄文《おうあつじょうもん》土器の時期に属する、平面が円形の3・5×3メートルの小規模な浅い擂鉢状の竪穴住居が発見され、主柱穴とともに外周の壁溝とそこに付設された杭跡が確認されている。沼津市葛原沢《くずはらさわ》第Ⅳ遺跡の住居跡は隆帯文《りゅうたいもん》土器と押圧縄文土器の時期で、3・7×3・3メートルのほぼ円形プランを呈する竪穴構造である。竪穴も一定の深さがあり、壁に沿って軒を受ける部材を立てた穴が確認されている。焼けたクリ炭化材が出土している。東近江市相谷熊原《あいだにくまはら》遺跡で発見された爪形文《つめがたもん》土器と無文土器が出土した住居は、深さ80～100センチの深い掘り込みをもつ本格的な竪穴構造で、直径が約8メートルのほぼ円形プランの住居を筆頭に、かなり大型といえる規模の住居5基で構成されている。ただ発掘調査の範囲は遺跡の一部に限られていたことから、ほかにも未発見の竪穴住居が近接して眠っている可能性がある。

　多くの草創期の竪穴住居が小規模で簡易な上部構造が推定され、かつ掘り込みも浅い構造であるなか、葛原沢第Ⅳ遺跡や相谷

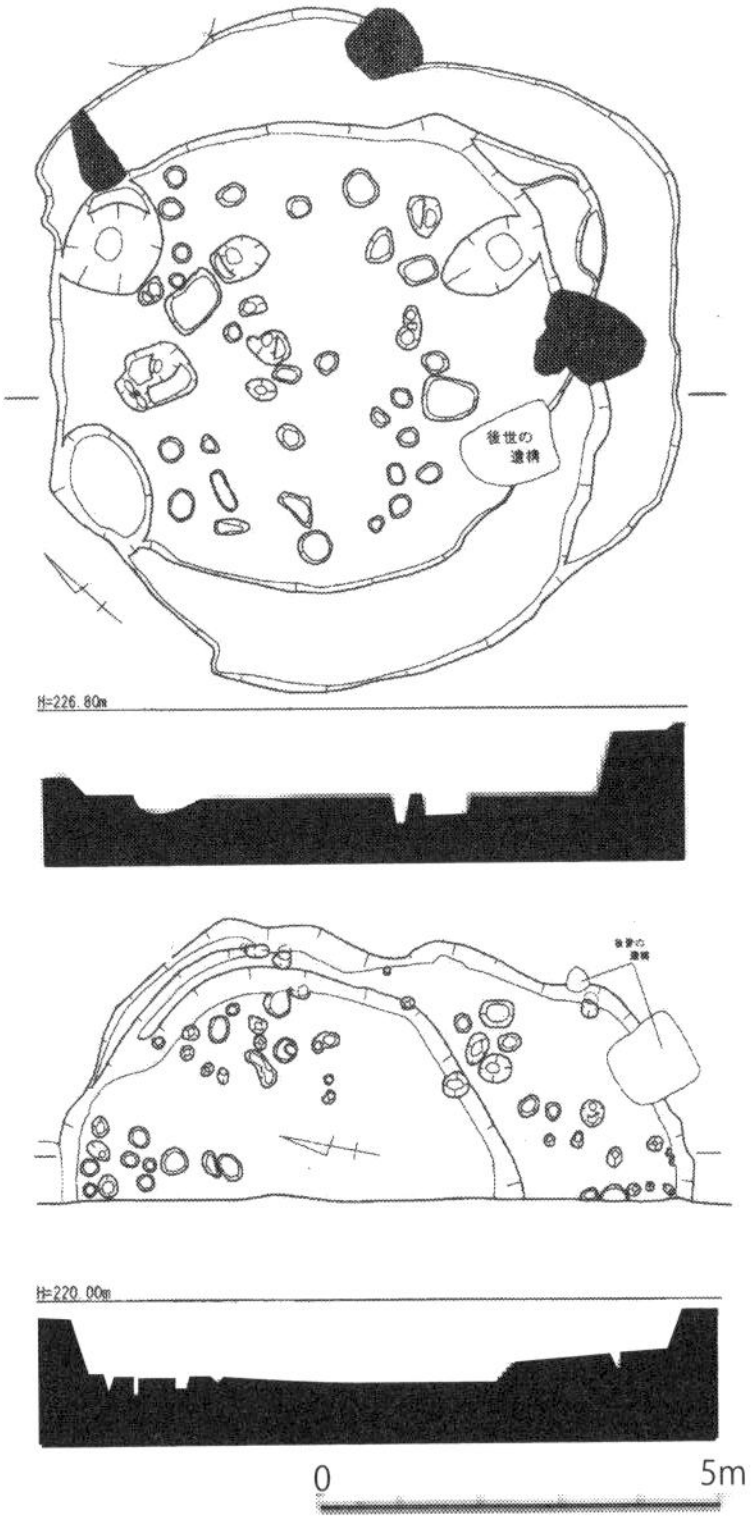

竪穴建物の平面と断面図（「相谷熊原遺跡発掘調査現地説明会資料」滋賀県文化財保護協会より）

相谷熊原遺跡で発見された縄文時代草創期の竪穴建物（滋賀県提供）

熊原遺跡にみるような、大地を深く掘り込み、かつ上屋の構えもしっかりした建物が推定できる竪穴住居の出現は画期的といえる。これは長期的な居住に耐えることを想定して建造したことを示しており、以降の縄文時代に通有の竪穴住居へ受け継がれる先駆的な遺構と考えてよい。

なお居住期間を推定することや、年間を通した定住実態をどう証明するかは難しい問題である。動産の量的保有状態、周辺環境の人工的な改変程度、墓地の形成、定置的な罠による狩猟や漁労装置、栽培植物の存在など、定住を推し量る現象はほかにもあろうが、耐久性のある構造が想定できる住居の存在は、定住生活の基地として機能していたとする、確かな判断材料のひとつと考えてよいだろう。

洞窟遺跡の利用

このように縄文時代草創期には後の竪穴住居など、住まいの先行形態とみなせる住居遺構が発見されているが、実は一方でこの時期に洞窟や岩陰に居住ないし滞在していた痕跡が各地で見つかっている。1958年に新潟県阿賀町小瀬ケ沢《こせがさわ》洞窟で実施された発掘調査で、草創期の土器や石器など重要な資料が纏まって出土した。縄文文化の起源を解明しようとしていた当時の考古学界の趨勢も追い風となり、日本考古学協会が洞窟調査委員会を組織するなどして、全国各地にある洞窟の調査が行われるようになった。その結果山形県高畠町日向《ひなた》洞窟、岐阜県山県市九合《くごう》洞窟、愛媛県久万高原町上黒岩《かみくろいわ》洞穴などから相次いで草創期の資料が発見され、出現期の土器の編年や、石器の様相の変容などの研究に大きく寄与した。

草創期の遺跡の発見事例が増加した今日、当時の遺跡が低丘陵や台地上、河川の低位段丘上、海や湖を望む微高地上など、洞窟以外に立地する一般的な開地遺跡が普遍的に存在することが認識されている。したがって特に草創期の遺跡だけが洞窟に偏在するという認識は薄らいだが、それでもほかの時期と比較すると、洞窟が利用される機会が多かったようだ。長野県北相木村栃原岩陰遺跡の洞窟利用をみると、ここでは表裏縄文《ひょうりじょうもん》という草創期の土器の段階から、早期の後半までの期間に形成された、深さ5・5メートル《メー トル》に及ぶ分厚い堆積からなる文化層が確認されているほか、数多くの炉跡も検出されていて、洞窟への回帰性を示す状況を読み取ることができる。この各文化層からは土器や石器とともにドングリ、貝類、動物骨などの食物残渣が出土し、洞窟を拠点として狩猟採集活動が展開されていた事態がわかっている。

この洞窟の縄文草創期の推定利用面積は最大50平方メートル《メー トル》程度で、有効利用できる面積は縄文時代の一般的な竪穴住居の1基の床面積とほぼ同程度とみてよい。この時期に存在した開地遺跡のなかには1基の住居が単独で発見されているケースもあり、恐らく生活の拠点としたベースキャンプとみられる。洞窟遺跡はこれとは別に存在し、前代の遊動的狩猟システムの名残として獲物の解体場所として、また頻度は減るものの早期以降も洞窟遺跡が利用されていることを踏まえると、交易のための中継拠点として、また季節性がある資源獲得のための一時的な滞留地などとして利用されたのではないかと考えたい。

3　集落の原形

住居の定形化

縄文時代も早期になると日本列島のほぼ全域で検出される住居が飛躍的に増加する。撚糸文《よりいともん》土器を出土する関東地方の遺跡では、住居の壁と床面とが明瞭に分化した小規模な隅丸方形を呈する竪穴住居が出現している。撚糸文土器でも古い段階の千葉県神崎町西之城《にしのじょう》貝塚、東京都多摩ニュータウン52遺跡、同小山田13遺跡などで発見されている竪穴住居は、平面形態や柱穴の形状や配列などをみる限りあまり定型化した住居跡とはいえないが、それに続く撚糸文土器後半の時期になると、住居を構成する諸要素の共通・定形化が進むとともに、竪穴住居跡の検出例が著しく増加する。原田昌幸はこの撚糸文土器の初期の段階を「竪穴住居の出現期」後半を「竪穴住居の定着期」として、竪穴住居がこの時期に定形化しながら普及していったことを説いている。

縄文早期の竪穴住居の増加現象は関東地方だけに限らず、東北から北海道地方においても主に貝殻沈線文《かいがらちんせんもん》土器の時期の遺跡などでも窺える。函館市中野A遺跡では早期初めの日計《ひばかり》式の時期には1基だった住居が、次の早期前半から後半の貝殻沈線文土器の物見台《ものみだい》式では、直径が5メートル前後の隅丸方形の竪穴住居が59基も確認されている。さらに隣接する中野B遺跡では早期後半の住吉町式の竪穴住居が600基を超えるほど検出されている。ここでは比較的短い期間に建て替えなどを行ったようだが、一時期に数基もしくは数十基からなる建物群が存在したことが推定されている。

集住と住居間を結ぶ道

西日本においては押型文《おしがたもん》土器が出土する早期前半の遺跡などで同様の動きがある。津市西出《にしで》遺跡では大川

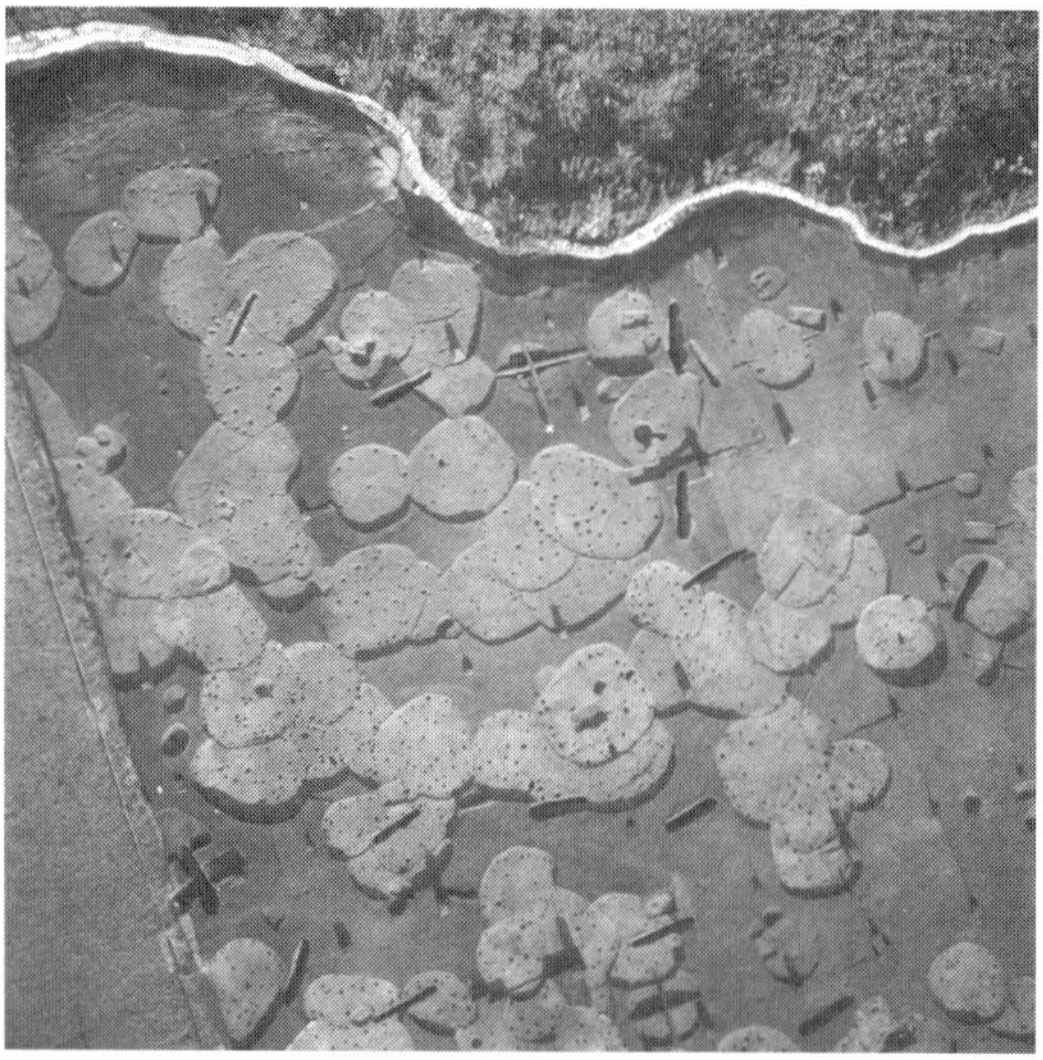

中野B遺跡の重なり合う竪穴住居群
（北海道立埋蔵文化財センター提供）

式から神宮寺式土器の時期の竪穴住居があわせて20基検出されているが、多くが主柱穴を設けず竪穴の壁面に沿って小穴が並び、簡易な上部構造をもった住居が想定されている。住居の一部は建替えがあった痕跡だろうか、最大で住居4基が重なり合って検出されているなか、同時存在の可能性がある竪穴住居数基で構成された住居群と考えられている。鹿児島県霧島市にある上野原遺跡では早期の吉田式土器から石坂式土器にいたる時期の、竪穴住居52基、炉16基、集石遺構39基などからなる遺構群が検出されている。竪穴住居は主柱がなく壁柱で上屋を支えるドーム状に復元されているもので、炉は地下に焚口と煙道を備えた構造をもつ。ここでは住居の間を縫うように延びる2条の道の跡が発見され、複数の住居によってムラが成立していた根拠ともなっている。同様の住居を繋ぐ集落内の道は、鹿児島市前原A遺跡や前原B遺跡でも発見されている。

ここでみてきた早期の集落において、どの程度の住居が同時期に存在したかの検証は難しく、竪穴住居の普及がさらに集落の形成へと発展していったのか、その過程を見透すことは簡単ではない。ただここで事例を掲げた縄文早期の事例からは、共同の生活と同一場所での継続した集住の姿が想定でき、竪穴住居の一般化はやがて家族を超えた集団としての結びつきを強め、集落の形成が促されることになったのだろう。それは各地で地域の自然環境に適応した資源の有効利用を図るなかで、一定の領域を占有し安定した定住生活を営む方向へと突き進んでいったことを暗示している。

4　定住狩猟採集民への道

狩猟採集民の2つのタイプ

縄文時代における農耕の存在が議論されることは以前からあった。またその証拠とされる水田など遺構をはじめ、籾の痕跡やプラントオパールの検出のほか、穀物害虫のような間接的に裏付けとなる資料など、様々な分野からのアプローチも少なくない。縄文時代という枠内のどこかで米など食用植物の栽培が行われていた証拠は、今後も見つかる可能性はあるだろう。しかし一部にそのような動きや事実があったとしても、縄文時代の生業を支えていたのは動物の狩猟や漁労と、植物の採集であったことは論を待たない。この時代にも周辺の環境を開発する積極的な働きかけが行われていたことは事実だが、基本的に狩猟採集中心の経済活動から逸脱することはなかった。

羽生淳子は縄文時代と同じように、狩猟採集経済の段階にある世界の民族の通年と季節的定住の相違にも注目して生態分析を進める。その生活形態は地域によっていろいろだが、移動と居住に注目すると大きく2つの形態に分けられるとされ、一つはアフリカのブッシュマンやオーストラリアのアボリジニなどに代表される、主に熱帯や亜熱帯地域を生活圏とし、年間を通じて食料資源が豊富に得られる環境下で暮らす民族にみられる形態で、移動キャンプ型、ないしはフオレジャー（forager）型と呼ばれる。集団は頻繁にキャンプを移動させて拠点に留まることはない。食料を中心とした獲得資源は、基本的に貯蔵することなく獲得地において消費する。調理や貯蔵具などは移動の妨げになるためほとんど保有しない。

もう一つはエスキモー、アラスカ・ヌナミュート、カリフォルニア・インデアンなどの例のように、中緯度から高緯度の地域を生活圏とする民族の生活形態で、食料資源に季節性があるため、対象資源の獲得に適応したスケジュールを基本とした生業活動が展開される。その特徴は生活の拠点であるベースキャンプを設け、そこを基地として諸活動を営むことにある。したがって拠点周辺の資源の高度な利用を推進し、季節性がある食料の貯蔵や保存を行う。拠点周辺では得られない特定の資源獲得には、集団の一部の成員が現地へ出向いてキャンプを設け、最終的に資源はベースキャンプへ持ち帰る。この生活形態は拠点回帰型、ないしはコレクター（collector）型とも呼ばれる。

世界の狩猟採集民族の事例を参考にしたうえで、列島における後期旧石器時代の終焉以降、縄文時代草創期から早期の住居遺構の事例とその推移をみると、時代の画期を境に頻繁に移動を繰り返す生活形態から、生活拠点を構え定住生活に向けて舵を切っていったことがわかる。縄文文化はその始原から後の地域文化の形成にも繋がる、拠点回帰型の生活様式を志向していたと考えることができる。

土器の出現と普及

定住を基本とした生活スタイルに転換を図った原因は何だったのだろう。縄文文化が歩みを始める頃は、気象の温暖化が進み、日本列島の地形環境や動植物の生態系が、前時代と大きく様変わりした。海水準の上昇による複雑な海岸線の形成、列島周辺の暖流や寒流の流入、変化にとんだ湖沼や河川域の広がりなど、いずれも水産資源の利用を促す環境変化といえよう。また大陸系大型動物こそ絶滅したが、列島の陸獣は主にニホンジカやイノシシといった、中型獣主体の動物相に移り変わって貴重な食料資源となった。別の貴重なエネルギー源である堅果類は、東日本一帯に広がった落葉広葉樹の森と、次第に北上した照葉樹が広がる西日本の森から豊富に齎されることになった。

縄文時代の人々はこのように彼らが住む周囲の豊かな食料資源を最大限に利用する術を磨き、地域に根付いた生活スタイルへ転換を図っていったのだろう。

そこでは縄文時代になって新たに登場した、土器の使用が大きく関わっていた。食材を煮炊することが可能な土器の出現は、調理方法を革新したといっても過言ではない。その証拠に縄文時代草創期の土器はおおむね深鉢形で、煮炊きに都合の良い形態を備え、出土する草創期の土器の表面には煤が張り付いたものがあり、内側には食物が焦げ付いたとみられる物質がこびり付いた土器も発見されている。それ以前には口にすることができなかった資源が、土器をもって煮炊きすることで食材として利用が可能になり、エネルギーや栄養の摂取という健康面で計り知れない効果があった。

例を挙げれば、すでに草創期の遺跡からは、水晒しだけでは灰汁を取り除くことのできないアベマキやクヌギなど、落葉樹の堅果を保存した貯蔵穴が発見されている。土器を使って灰汁抜きした技術を獲得していたことが、間接的にわかる遺構である。また調理した食品は土器を使って再び煮ることで腐敗が防止できるように、殺菌効果が期待でき衛生面においても土器を利用し始めた意義は大きく、安定した食生活を保証することに繋がった。

ただ縄文草創期に限ると、横浜市花見台《はなみだい》遺跡など

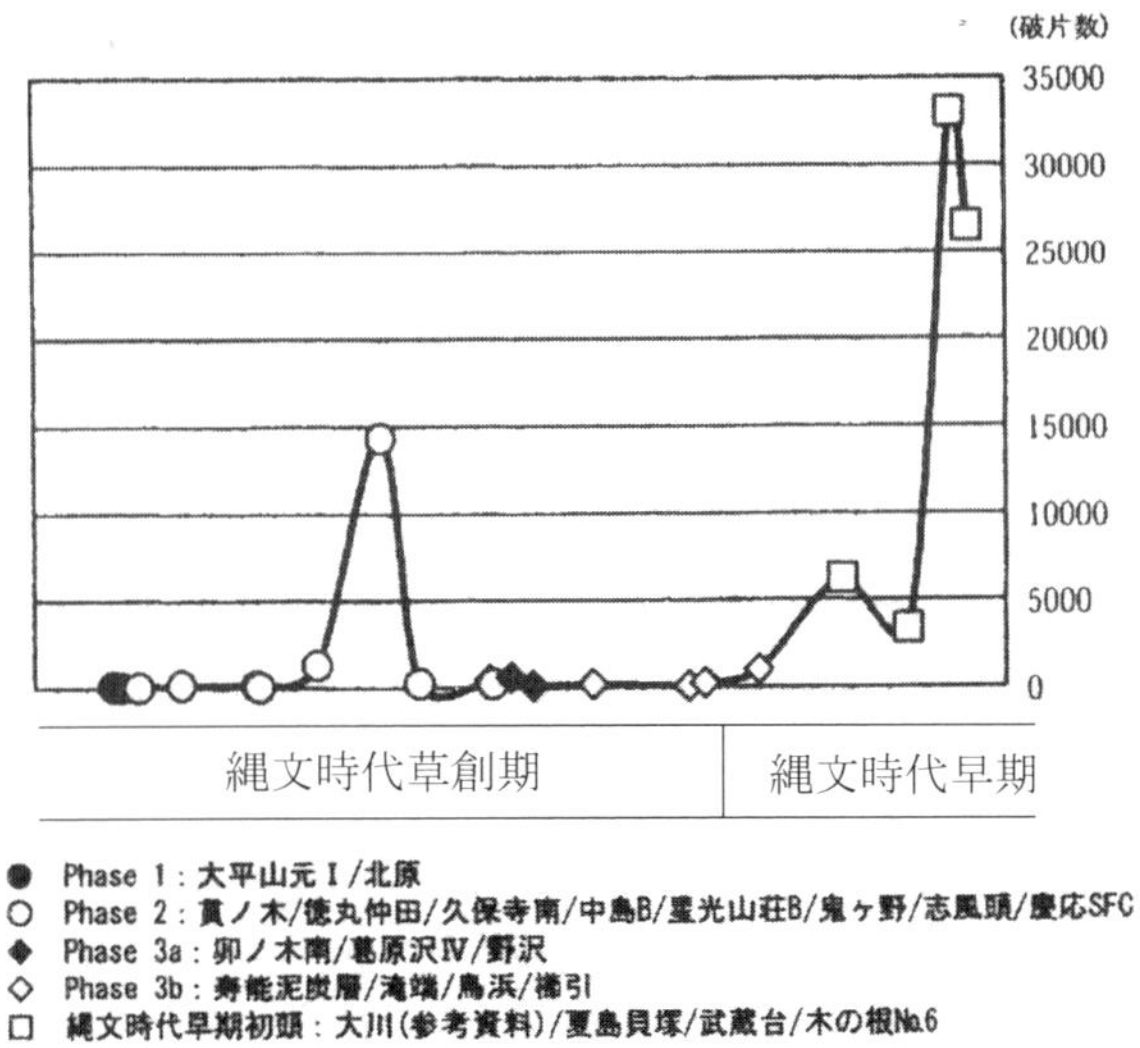

縄文時代草創期から早期の遺跡から出土する土器の破片数（谷口康浩 2003「日本列島初期土器群のキャリブレーション^{14}C時代と土器出土量の年代的推移」加筆・改変）

いくつかの遺跡では数十個の土器が出土しているものの、これらは例外的でほとんどの草創期の遺跡では数個から十数個程度に留まっている。多数出土している遺跡でも、土器の様相から見て一時期に使われていた土器は数個程度で極めて少なく、土器の使用が定着するまでには到っていなかったとみるのが妥当だろう。ところが草創期から次の早期を通して、遺跡から出土する土器量の推移をみると、早期の撚糸文土器や押型文土器の時期になると1遺跡から出土する土器数が一挙に増加する。試行期間を経過した日本列島の土器文化は、早期に到って土器の有用性が認識され、もはや生活の中では切り離せないまでに普及することになった。

石器組成の変化

縄文時代の始まりを生業活動の主役である石器の内容から考えてみよう。縄文時代草創期とその前段階の石器について、特に石器組成を比較してみると、狩猟具をもっぱら石槍に頼ってきた旧石器時代の残影は、草創期の石器組成のなかにもみることができる。ただこの時期には大型動物の絶滅による石槍の需要の減少と、新たな弓射の技術の登場によって、石鏃の出土数が次第に多数を占め始める。これまで主役だった石槍の絶対数の減少が顕著となり、加えて高い規格性を誇っていた石槍の製作規制が弛んだのだろうか、個体差が著しく大きくなる。

狩猟具以外に目をやると削器、掻器、石錐、楔形石器などの剝片を利用した工作具があるが、片刃礫器、石斧、敲石、磨石、石皿など礫石器や磨製石器の数は限定的である。特に圧砕・打割用に使われた石皿や磨石は、多くの遺跡で出土するようになるが、全体的な出土数が少なく両者がセットで出土するケースも多くはない。

次の縄文時代早期になると石鏃の数量は急増し、石槍に取って替わって弓矢が狩猟具の主役を受け持つことになった。前代には十分普及するまでに到らなかった石皿と磨石も著しく増加し、狩猟具や剥片を用いた工具類とともに、主要な石器組成に組み込まれる。石皿と磨石がこの時期に増加する現象は、堅果類を粉砕・製粉して利用することが本格化したことの顕れとみてよく、灰汁抜きの技術開発とともに、収穫時期が集中する食料の貯蔵や保管の問題の解決にも一役買ったことだろう。近年の縄文時代人骨のコラーゲン分析による食性研究による、堅果類を中心とした植物性食料への依存が顕著になることとも矛盾しない。

定住に向かう道具揃え

広範な地域に存在する資源を有効に獲得して利用しようとすると、一定の場所に定住して獲得に出向き、またもとに回帰するより、常に移動して順次資源を獲得する方が効率的である。旧石器時代に石器の素材となる剥片や原石を持って移動している事実があるというものの、遊動生活では重量のある道具や数多くの道具を抱えるとどうしても支障をきたす。定住生活に移行することは、「道具の軽量化」という遊動生活において常に問題となる重しをはずすことができることでもあった。ベースキャンプに居を構え、遠出せず身近な多種類の食材に依存することになると、土器をはじめとした生活・調理道具を揃え、食材加工の場などの設備や施設を整える必要にも迫られた。利用する食材の拡大と、調理や保存加工技術の開発を目指した縄文人にとって、もはや遊動生活は物理的にも食生活改善の面でも不可能になったのだろう。

5　縄文定住社会の特徴

環境への適応

ユーラシア大陸の東海上に位置して南北に弓なりに延びる日本列島は、地形と気象環境によって南西諸島、太平洋側、日本海側、瀬戸内、内陸高地、北海道に大きく区分けされる。そのうち北海道など一部を除く大半の地域は温帯モンスーン気候の中に含まれ、海流や季節風の影響もあって、四季の移ろいとともに梅雨、台風、秋霖、豪雪などの地域色もある気象特性のなかで、豊かな資源環境を育んだ。現在の日本列島の自然環境は氷河期の終焉以降の漸移期や、縄文海進期などを経てきたものの、ほぼ縄文時代に形成されたとみられている。縄文時代に生きた人々はこういった多種多様な生物が存在する生態環境のもとで、巧みに適応力を発揮して効果的な生業活動を推し進めた。

労働の季節性と分化

福井県鳥浜貝塚については第3章で木製品の用材や生産に関して詳しく触れたが、最後にこの地に定住して貝塚を遺した人々の暮らしと、四季の生産活動を覗いてみよう。

貝塚の住人はおもに春から秋にかけて一年の半分以上は、鰣川や三方湖周辺でコイ・フナ・ギギなどの淡水魚を網などで捕獲していたようだ。貝塚に証拠は残されていないが、恐らく春には山菜を旬の食材として利用したに違いない。夏季をむかえると海に出て、回遊するカツオ・マグロ漁を行い、サザエ、ヤマトシジミ・マツカサガイなどの貝類も捕採したことがわかっている。この時期には丸木舟、刳りもの、石斧柄など周辺の森林資源を使って木製品を集中的に製作していた。秋の収穫期にはドングリ・クリ・クル

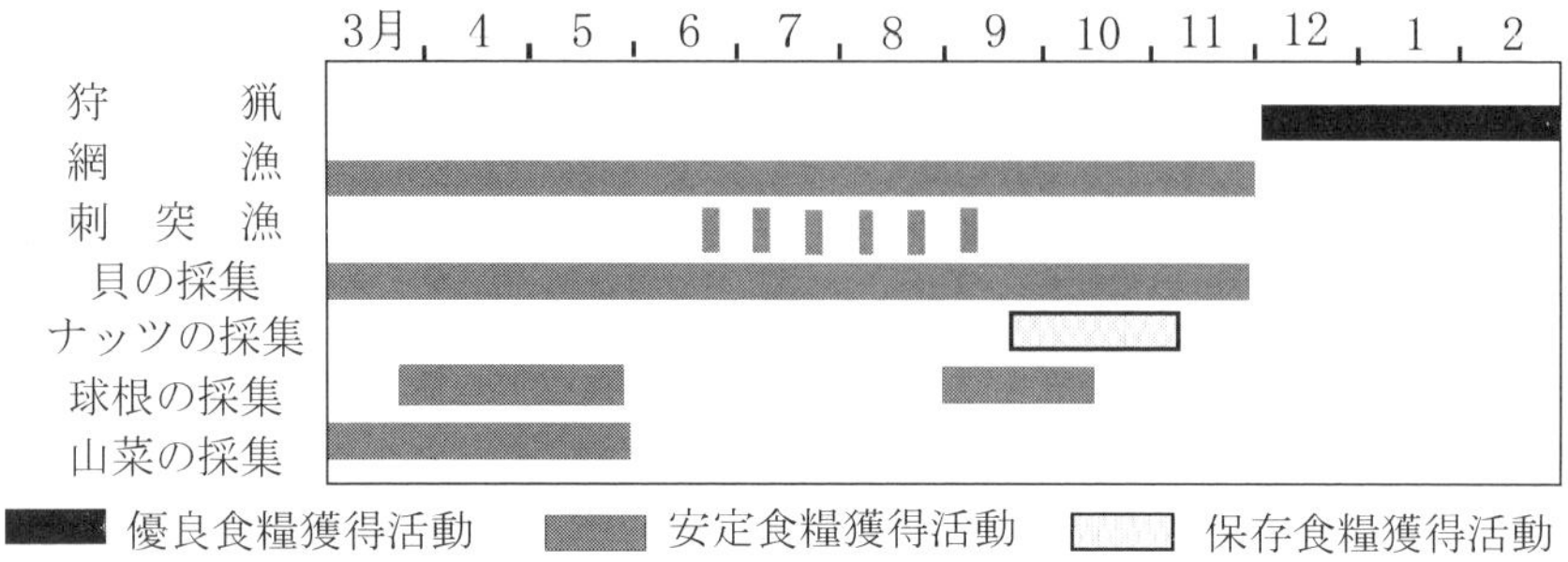

鳥浜貝塚における四季の生業活動（小野昭ほか 1992『図解日本の人類遺跡』東京大学出版会より）

ミ・ヒシ・ヤマイモなどの収穫に労働力を集中し、加えてこれらの食材を加工し、備荒のために計画的に食料保存を計った。冬は狩猟の季節で、シカやイノシシのほかカモシカなどを狙って捕獲した。

このように遺跡周辺地域において再生産される資源を見極め、四季の巡りを念頭において、労働の特化や分散などの計画を練り上げ、活動全体の体系を描いて実行に移していたことが想像される。

縄文時代の生業活動を想定する際にしばしば引き合いに出されるのが、先にも触れたカリフォルニアなどアメリカ北西海岸一帯に住むインデアンとして知られるトリンギット、ハイダ、ツィムシャンなどである。彼らは拠点回帰型の定住生活を営む狩猟採集民族で、とりわけ漁労活動に長けた生業活動を特徴とし、階層制のある社会組織を形成する。ほかにも恵まれた森林資源を背景に、家屋の一部材として、また家の前や墓地などに民族の伝統やアイデンティティーに関わる意味をもつ彫刻柱(トーテムポール)を建てることや、木材加工の高い技術を生かして、道具や調度品を製作するほか、立派な木造の家屋に住むことでも知られている。

彼らの年間を通した労働をみると、春先からタラやニシンを対象とした漁労活動に専念する。その後一月余りの期間は、ほぼ労働から解放されるが、夏から秋には川へ向けて大量に回帰してくるサケを狙った漁で再び忙しくなる。同時に大量に捕獲したサケを長期保存するため、燻製にするなど加工処理作業を行う。サケは彼らが摂取する動物性蛋白源の大半を賄っており、サケの備蓄は最も重要な作業のひとつである。秋から冬は狩猟の季節で、シカやクマなどが専ら狩猟の対象となる。この時期には労働の成否に関わる重要な作業である、各種の道具作りやその手入れなど整備に精を出す。彼らは動物食料へ依存する比重が大きい特徴があるが、その生態に適応するように労働が計画的に組み込まれていることがわかる。

ここで紹介した鳥浜貝塚の住人も、このアメリカ北西海岸のインデアンのように、季節ごとに労働分化の進んだ計画的な生業活動を実行している点で、類似した定住社会を維持していたと考えられる。定住生活を安定的に持続するためには、再生産される地域の各種食料資源の盛期や端境期などの生態を意識し、それに適応した年間の労働の割り振りを図る必要があった。同時に周辺で得られるさまざまな地域の資源を、有効に利用するための技術開発にも努めた。また縄文時代には陥穴《おとしあな》や簗《やな》など、罠猟や仕掛け漁などの定置捕獲法を始めるなど、定住社会でなければ不可能な生業に関わる施設の整備なども怠ることはなかった。

定住による領域と集団

竪穴住居を中心として定住生活が営まれていた縄文時代の集落からは、その地域では得られない資源もしばしば出土している。海から遠く離れた内陸部に、搬入された鹹水産の魚骨や貝製品などの海産物が出土する遺跡が存在する。遺跡によっては複数の種類の魚骨が含まれている例も少なくない。これは縄文時代の情報・伝達網の発達と広がりを示すと同時に、恒常的な交易の仕組みも存在したことを暗示しており、特定の地域資源が交易品として近隣だけでなく、遠隔地へも流通する社会のしくみが形成されていたと考えることができる。。

ただし定住生活を持続的かつ安定して維持するためには、基本的には日常生活圏のなかで必要な生活物資をまかなわなければならず、十分な食料資源が得られる一定の領域が保障されることが定住の条件であっただろう。遺跡から発見される縄文人骨には、栄養失調による成長障害の痕跡がみられる例も少なからずある。しかし縄文時代は特定の時期や地域を除けば、決して高くない人口密度社会を支えられる資源環境のなかにあり、自然の再生産を超えた資源の収奪があった証拠はほとんどない。資源量と消費量のバランスが崩れるような、食料の枯渇が問題になることもなかったことは、陸獣の捕獲齢の構成や、採取された貝類や堅果類の幼成比率やサイズの統計などが明らかにしている。

縄文時代の集落は中期以降に規模の大きな環状集落をつくる例もあるが、それでも大多数の集落は小規模といってよい。限られた少人数が集団を形成して、それに見合って環境から資源を獲得し、再生産を意識した資源活用の姿勢が基本にあったと考えるべきだろう。また彼らは食料の獲得・調理・保存など食生活に関わる様々な技術的開発を進め、利用できる食材の範囲を広げることによって、食生活環境を安定して維持できる確かな戦略を築いていった。本書ではほとんど触れることができなかったが、長期に亘って計画的に営まれた縄文集落や埋葬・祭祀遺跡のほか、多くの労働力や時間の投下が必要と思われる施設や構造物の存在は、縄文社会が一貫して地域に定住する生活様式に視座を据えた営みのなかで発展したことを示している。

参考文献

1章　環境に適応した狩猟・採集の文化

1節　手練れた射手の登場

山内清男　１９６８「矢柄研磨器について」『日本民族と南方文化』金関丈夫先生古稀記念委員会編
金子浩昌・大泰司紀之・林良博　１９８３「狩猟対象と技術」・「シカ」・「イノシシ」『縄文文化の研究』第２巻　雄山閣
稲田孝司　１９８６「縄文文化の形成」『岩波講座　日本の考古学』６
新庄屋元晴・遊佐五郎・阿部恵ほか　１９８６『田柄貝塚Ⅲ 宮城県文化財調査報告書第　１１１集』宮城県教育委員会
松田真一　２００２『桐山和田遺跡　奈良県文化財調査報告書第91集』奈良県立橿原考古学研究所
上屋眞一・長町章弘・田口尚　２０１１『北海道恵庭市発掘調査報告書：ユカンボシ E11遺跡Ⅱ』恵庭市教育委員会
松井章・丸山真史・山崎健ほか　２０１１「橿原遺跡出土の骨角器」・「橿原遺跡出土の動物遺存体」『重要文化財橿原遺跡出土品の研究　橿原考古学研究所研究成果第11冊』
松田真一　２０１４『奈良大和高原の縄文文化・大川遺跡 遺跡を学ぶ92』新泉社

2節　イヌとヒトとの特別な関係

山内清男　１９４２「石器時代の犬小屋」『民俗文化』３―８
岩田栄之　１９８２「家犬」『季刊考古学』創刊号
E・S・モース・近藤義郎・佐原眞訳　１９８３『大森貝塚』岩波文庫
金子浩昌　１９８４『考古学シリーズ10貝塚の獣骨の知識―人と動物のかかわり―』東京美術
山崎京美　１９８５「縄文時代におけるイヌの埋葬について」『國學院雑誌』８６―２
阿部恵・遊佐五郎　１９８６　「骨格牙貝製品・自然遺物編」『田柄貝塚Ⅲ 宮城県文化財調査報告書第　１１１集』宮城県教育委員会

吉村博恵ほか１９８６「日下遺跡第１３次発掘調査」『東大阪市文化財発掘調査概要１９８５年度』
金子浩昌１９８７「縄文人にいつくしまれたイヌ」『アニマ』１７２号
金子浩昌１９８９「縄文時代の犬」『考古学ジャーナル』３０３号
茂原信生１９９１「日本犬にみられる時代的形態変化」『国立歴史民俗博物館研究報告』29集
山田康弘１９９４「縄文時代のイヌ―その役割を中心に―」『比較民俗研究』９
副島和明・山下英明・松井章ほか１９９５『原の辻遺跡　長崎県文化財調査報告書』１２４
山田康弘１９９７「縄文家犬用途論」『動物考古学』第８号
石黒直隆２００３「古ＤＮＡ分析で探る縄文犬の系統」『考古学ジャーナル』５０１号
増山禎之・山崎健ほか２００７『国指定史跡吉胡貝塚　田原市埋蔵文化財報告書１』

3節　胃袋を満たしたドングリ

渡辺誠１９７５『縄文時代の植物食　考古学選書13』雄山閣
松山利夫１９８２『木の実』法政大学出版局
近藤義郎１９８５「岡山県南方前池遺跡」『探訪縄文の遺跡　西日本編』有斐閣
河瀬正利１９８５「山口県岩田遺跡」『探訪縄文の遺跡　西日本編』有斐閣
森醇一朗１９８５「佐賀県坂の下遺跡」『探訪縄文の遺跡　西日本編』有斐閣
潮見浩１９８６「縄文時代の食用植物 堅果類の貯蔵庫群を中心として」『考古論集―慶祝松崎寿和先生六十三歳論文集―』広島大学考古学研究室
金箱文夫１９９６「埼玉県赤山陣屋跡遺跡」『季刊考古学55号』雄山閣
南川雅男１９９８「安定同位体で古代人の食生態変化を読む」『生命誌21ｖｏｌ.６№３』
今村啓爾１９９９『縄文の実像を求めて』吉川弘文館
岡林孝作２０００「本郷大田下遺跡」『奈良県立橿原考古学研究所調査報告第83冊』
永岡弘章２０００「栃木県鹿沼市明神前遺跡」『考古学ジャーナル№４５７』ニューサイエンス社

宮路淳子２００２「縄紋時代の貯蔵穴」『古代文化』５４―３古代学協会
坂口隆２００２「西日本縄文時代狩猟採集民の住居構造」『物質文化』74物質文化研究会
瀬口眞司２００３「関西縄文社会とその生業」『考古学研究50―2』
渡辺誠２００３「縄文時代の水さらし場遺構を考える―その研究の現状と課題―」『縄文人の台所・水さらし場遺構を考える』青森市教育委員会
矢野健一２００４「西日本における縄文時代住居址数の増減」『文化の多様性と比較考古学』考古学研究会
木崎康弘２００４『豊饒の海の縄文文化・曽畑貝塚　遺跡を学ぶ７』新泉社
関西縄文文化研究会２００９『関西縄文時代の集落と地域社会』
増田孝彦・黒坪一樹２０１０「ドングリのアク抜き方法に関する一考察」『京都府埋蔵文化財論集　第６集』
松田真一　２０１８「縄文時代の湿式貯蔵穴の特質」『天理参考館報 第31号』

4節　縄文のクリ栽培

渡辺誠１９７５『縄文時代の植物食』雄山閣出版
青森県１９９４『三内丸山（２）遺跡Ⅲ県営運動公園拡張工事に係る埋蔵文化財発掘調査報告書　Ⅱ』以降順次刊行された同遺跡発掘調査報告書を参考にした。
滋賀県教育委員会・滋賀県文化財保護協会１９９９『琵琶湖開発事業関連埋蔵文化財発掘調査報告書３　琵琶湖底遺跡』滋賀県教育委員会
荒川隆史ほか２００４『青田遺跡Ｖ　新潟県埋蔵文化財調査報告書１３３』新潟県教育委員会
吉川純子２０１１「縄文時代におけるクリ果実の大きさの変化」『植生史研究第18巻第２号』
平岩欣太・法井光輝・木村勝彦ほか２０１２『観音寺本馬遺跡』橿原市教育委員会

２章　水産国の伝統

１節　優れた縄文の漁労技術

酒詰仲男１９６１「日本縄文石器時代食料総説」土曜会
山内清男１９６４「日本先史時代概説」『縄紋式土器 日本原始美術第１巻』講談社

金子浩昌1965「貝塚と食料資源」『日本の考古学Ⅱ』河出書房
渡辺誠1966「縄文文化時代における釣針の研究」『人類学雑誌74巻1号』
渡辺誠1973『縄文時代の漁業』雄山閣
井川史子1983「旧石器文化研究の方法論」『日本の旧石器文化5』雄山閣
山田芳和ほか1986『真脇遺跡』石川県立埋蔵文化財センター
上野修一1988「那珂川流域の漁網錘」『季刊考古学25』
馬目順一1995「閉窩式回転銛」『縄文文化の研究7』雄山閣
鈴木公雄1999「縄文人の水産資源開発」『シルクロード学研究叢書1』シルクロード学研究センター
加藤暁生2002「前田耕地遺跡出土の魚類顎歯について」『前田耕地遺跡　縄文時代草創期資料集』東京都教育庁文化課
李匡悌2003「台湾南部・o-luan-pi地域における先史漁労」『考古科学的研究法から見た木の文化・骨の文化』クバプロ
山崎健・丸山真史ほか2014「脊椎動物遺存体」『小竹貝塚発掘調査報告 富山県文化振興財団埋蔵文化財発掘調査報告60』
佐藤孝雄・吉田彩乃2015「縄文時代におけるマグロ属の利用」『史学85巻1-3号』

2節　貝塚の謎

松澤修ほか1992『粟津湖底遺跡』滋賀県教育委員会
伊庭功・瀬口眞司1997『粟津湖底遺跡第3貝塚』滋賀県教育委員会
植月学2001「縄文時代における貝塚形成の多様性」『文化財研究紀要14』東京都北区教育委員会
中島広顕・中野守久・牛山英昭ほか2018『中里貝塚 総括報告書』東京都北区教育委員会

3節　塩づくりのムラ

近藤義郎1984『土器製塩の研究』青木書店
後藤和民1988「縄文時代の塩の生産」『考古学ジャーナル』№298
渡辺誠1991「松崎遺跡におけるブロック・サンプリングの調査報告」『松崎遺跡』愛知県埋蔵文化財センター
鈴木正博1992「土器製塩と貝塚」『季刊考古学41号』雄山閣

渡辺誠 1994「藻塩焼考」『風土記の考古学1　常陸風土記の巻』同成社
寺門義範 1994「製塩」『縄文文化の研究 2』雄山閣
岩瀬彰利 1994「東海地方における縄文晩期土器製塩の可能性　―大西貝塚出土例をどう捉えるか―」『三河考古7号』
磯部利彦 1995「土器製塩における採鹹の季節性―伊勢湾・三河湾を中心として―」『知多古文化研究 9』
高橋満 1996「土器製塩の工程と集団」『季刊考古学 55号』雄山閣
高権制・中村敦子 2000「茨城県広畑貝塚出土の縄文時代晩期の土器（一）―直良信夫氏調査のNトレンチ資料―」『茨城県史研究84号』
大林淳男 2004「塩の道　―とくに「古代製塩法」について―」『豊橋創造大学短期大学部研究紀要21号』
川島尚宗 2010「縄文時代土器製塩における労働形態」『先史学・考古学研究21号』筑波大学

3章　研ぎ澄まされた匠の技

1節　木工の匠の伝統

森川昌和・網谷克彦ほか 1979『鳥浜貝塚 縄文時代前期を主とする低湿地遺跡の調査 1』福井県教育委員会
福井県教育委員会・福井県立若狭歴史民俗資料館 1987『鳥浜貝塚　1980から1985年度調査のまとめ』
工藤雄一郎 2004「縄文時代の木材利用に関する実験考古学的研究―東北大学川渡農場伐採実験―」『植生史研究 第12巻第1号』
荒川隆史・石丸和正ほか 2004『青田遺跡 5 新潟県埋蔵文化財調査報告書 133』
久々忠義・塚田一成・中井真夕 2004『富山県小矢部市桜町遺跡発掘調査報告書　小矢部市埋蔵文化財調査報告書53』
大野淳也ほか 2007『富山県小矢部市桜町遺跡発掘調査報告書　縄文時代総括編　小矢部市埋蔵文化財調査報告書61』

2節　漆工の造形と美

小林行雄 1962『古代の技術』塙書房
早川智明ほか 1984『寿能泥炭層遺跡発掘調査報告書 人工遺物・総括編（遺構・遺物）』埼玉県教育委員会
南茅部町教育委員会 2002「垣ノ島Ｂ遺跡　南茅部町埋蔵文化財調査団第10輯」

荒川隆史ほか２００４『青田遺跡５　新潟県埋蔵文化財調査報告書１３３』新潟県教育委員会
国立歴史民俗博物館２００５『水辺の森と縄文人』
下宅部遺跡調査団編２００６『下宅部遺跡Ⅰ・Ⅱ』東村山市遺跡調査会
永嶋正春２００６「縄文・弥生の漆」『季刊考古学』95号　雄山閣
柳原梢子２００８「縄文時代のかごの研究」『東京大学考古学研究室研究紀要22』
千葉敏朗２００９『縄文の漆の里・下宅部遺跡 遺跡を学ぶ62』新泉社
鈴木三男・能城修一ほか２０１２「鳥浜貝塚から出土したウルシ材の年代」『植生史研究21-2』
能城修一・佐々木由香２０１４「現生のウルシの成長解析からみた下宅部遺跡におけるウルシとクリの資源管理」『国立歴史民俗博物館研究報告１８７』
鈴木三男・能城修一ほか２０１４「縄文時代のウルシとその起源」『国立歴史民俗博物館研究報告１８７』

4章　定住する狩猟採集文化の特質

1節　黒潮をこえた縄文の丸木舟

永峯光一・小林達雄・川崎義雄ほか１９８７『八丈島倉輪遺跡』東京都八丈町教育委員会
小林達雄・青木豊・粕谷崇ほか１９９４『倉輪遺跡１９９４』東京都八丈町教育委員会
藤田富士夫１９９８『縄文再発見』大巧社
高原光ほか１９９９「丹後半島大フケ湿原周辺における最終氷期以降における植生変遷」『日本花粉学会会誌45』
出口昌子２００１『丸木舟　ものと人間の文化史98』法政大学出版局
松田真一２００３「物流を促した縄文時代の丸木舟」『初期古墳と大和の考古学』学生社
水野正好ほか２００７『丸木舟の時代』滋賀県文化財保護協会　サンライズ出版
深沢芳樹２０１４「日本列島における原始・古代の船舶関係出土資料一覧」『国際常民文化研究叢書５』
酒井慈・百原新ほか２０１５「市川市国分谷支谷における縄文時代早期末から弥生時代後期にかけての植生変化」『研究連絡誌76』千葉県教育振興財団文化財センター

2節　縄文の特産品と広域流通

八幡一郎 １９５０「硬玉製大珠の問題」『考古学雑誌30-5』
安藤文一 １９８３「翡翠大珠」『縄文文化の研究 ９』雄山閣
寺村光晴 １９９５『日本の翡翠』吉川弘文館
森川幸雄・森川常厚ほか １９９５『天白遺跡 三重県埋蔵文化財調査報告 １０８-２』三重県埋蔵文化財センター
礼文町教育委員会 １９９９『礼文町船泊遺跡発掘調査報告書』
木島勉 ２００３「生産遺跡のタイポロジー」『ヒスイ文化研究所報』
奥義次ほか ２０１１『森添遺跡　度会町文化財調査報告 ６』第２分冊
栗島義明 ２０１２『縄文時代のヒスイ大珠を巡る研究』
奥義次ほか ２０１７年『丹生水銀鉱採掘跡分布調査報告』

3節　縄文定住社会

冨成哲也・大船孝弘 １９７８『郡家今城遺跡発掘調査報告書　―旧石器時代遺構の調査―』高槻市教育委員会
森川昌和・網谷克彦ほか １９７９『鳥浜貝塚 縄文時代前期を主とする低湿地遺跡の調査 １』福井県教育委員会
原田昌幸 １９８８「縄文時代の竪穴住居跡…その出現・普及の画期を認識する」『月刊文化財 ２９３』文化庁文化財部
原田昌幸 １９９３「遊動と定住―縄文時代の初期定住―」『季刊考古学44』雄山閣
デビット・ランバート（監訳河合雅雄） １９９３『図説人類の進化』平凡社
山口卓也 １９９４「二上山を中心とした石材の獲得」『瀬戸内技法とその時代』中・四国旧石器文化談話会
松田真一 １９９４「草創期の遺跡の立地と住居」『一万年前を掘る』吉川弘文館
羽生淳子 ２０００「縄文人の定住度（上）、（下）」『古代文化52-2、52-4』古代學協會
谷口康浩 ２００３「日本列島における土器出現の年代および土器保有量の年代的推移」『東アジアにおける新石器文化の成立と展開』國學院大學
谷口康浩 ２００５「極東における土器出現の年代と初期の用途」『名古屋大学加速器質量分析計業績報告書ⅩⅥ』
小島 秀彰 ２０１６『鳥浜貝塚 日本の遺跡51』同成社

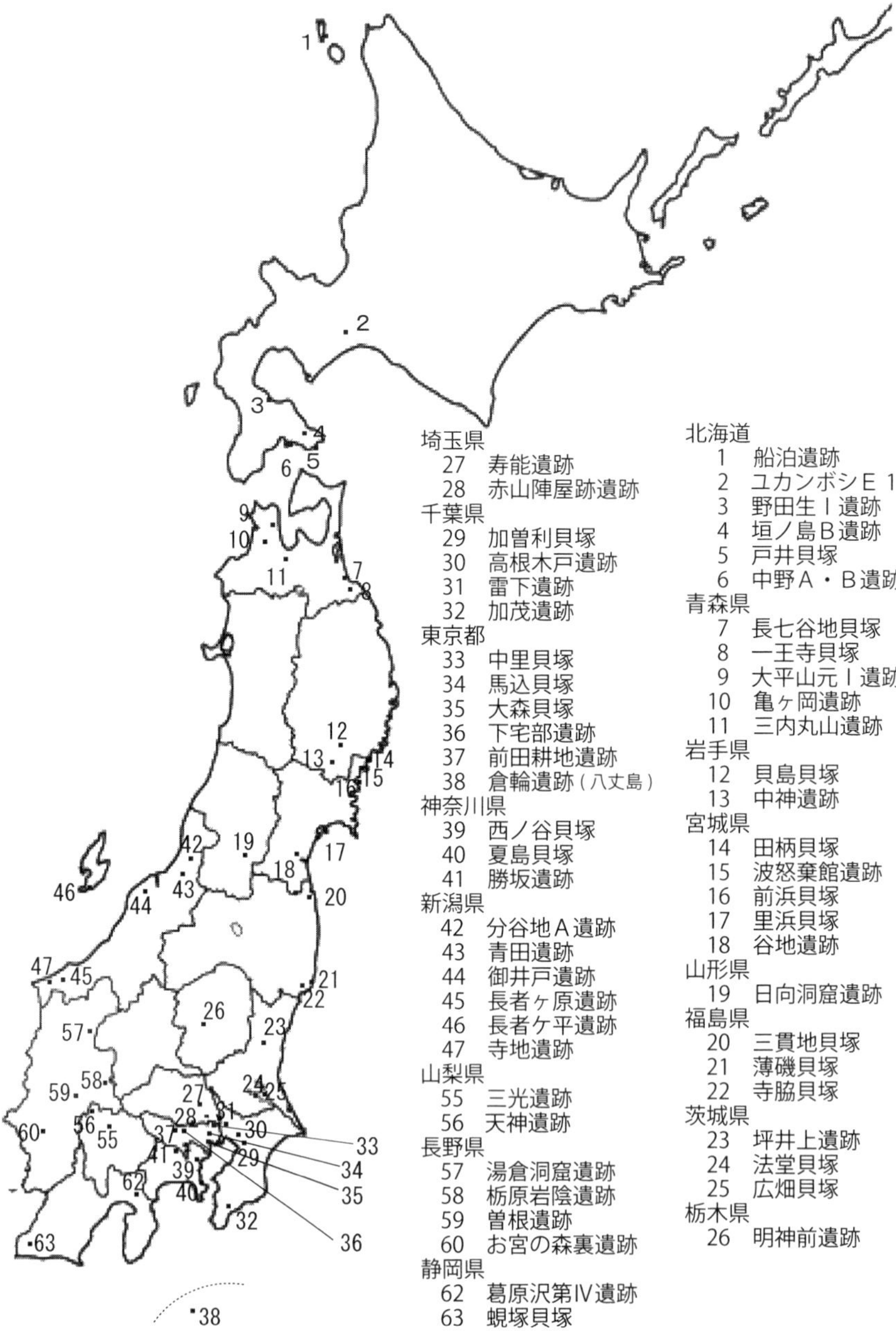

北海道
- 1　船泊遺跡
- 2　ユカンボシＥ 11 遺跡
- 3　野田生Ｉ遺跡
- 4　垣ノ島Ｂ遺跡
- 5　戸井貝塚
- 6　中野Ａ・Ｂ遺跡

青森県
- 7　長七谷地貝塚
- 8　一王寺貝塚
- 9　大平山元Ｉ遺跡
- 10　亀ヶ岡遺跡
- 11　三内丸山遺跡

岩手県
- 12　貝島貝塚
- 13　中神遺跡

宮城県
- 14　田柄貝塚
- 15　波怒棄館遺跡
- 16　前浜貝塚
- 17　里浜貝塚
- 18　谷地遺跡

山形県
- 19　日向洞窟遺跡

福島県
- 20　三貫地貝塚
- 21　薄磯貝塚
- 22　寺脇貝塚

茨城県
- 23　坪井上遺跡
- 24　法堂貝塚
- 25　広畑貝塚

栃木県
- 26　明神前遺跡

埼玉県
- 27　寿能遺跡
- 28　赤山陣屋跡遺跡

千葉県
- 29　加曽利貝塚
- 30　高根木戸遺跡
- 31　雷下遺跡
- 32　加茂遺跡

東京都
- 33　中里貝塚
- 34　馬込貝塚
- 35　大森貝塚
- 36　下宅部遺跡
- 37　前田耕地遺跡
- 38　倉輪遺跡（八丈島）

神奈川県
- 39　西ノ谷貝塚
- 40　夏島貝塚
- 41　勝坂遺跡

新潟県
- 42　分谷地Ａ遺跡
- 43　青田遺跡
- 44　御井戸遺跡
- 45　長者ヶ原遺跡
- 46　長者ケ平遺跡
- 47　寺地遺跡

山梨県
- 55　三光遺跡
- 56　天神遺跡

長野県
- 57　湯倉洞窟遺跡
- 58　栃原岩陰遺跡
- 59　曽根遺跡
- 60　お宮の森裏遺跡

静岡県
- 62　葛原沢第Ⅳ遺跡
- 63　蜆塚貝塚

三重県
66　天白遺跡
67　森添遺跡
滋賀県
68　相谷熊原遺跡
69　元水茎遺跡
70　粟津湖底遺跡
71　石山貝塚
京都府
72　浦入遺跡
大阪府
73　日下貝塚

富山県
48　北代遺跡
49　小竹貝塚
50　桜町遺跡
石川県
51　真脇遺跡
52　三引遺跡
53　中屋サワ遺跡
福井県
54　鳥浜貝塚
岐阜県
61　末副遺跡
愛知県
64　吉胡貝塚
65　大曲輪貝塚

佐賀県
81　東名遺跡
82　坂の下遺跡
長崎県
83　伊木力遺跡
熊本県
84　曽畑貝塚
鹿児島県
85　上野原遺跡
86　東黒土田遺跡

奈良県
74　桐山和田遺跡
75　本郷大田下遺跡
76　橿原遺跡
77　観音寺本馬遺跡
島根県
78　橋縄手遺跡
岡山県
79　南方前池遺跡
愛媛県
80　上黒岩洞穴遺跡

索引

あ

い

う

え

お

か

そ

た

ち

つ

て

と

な

ね

の

は

ひ

〔著者〕
松田　真一（まつだ・しんいち）
1950年奈良県生まれ。明治大学文学部考古学専攻卒。奈良県立橿原考古学研究所研究部長、同附属博物館長を経て、現在、天理参考館特別顧問・香芝市二上山博物館長。
著書・論文に『吉野仙境の歴史』文英堂2004（編著）、『重要文化財橿原遺跡出土品の研究　橿原考古学研究所研究成果』第11冊2011（編著）、『奈良大和高原の縄文遺跡 大川遺跡（遺跡を学ぶ92）』新泉社2014、『近畿地方の縄文集落の信仰・祭祀』『縄文集落の多様性Ⅳ』雄山閣2014、『奈良県の縄文遺跡』青垣出版2017、『奈良のミュージアム』雄山閣2019ほか

縄文文化の知恵と技

2020年11月25日　初版印刷
2020年12月10日　初版発行

著者　松　田　真　一

発行者　靍　井　忠　義

発行所　有限会社　青　垣　出　版
〒636-0246 奈良県磯城郡田原本町千代３８７の6
電話0744-34-3838　Fax 0744-47-4625
e-mail　wanokuni@nifty.com

発売元　株式会社　星　雲　社
（共同出版社・流通責任出版社）
〒112-0012 東京都文京区水道１－３－３０
電話03-3868-3275　Fax 03-3868-6588

印刷所　モリモト印刷株式会社

printed in Japan　ISBN978-4-434-28214-0